江苏乡村旅游发展与创新

许 凌◎著

时代文艺出版社
SHIDAI WENYI CHUBANSHE

图书在版编目（CIP）数据

江苏乡村旅游发展与创新 / 许凌著. -- 长春：时代文艺出版社，2023.12
ISBN 978-7-5387-7437-5

Ⅰ.①江… Ⅱ.①许… Ⅲ.①乡村旅游－旅游业发展－研究－江苏 Ⅳ.①F592.753

中国国家版本馆CIP数据核字(2024)第022030号

江苏乡村旅游发展与创新
JIANGSU XIANGCUN LÜYOU FAZHAN YU CHUANGXIN

许凌 著

| 出 品 人：吴 刚
| 责任编辑：张洪双
| 装帧设计：文 树
| 排版制作：隋淑凤

出版发行 时代文艺出版社
地　　址 长春市福祉大路5788号　龙腾国际大厦A座15层　（130118）
电　　话 0431-81629751（总编办）　0431-81629758（发行部）
官方微博 weibo.com/tlapress
开　　本 710mm×1000mm　1/16
字　　数 254千字
印　　张 17.75
印　　刷 廊坊市广阳区九洲印刷厂
版　　次 2023年12月第1版
印　　次 2023年12月第1次印刷
定　　价 76.00元

图书如有印装错误　请寄回印厂调换

前　言

　　实施乡村振兴战略，是党的十九大做出的重大决策部署，乡村振兴的主要目标是实现农业农村现代化，从产业兴旺、生态宜居、乡风文明、治理有效等方面，因地制宜发展当地特色文化，从而实现共同富裕的中国梦。其中发展乡村旅游对其总体部署有着重要战略意义，旅游能够促进产业兴盛，实现生态宜居、文明发展和有效治理等方面的战略进程，从而整体推动乡村振兴的发展规划和总体布局。

　　旅游产业在江苏省的发展建设中占有很大比重，可谓是支柱性产业。乡村旅游的发展在全国各地有序展开，人们以旅游带动经济发展，建设美丽乡村，通过旅游振兴乡村经济，增加农民收入的同时改善农民生活质量。与此同时通过旅游带动文化的交流和传播，促进传统文化的发展和兴盛。江苏省历来作为旅游大省，其旅游产业发展成熟，在乡村振兴背景下的乡村旅游需要因地制宜，结合时代发展做出改变和创新，需要结合乡村旅游产业的特点发挥其特有的优势。

　　乡村旅游发展的战略内涵包括旅游特色、环境改善、质量监督、传统发展等方面的发展，与此同时还要切实解决旅游特色不明显、旅游宣传不理想、环境改善困难、旅游产品单一、旅游管理不成熟、服务质量不到位、旅游形式不合实际等问题，因此，如何发展江苏的乡村旅游，如何以旅游带动地方经济发展，如何对现存旅游发展模式进行调整，如何优化乡村旅游发展，都是乡村旅游需要解决的问题。

首先是改变乡村旅游的营销方式。乡村旅游需要注重品牌建设，要促进乡村旅游的转型和升级，就必须制定一套符合当地情况，有明确市场定位的品牌特色项目。需要结合当地地理人文特点，制定符合科学发展和市场需求的规划。这就需要前期了解市场相关信息，在营销方面依靠互联网作为主要营销方式，从近到远辐射宣传推广。加大网络平台建设的同时完善其旅游管理制度，制定日益多元的营销方案，根据目标人群进行精准定位。

其次，乡村旅游不仅仅是停留在完美的规划上面，还要能够落地。乡村旅游必须考虑到整体的广大农民工利益，对当地资源进行合理分配，结合人文进行重组和升级。好的方案离不开当地政府的支持，这就需要乡村旅游能够根据当地政策进行调整。乡村旅游不仅仅需要带动当地经济，也要优化当地环境，在环境改造的过程中需要注重环境的保护，避免因为旅游产业而破坏农业生产和生活。完善相关法律法规的同时制定可持续发展，助力周边经济的旅游发展策略。

最后，需要统筹综合发展。乡村旅游发展的经营者需要具备更高的战略高度和长远格局，解决实际问题的同时也需要注重学习和发展，紧随时代的步伐，盈利的同时不要忽略乡村文化发展和生态环境的维护。乡村旅游的重点是本土化和特色化，通过旅游带动当地经济文化的发展，促进民族文化自信和传统文化的发展。加强其文化素养，全面提高广大农民的文化知识普及，制定特色化人文旅游发展。

本书就乡村振兴战略背景结合江苏省旅游发展进行了讨论，研究在新的发展背景下江苏省乡村振兴的实施和发展，通过实际问题展开讨论。江苏省作为旅游大省有着自己独特的发展和战略意义，通过对江苏省乡村旅游概况分析，结合各个地区不同特色进行分析可以看出存在的问题，以及需要加以改进的方向。乡村振兴中的旅游发展是一条全新的旅游线路和发展方向，江苏省的乡村旅游发展有着特定的历史背景和文化意义，通过对江苏乡村旅游资源、乡村政策、旅游发展过程进行分析，提出了乡村旅游发展战略创新和改进。通过休闲农产品与旅游模式相结合、传统文化产业与乡村旅游相结合的模式进行乡村旅游发展，结合实际例子进行分析，总结和归纳了乡村旅游的发展和创新方向。

目　录

第一章　乡村振兴与乡村旅游发展
第一节　概述 ………………………………………………… 001
第二节　乡村振兴与乡村旅游发展创新 …………………… 018

第二章　江苏乡村旅游创新发展实证研究
第一节　江苏乡村旅游资源分析 …………………………… 053
第二节　江苏乡村旅游政策分析 …………………………… 069
第三节　江苏乡村旅游发展过程 …………………………… 078

第三章　乡村振兴战略下江苏乡村旅游动力机制
第一节　核心动力 …………………………………………… 093
第二节　内生动力系统 ……………………………………… 103
第三节　外生动力系统 ……………………………………… 118

第四章　乡村振兴战略下江苏乡村旅游创新发展模式
第一节　乡村旅游创新发展概述 …………………………… 131
第二节　江苏乡村旅游创新模式 …………………………… 162

第五章　乡村振兴战略下江苏乡村旅游发展创新路径——产业融合

  第一节　休闲农业与乡村旅游融合发展 ………………………… 218

  第二节　文化产业与乡村旅游融合发展 ………………………… 224

  第三节　乡村旅游可持续发展 …………………………………… 232

第六章　乡村振兴战略下江苏乡村旅游发展创新案例

  第一节　苏州越溪旺山村 ………………………………………… 239

  第二节　徐州贾汪区马庄 ………………………………………… 245

  第三节　淮安市洪泽区龟山村 …………………………………… 255

  第四节　南京江宁区 ……………………………………………… 259

  第五节　江苏常州市 ……………………………………………… 268

参考文献 …………………………………………………………………… 272

第一章 乡村振兴与乡村旅游发展

第一节 概述

一、我国乡村振兴战略的提出

(一)"乡村振兴战略"提出的理论依据

改革开放前,我国与世界发达国家存在较大差距,发展经济成为国家发展战略的重中之重,自改革开放以来中国在40多年间发展迅猛,尤其是经济方面取得了重大成就,经济发展促进综合国力有效提升。人民更是从根本上改变了过去的落后状态,中国经济自2010年开始一跃成为世界第二大经济体,与世界一百多个国家有着重要贸易往来。

国家经济的发展彻底改变了中国在国际上的地位,与此同时国内人民的生活状态也发生着天翻地覆的变化,城市建设更是达到了前所未有的状态,但是与此同时城乡差距也在进一步拉开。中国进入新的百年,党的十九大提出中国特色社会主义已经进入新的发展阶段,现阶段主要社会矛盾已经转化为人民日益增长的美好生活需要和不平衡不充分的发展之间的矛盾。党在十九大提出发展乡村振兴战略的目的正是为了弥补城乡发展不平衡,农村发展不充分的重要战略举措。

当前我国发展的不平衡，主要体现在行业之间、部门之间、东西部地区发展，沿海和内地、城乡贫富之间的差距和发展不平衡。改革开放以来我国政策一直注重城市发展，尤其是沿海城市发展，以工业发展为主，向世界经济发展方向靠拢。这种战略在过去几十年被认定是非常行之有效的，我国成为世界第二大经济体，在科研、国防、建造等方面取得重大成就，而这种发展也造成了中国经济发展的不平衡，东部沿海地区发展规模远大于西部经济欠发达地区，城市经济远超于乡镇经济。这种差距不仅仅体现在经济方面也包括居民生活环境、文化素养、思想境界方面的明显差距。新的时代背景下对全国发展综合国力有着更高标准的要求。人民所向往的美好生活需要满足物质和精神等多层次的需求，人们对于自由、平等、公平、公正、安全、法制等方面的追求，也需要进一步得到满足。

如何改变这种不平衡，不管是区域之间不平衡还是城乡、行业之间的不平衡，甚至群体之间存在差异等都是不符合全面小康社会需求的。因此党的十九大提出需要切实解决城乡之间不平衡问题，要解决这种发展不平衡需要首先认识到问题。农村发展滞后主要体现在经济发展难以走出去，外来信息难以走进去的信息差问题，存在教育资源分配不均衡问题，医疗资源不完备等一系列人民生产生活急需解决的问题。由此党的十九大提出了乡村振兴发展乡村经济的战略部署。

在发展乡村振兴过程中也会面临一系列问题，比如农村发展单一化问题，不根据乡村实际地理文化优势，而是一味模仿城市化发展，从而迷失自我特色和方向。乡村有着自身特有的地理优势，那就是舒适的自然环境，也有着淳朴原汁原味的特色生活方式，还有传统的文化传承，这些都是乡村的特色和优势。如何在乡村振兴中利用自身优势，结合时代发展做出创新和发展，制定符合地方特色的旅游发展方向，是每个乡村需要思考和解决的问题。

实施乡村振兴战略是中国特色社会主义进入新时代做好"三农"工作

的总抓手。实施乡村振兴是社会矛盾下的必要措施，在新的百年开始之际，实施乡村振兴战略目标，有利于改变城乡发展不平衡，缩短城市乡村之间的距离，为实现全面小康社会打好坚实的基础，推动中国经济迈上新的台阶，助力伟大民族复兴之路。

（二）"乡村振兴战略"提出的历史依据

2018年，中美贸易摩擦和气候变化对中国粮食产生了很大影响。近年来随着中美贸易摩擦、极端环境气候变化等问题的发生，农业生产显得尤为重要。中国是农业大国，农业是国民经济的基础，"三农"问题事关广大人民群众衣食住行和切身利益，如何保护农业，解决"三农"问题也成为国家发展的重中之重。

党的十九大提出"乡村振兴战略"旨在解决社会主要矛盾变化，以此为依据发展中国特色乡村经济。乡村振兴的提出正是为了解决现阶段社会主要矛盾，满足人民对物质和精神生活的追求，让人民能够吃得安全，住得舒适。农业作为乡村经济的核心，"三农"问题也一直都是党和国家工作的重点，新中国成立之初进行土地改革，改革开放之后实现家庭联产承包责任制，党和国家制定针对"三农"的一系列政策也切实解决了人民的温饱问题，在基本实现小康社会向全面小康社会迈进的过程中，"三农"问题持续受到党和国家的关注。在继续发展"三农"工作的基础上，加深对乡村农业问题的深入思考和规划，由此推出了一系列惠农政策措施，旨在发展农村经济。

在党和国家的重视下，农业发展成果也是有目共睹的，农业发展在一定时期内也取得了重大成就。2017年我国粮食总产量61791万吨，比2016年增加166万吨。与此同时，相关农产品棉花、肉类、禽蛋、蔬菜等产量也稳居世界第一。农业增长带动农民收入持续增长，2017年我国农民可支配收入超过1.3万元，实现2012年以来的"六连增"，农民收入增长远大于城市。虽然近年来，我国在农业方面取得很大进步，但是跟城市发展还是存在巨大差距。这种差距导致大量农村青壮年劳动力涌入城市，由此带来一系列问题，比如留守儿童受教育问题、农村整体素质、乡村环境治理等问题。

乡村发展过程中这些问题都将制约我国全面建成小康社会的历史步伐，需要新的战略发展方向来解决农业问题。如何留住人才，如何发展乡村经济，如何助力农产品销售等，提出乡村振兴的目的正是为了解决"三农"问题，促进农村经济发展。

2013年12月，中央农村工作会议强调，要"农业强""农村美""农民富"。2014年12月，习近平在江苏调研时强调，没有农业现代化，没有农村繁荣富强，没有农民安居乐业，国家现代化是不完整、不全面、不牢固的。2015年7月，习近平在吉林调研时强调，任何时候都不能忽视农业、忘记农民、淡漠农村。2016年4月，习近平来到安徽凤阳小岗村考察时，再次强调，要"坚定不移深化农村改革，坚定不移加快农村发展，坚定不移维护农村和谐稳定"。2017年10月，党的十九大首次正式提出"乡村振兴战略"，作为统摄我国"三农"工作的关键。报告提出的农业农村优先发展战略，是对我国几代中央领导集体关于"三农"思想的丰富和发展，也反映了以习近平同志为核心的党中央对新时代"三农"问题发展规律的深刻把握。要实现广大人民群众对美好生活的追求愿望，推动"五位一体"的现代化建设，农业的基础地位不能动摇，"三农"的重中之重战略地位不能改变。

综上，提出"乡村振兴战略"显然是农村发展的实践要求和历史发展的必然抉择。

（三）"乡村振兴战略"提出的现实依据

乡村振兴战略是党中央新时代背景下对"三农"工作的新的战略部署，满足新时代新的要求，是全面建成小康社会的有效举措。自党的十六届五中全会中提出新农村建设要求发展生产、宽裕生活，发展乡村文明，整洁乡村形象，民主化管理，到党的十九大乡村振兴战略要求"产业兴旺、生态宜居、乡风文明、治理有效、生活富裕"的总体要求,探究农村农业生产力发展,党一直在跟随时代变革战略方针,从生产力发展开始改变新时代下主要社会矛盾,社会治理等问题。

自新中国成立以来,中国共产党一直坚持带领全国人民投入建设,帮助人民脱贫致富,从农业开始首先解决十几亿人口吃饭问题到为国际社会作出巨大贡献。在建设祖国帮助人民脱贫致富之路上,党和国家制定有效的战略举措,切实解决人民的问题,取得了辉煌的成就。在十八大初期,面对我国仍有一亿人口处于贫困状态的实际情况,党中央提出了精准扶贫的战略方针,扶贫贯彻落实到位,采取入村入乡入户政策,精准扶贫工作取得了巨大进展,到2017年帮助6600万人摆脱了贫困,此后扶贫工作持续开展,贫困地区人均可支配收入在不断增长。

到2021年,我国14亿多人口中有5.56亿人常住农村,而在基本实现现代化的2035年,预估我国仍有4亿农村人口。农村人口数量占比如此重大,要实现全面建成小康社会战略目标的总体规划,实现下一个百年奋斗目标,农民的小康和农村现代化问题就成为必须解决的问题。在解决农村问题上,党和国家提升战略高度,制定乡村振兴战略,正是制定和落实解决农村问题,提升全面发展速度和水平的必然选择。

2017年10月18日,党的十九大提出决胜全面建成小康社会,夺取新时代中国特色社会主义伟大胜利的报告中就指出了农村问题的重要性和必要性,自2005年以来我国农产品供给不足,从提升农业生产水平,提高农产品供给开始,经过十几年的努力,我国农业综合生产力有了进一步提升,新时代下人民对美好生活有着更高标准的需求,这就是实现全面小康社会所必需的物质和精神需求,未来农业的发展振兴不仅仅需要提高生产力,还必须拓宽视野,提高农业综合水平。

党的十九大强调了以习近平新时代中国特色社会主义思想为指导的战略目标,在新的15年基本实现社会主义现代化,下一个15年,也就是到

2050年，将我国建设成富强、民主、文明、和谐、美丽的社会主义现代化强国。两个15年规划里强调的现代化，不仅仅是城市现代化还包括农村现代化发展要求。农村作为现代化的基础，必须全方位发展，与时代接轨，全面铺展开来。实施乡村振兴的战略是推动农业农村现代化，全面建成社会主义现代化强国的战略举措。

  乡村是全面建成小康社会必不可少的一环。近年来，我国农民收入不断增加，正是一系列政策举措的原因，党和国家在发展农业方面一直坚定不移地促进和发展，从全面取消农业税、粮食最低保护价到种粮补贴、养殖补贴等，都是在激励农村的生产和建设，旨在改变和解决农民收入低问题，提高农村农民收入整体水平。乡村振兴战略目标正是在不断改善和促进农业生产的前提下根据农村实际情况制定的有效战略措施，从根本上解决乡村农业问题，以乡村为支点，制定符合当地特色符合广大农民的发展策略，建设新农村，促进农村现代化实现，这是实现全面现代化的必要途径和有效途径。

二、国外乡村旅游的发展

  乡村旅游作为一种旅游形式，发端于欧洲，是工业化与城镇化发展进程中的产物。1885年法国首先提出乡村旅游概念，19世纪80年代开始，德国、奥地利、法国、英国、西班牙、美国等发达国家先后开始大规模发展乡村旅游，并且随着乡村旅游的实践开始走向规范化。而乡村旅游对于推动农村地区的经济发展也确实起到了重要作用，此后乡村旅游被认为是一种阻止农业衰退，增加农民收入的有效途径。

（一）国际乡村旅游发展经典模式

1. 政府主导型：法国模式

  法国作为乡村旅游概念的提出者和先行者，于20世纪50年代开始就有了这个理论的模型，经过几十年的发展，到1885年才有了成熟的发展模式。法国自二战结束后，城市化进程加速，大量农村人口进入城市发展，乡村萧条成为必然，针对这一现象，政府为了稳定社会经济，缓解农业经济的萧条开始大力扶持乡村旅游行业的发展。一开始法国乡村地区建设乡村旅馆，以吸引游客前来观光，随后开始建设乡村民宿生态旅游，并健全管理法规，这就是1962年法国政府颁布的第一部乡村旅游规范法律《马尔罗法》。这部法律中提出在乡村旅游的发展过程中必须注重生态和人文的结合，鼓励旅游组织或者中介介入，政府对此给予免税政策支持，这为乡村旅游走向正规化奠定了法律基础。

在1972年，法国政府对过去十年乡村旅游发展问题做了总结和归纳，颁布了《乡村旅游发展质量规范法》，重新制定了一系列质量标准和技术规范，与此同时制定了旅游检查制度，确保其规范化，并增加了游客评价的权利，为乡村旅游的改进服务提供了更大的可能。1970年，法国工业化和城镇化速度开始有所减缓，更多城市人口期待能够回归乡村，乡村旅游进入到高速发展新阶段，甚至乡村旅游曾一度达到了全国旅游占比的60%，由此可见乡村旅游的兴盛和发展。经过漫长的实践和发展，今天的法国乡村旅游已经形成了成熟的模式，乡村旅游类型集中在农业休闲、民俗旅游、美食品尝等方面，形成了以家庭农场为主导的原生态绿色旅游态势，吸引了世界各地游客。

2. 都市依托型：美国模式

美国自工业革命以后城市发展加速，20世纪中期，美国经济进入高速发展时期，城市与乡镇之间人均收入在不断扩大。美国人热衷旅游，重视乡村休闲由来已久，久居都市的美国人向往乡村自然风光和悠闲静谧的生活氛围，乡村旅游由此兴盛。

二战之后的美国经济迅速发展，俨然成为世界主流经济体。城市经济快速发展的同时由于地广人稀的地理环境造成农业生产过剩的情况，美国政府为解决这一问题制定了农业生态补偿计划，将大量农业用地建成生态公园、野生植物园等旅游项目，不仅解决了农业生产过剩的问题，还极大推动了乡村旅游的发展。

从1970年开始，美国乡村旅游项目开始以较快速度发展，结合美国自然环境建造完善了一系列森林公园、湿地公园项目。乡村旅游项目的内容和形式也在不断丰富，从自然环境到美国大众喜爱的垂钓、田园、休闲运动等多种多样的休闲娱乐项目。一开始美国乡村旅游只在农村，后来逐渐在大中型城市包括洛杉矶、华盛顿等城市周边展开乡村休闲娱乐活动。以放松休闲为目的，满足更多群体需求的乡村旅游项目应运而生。如今乡村旅游已经涵盖美国大部分城市和乡村，乡村旅游成为人们主要休闲方式。

3. 功能复合型：日本模式

日本作为发达国家之一，在经济快速发展的同时同样存在乡村问题，乡村旅游的历史在日本可以追溯到20世纪60年代。

20世纪60年代中期，日本进入工业化进程，工业化带动日本经济迅速发展，城市经济发展造成大量农村青壮年涌入城市，由此造成日本城市人口密集，农村人口老龄化、过疏化问题。为了解决这种人口密度疏密不均和城乡发展不均衡的问题，日本政府开始推动农业与城市工业相结合的方式，政府助推农业，让农业开始分工和细化，同时发展乡村旅游，以缓解城市人口精神压力。乡村旅游正是在政府的助推下逐渐形成集农业生产、休闲观光、农业教育、乡村体验为一体的多功能性复合模式。

1960年日本大中城市在附近开始建造以果园、农作物园林休闲的乡村体验旅游项目，随后乡村旅游进入快速发展，在日本多个乡村实施和发展。随着资本主义市场进一步发展，人们对于休闲旅游有了更多精神需求，这时候资本开始进入乡村旅游项目，进一步扩大了乡村旅游的影响力和旅游项目的多样性，这也促使乡村旅游进入发展热潮。1980年，随着日本成为世界第二大移民国家，来日旅游观光的外国人越来越多，日本政府适时调整旅游计划，将原本本土化乡村旅游调整为对外旅游项目，其乡村旅游经营范围进一步扩大，涵盖类型更加的丰富多样，且日渐多元化、专业化，这就是日本乡村旅游功能复合型的特点。

（二）乡村旅游产品的开发

1. 注重制度和法律法规建设

法国、美国、日本作为三种乡村旅游的前驱者，其乡村旅游根据其国情制定，且都发展势头良好，除了政府在管控上的力度和不断创新，跟随时代发展做出相应调整外，还与其健全完备的法律法规有关。乡村旅游之所以能够越来越规范和专业，离不开其相应的法律法规的完善性。不论何种模式的乡村旅游模式，其最终发展是长期和持续的结果，这就需要相关部门在法律法规上制定严格的管理制度。中国有句俗语叫没有规矩不成方圆，任何持续发展必须具备完整且合理合法的现实依据，如此才能形成着力点，并不断加深其影响力。当然也离不开政府部门的支持，由此可见，乡村旅游的建设和实施，同样离不开国家政策和当地相关部门的支持。国家将乡村建设进行法律体系规范化建设是推动乡村旅游的关键，在国家法律基础上地方政府贯彻法律基本原则，制定符合当地特色的规范和章程，以此管理规范当地的乡村旅游发展，形成专业化和可持续的发展模式。

2. 注重乡村旅游产品的开发

乡村旅游从法国最先开始提出并实施开始，到如今在国外已经拥有几十年的发展经验，纵观其发展过程，不难看出乡村旅游不是一蹴而就的，而是从单一的观光旅游慢慢向休闲娱乐、多功能性旅游开始发展。都是自然风景与人文精神相结合，不断丰富和改进的一个过程。其中政府支持和资本介入农业发展都是助力其发展的一个重要因素。乡村旅游内容形式的丰富和多样性是乡村旅游的一大特色，值得注意的是乡村旅游具有地方特色，不同地区在地理、文化、教育、娱乐形式上存在一定的差异性，农业相关产品也存在地域特色，因地制宜发展特色产品、丰富内容形式、升华精神内核，同样是乡村旅游的必经之路。

3. 注重乡村旅游的推介与营销

乡村旅游固然是回归自然的最佳休闲方式之一，然而在信息多样、生活节奏日益紧张、人人追求效率的今天，乡村旅游的推广和营销也必将成为其发展的重要因素。在互联网的时代，信息就是效率，乡村旅游不仅要能给消费者提供优质的休闲娱乐服务，也必须让消费者了解信息，面向大众的营销和推广成为必然。在推广乡村旅游的方式上，需要注重乡村特色宣传，乡村旅游的一个特点就是具有淳朴自然风景、原始自然风貌以及放松身心等独有的特点，其独特的人文和地域特色同样是宣传亮点。旅游消费者注重体验、意境、互动和产品的亮点，根据消费者需求来制定和设计旅游项目和产品服务，突出乡村旅游的生态多样性和个性化特点，最终实现城乡经济的合理平衡发展。

三、国内乡村旅游的发展

（一）乡村旅游的开发

自工业革命之后，城市工业化发展促使城市经济进入快车道，乡村经济则迟缓的多。这就促使大量农村劳动力涌入城市，造成乡村经济进一步滞后。农村居住人口大幅减少的同时是城市人口急剧增加的时候，乡村旅游的雏形是城市居民回老家的"探亲游"。20世纪80年乡村旅游开始出现，乡村旅游的概念第一个是旅游地点是乡村地区，第二个是旅游产品是乡村特色农产品。到90年代乡村旅游才开始发展起来并走向正轨，随后乡村旅游人数快速增加，乡村旅游的一大特点是自然风光与人文生态相结合的模式，内容形式不断深化和完善，这离不开开发者的战略眼光和对资源的充分利用。

乡村旅游的开发必须具备长远的规划和战略眼光，并不是每个地区都适合开发成乡村旅游模式，相关学者对此进行了研究和分析。王琰在研究云南省大理市沙栗木庄村的旅游资源时指出，旅游产品同质化导致乡村旅游业发展水平不高，其认为土地资源是乡村旅游资源的灵魂，是整合其他资源的关键，是产业一体化的核心。蒋建兴对江苏省泰州市乡村旅游资源进行了调查，指出该地区旅游资源类型丰富，但功能不全、规模较小，且同质化严重，同时还存在资源开发与保护的矛盾问题。刘磊从旅游的季节性视角分析乡村旅游的可持续性问题，通过调研湖北省随州市洛阳镇的人文特点和社会经济状况，指出该地区发展旅游的主导资源为古银杏树群落，季节性因素的影响过于明显，且旅游产品单一，成为制约该地区乡村旅游发展的主要问题。张旭通过旅游吸引力理论从民宿型乡村景观规划与设计的角度分析乡村旅游市场，认为民宿型乡村景观与传统乡村景观、城市景观和酒店、宾馆等形成差异，具有强大的乡村旅游吸引力。陈宗宁在分析了福建省松溪县的历史沿革、地理位置、地形地貌、气候、水文和生物等资源后，总结其具有山水田园景观、特色农副产品、村落景观、古迹民俗等资源优势，指出该县具有发展休闲农业和乡村旅游的可行性和必要性。谭伟从自然风景、历史文化、农业资源、名优产品等方面对重庆市云阳县的乡村旅游资源进行了分析，认为该地区发展乡村旅游的优势得天独厚，且拥有独特的民俗文化，同时能提供采摘、体验等服务和特色产品。戴振从文化消费的视角分析了陕西省袁家村商业街区的产业构成，认为袁家村的自然风光并无优势，因此其旅游品牌构建主要体现在文化产业上，并打造了休闲度假住宿、特色民俗饮食、民间艺术博览、传统民俗体验等文化旅游产业经济模块。

关于乡村旅游资源开发问题，综合近年来相关学者的研究发现，乡村旅游主要涉及自然生态风景、古迹民俗、特色人文艺术、乡村民宿景观、特色饮食文化、农业采摘体验和特色农产品等方面，这些资源有别于城市旅游，是具有地方特色和乡村民俗的，这就是乡村旅游的独特性和差异性。

这些差异性是乡村旅游项目开发需要着重去考虑的。

（二）乡村旅游开发模式

乡村旅游开发主要是以休闲农业和农业观光为主，融合农业教育、考察学习、健康养生、休闲娱乐等多个综合性发展方向。乡村旅游是贴合当地民俗风情的旅游形式，以农业产品为主要产品内容进行旅游环境、旅游线路的开发，并配合农业采摘、民间传统节假日等活动形式，丰富其旅游内容和形式。这就需要乡村旅游在开发上因地制宜，并能够深入挖掘当地文化特色，制定符合大众需求的乡村旅游产品项目。

乡村旅游开发模式往往根据以往成功案例进行分析，在其成功的基础上做出相应的改变，制定符合当前开发旅游的模式，其中需要考虑当地地形、人文风俗、农产品等硬件软件因素，与此同时也需要根据时代发展和人民的需求做出相应的改变。生态环境是乡村旅游的基础，消费群体的需求决定乡村旅游的后续发展。

乡村旅游第一种开发模式主要是以休闲农业和农业观光为主，融合农业教育、考察学习、健康养生、休闲娱乐等多个综合性发展方向。乡村旅游是贴合当地民俗风情的旅游形式，以农业产品为主要产品内容进行旅游环境、旅游线路的开发，并配合农业采摘、民间传统节假日等活动形式，丰富旅游内容和形式。这就需要乡村旅游在开发上因地制宜，并能够深入挖掘当地文化特色，制定符合大众需求的乡村旅游产品项目。田园综合模式是目前乡村振兴中乡村旅游的主要开发模式，采用的正是城乡结合、农业和工业结合、传统与现代相结合的模式，以旅游促进文化复兴，改变农民工生活现状。

第二种开发模式是国家现代农业产业园的模式，开发现代化农业产业园是实现现代化农业的重大举措，旨在通过培育农业产品为中国经济服务，提高农业产业链发展，开发符合现代水平的农产品，全面覆盖农业经济产业园。

第三种是"共享农庄"模式,共享农庄依托共享经济为出发点,以互联网作为技术支撑,以私人订制为服务核心,联合政府、企业和农户培育农业融合发展新生态产业链。

第四种是乡村创客基地模式,以大学生、返乡农民工、专业艺术人才,青年创业团队为主要群体,在乡村地区从事项目开发和实践活动,通过先进的技术和理念,为乡村旅游研发新的农业产品和新生态体验项目。

此外还有乡村度假庄园、特色乡村民宿等开发模式,乡村拓展营地等多种互动体验模式。其最终目的是通过发展中国特色乡村,打造多种类的乡村旅游模式,实现农民利益最大化和可持续发展的农业生态旅游模式。在乡村旅游实际开发过程中会面临各种不同的问题,我国的乡村旅游发展需要根据实际情况,多角度全方位思考可实施模式,既可以在现有模式上做升级和改进,也可以开发全新的生态模式,最终目的是资源的合理开发和利用,灵活变通其经营模式,达到乡村旅游可持续发展的最终目的,为农民增收,缩小城乡差距。

不论开发模式如何变化,乡村旅游发展的核心要素主要集中在:一是有利于提振乡村经济,增加农民收入;二是改善乡村环境,让农民享受现代化成果;三是实现长期可持续发展,保持经济生态多元化;四是必须满足现代游客的心理期望和消费诉求。基于以上几点原则,再以实事求是的态度结合自身特点和发展需求,才能找到合适的发展模式。

(三)乡村旅游的经营与管理

随着乡村振兴建设的实施,乡村旅游受到越来越多的关注。旅游作为第三产业,不断发展壮大的同时,开发者们渐渐将目标由城市转向乡村,乡村旅游的发展就需要更加专业和高效的管理方式,以往旅游管理经验在应用于乡村旅游管理上有一定的局限性,所以乡村旅游需要更加适应其旅游形式的新的管理方式,以促进乡村旅游快速发展。

近三十年来,国内外学者对于乡村旅游的研究一直都在进行,这些研究涵盖乡村旅游的概念和内涵，从乡村旅游的开发模式、产品开发、文化融入、农村经济等方面入手，全面分析乡村旅游中遇到的问题，以及探讨行之有效的管理模式。乡村旅游具体经营模式、问题研究、解决对策研究等，都是从乡村旅游的目标和任务出发，最终目的是通过乡村旅游促进当地经济发展、文化输出。

中国乡村旅游的一个特点是大都需要当地政府支持，然后因地制宜制定乡村旅游形式，其开发过程中离不开当地自然风景与人文风俗相结合。因此，中国乡村旅游在管理方面，当地政府需要发挥资源管理和监督资源开发、协助旅游管理的作用。我国乡村旅游因为起步较晚，内部管理还不够成熟，首先，比较突出的就是乡村旅游在大力发展观光旅游的同时忽略了游客体验，在追求经济发展的同时忽略了人文体验。其次，乡村旅游中的服务人员因为文化素养，知识水平有限，导致不能像专业导游那样具备完善的旅游知识体系，还有乡村旅游人员管理、卫生管理、项目单一、宣传不到位等问题，都是乡村旅游管理必须面对的问题。

陈湘漪通过对广西壮族自治区涠洲岛的乡村旅游模式进行研究，在其旅游产品单一、农家乐管理不到位、接待设施陈旧等方面提出问题，给出建议，这是从旅游经营者的角度去思考问题。林丽琼通过对福建省湄洲岛乡村旅游发展进行考察，分析，根据实际问题提出了从市场细化、产品策略、价格调整、销售渠道和产品促销等方面进行改善，是从体验者角度出发去思考乡村旅游问题。王渝则以乡村旅游住宿业为对象对产业组织管理进行研究，他认为农家乐经营问题的根源在于旅游供应链之间的不协调导致，通过研究分析他提出地方政府应该发挥其主观作用，通过激励、联合、垄断、分摊成本等方式改善经营策略。孙宗帝通过对青岛海青茶博园的旅游发展研究，从营销角度出发提出了品牌营销、网络营销、产品营销、体验营销等营销方案，意图通过扩大影响力来得到更多旅游资源。卢冲等人则以四川藏区乡村旅游为研究对象，提出通过培训提高农民素质来提高乡村旅游游客服务体验，通过加强资金支持改善乡村旅游设施设备完善旅游项目，通过加大宣传来提高乡村旅游的影响力，吸引更多游客前来。

通过乡村旅游文献资料的研究发现，我国乡村旅游呈现多样化趋势，我国地理环境南北差异巨大，文化民宿因为地域原因同样存在很大差异，乡村旅游在不同地区实施情况大都是因地制宜，在乡村旅游上没有统一的模式和普遍实用的管理方案，大都是根据当地情况加以改进和创新。乡村旅游立足于当地乡村，所以政府支持和开发者因地制宜是乡村旅游发展上必不可少的一个环节，也是至关重要的一个环节。

在管理模式上除了地域区别外，其主要核心分别有三个：一个是乡村旅游需要更加专业的人才，需要高素质的服务人员，专业的管理人才能够提高其管理模式，制定更加稳定高效的管理方案。高素质服务人员有利于管理方案的有效实施，这样才能形成体系，促进乡村旅游发展。第二个是在乡村旅游管理上需要当地村民的配合，制定合理的销售推广方案，需要各个环节相互配合，共同协作，不论是农产品还是文化产业都需要有效的管理，不能是混乱的，而应该是有序和规律的。第三个就是在营销方面，需要通过互联网等新兴媒体加大其推广力度，在这方面同样需要专业的人才进行推广，展示乡村旅游的优势，从而扩大影响力和知名度，形成地域特色和品牌效应。

（四）乡村旅游的体验与评价

乡村旅游虽然形式多样，项目不同，但是其核心只有一个那就是乡土风情。乡村旅游的一大特点就是体验农耕文明和自然景观，以及围绕农业产生的一系列文化符号，古朴醇厚的田园之美，满足人们对于自然的向往。乡村旅游是一种独特的自然景观，乡村旅游一定是注重体验和评价的。游客的主观感受是对乡村旅游发展的一个重要评价。

乡村旅游吸引人的正是其原汁原味的自然风景和原始的农耕或者游牧体验，这就要求乡村旅游在开发上保持自然的原始风貌，不能过度开发，更不能破坏其生态环境，需要保持其淳朴的特性。而在其他体验项目上结合当地特色发展相关体验项目，体验项目重在农业体验和舒适自然的享受，由此可见乡村旅游必须做到生态村落、特色产业、乡村环境、乡土人文"四位一体"，保持本色、加强培训、强化运营，强调标准化、规范化、专业化和差异化。

杨敏在福建省三明市的三明客家文化园进行了问卷调查，问卷调查中设置了环境体验、设施体验、活动体验、服务体验等体验问答，通过游客游玩后的体验和评价分析游客满意度。通过问卷调查分析杨敏发现大部分游客对园区的期望值和满意程度有着明显的差异，由此他认为要增加游客满意度需要优化乡村旅游中的产品体验，增加特色体验项目，以此提升游客满意度。莫莉秋通过构建海南省乡村旅游资源可持续评价指标体系，得出乡村旅游管理服务在旅游发展中尤为重要。卢晓在对河北省乡村旅游项目进行分析时发现多元价值功能需要从经济价值、生态价值、文化价值和社会价值开始做提升，带来经济的同时增加游客体验感。陈丽凤通过乡村旅游规划问题进行探讨，得出乡村旅游应该从自然环境、视觉体验、情景体验、意境追求，精神放松等方面入手增加游客体验和感受。吴吉林等人从农户适应性评价的角度对湘西村落进行调查研究，在调查过程中，几乎全部农户都支持乡村旅游开发，表示只要具备基本条件都会参与乡村旅游服务。但同时得出滞后型农户数量最多，全面适应型农户数量最少，当前湘西州乡村旅游发展水平较低的结论，并从农户、社区和政府等层面提出建议。

专家们的评价大都是从客观方面分析和评价，不管是通过对游客的问卷调查还是对具体乡村旅游项目的研究，都是通过数据或者客观方面进行分析和对比，以此得出结论。而游客的体验和评价往往带有主观意识，游客的主观意识往往能够决定其是否出游，以及是否推荐给其他旅客，这就从客观上影响乡村旅游的人数，这也是乡村旅游必须注重游客体验和评价的一个方面。毕竟乡村旅游的主题是人，满足游客需求，增加游客体验感是乡村旅游能否长久发展的一个重要依据。通过对游客体验和评价的研究有助于促进乡村旅游发展的策略实施和发展改革，乡村旅游的发展必须关注其体验与感受。

（五）展望

乡村旅游的目的是促进乡村经济发展，缩小城乡差距。乡村旅游以服务"三农"为重点，站在农民的角度进行产品和服务外销，站在游客角度进行研究制定旅游方案，促进旅游发展。乡村旅游在开发上必须注重市场调查、产品研究和营销策略。乡村旅游在发展上具有一定的局限性，并不是每个地区都适合发展乡村旅游，在乡村旅游的内容和形式上必须因地制宜。乡村旅游在管理模式上需要更加专业化。我国乡村旅游正在徐徐展开，未来也必将蓬勃发展，虽然现如今还存在很多问题，但是其发展的脚步不会停，必将是从实际出发解决问题，促进乡村旅游发展逐渐走向成熟。结合我国乡村旅游的发展目标和现有的成功模式，我国乡村发展主要从以下三个方面开展。

第一个是注重资源的保护。这种资源不仅仅包括可持续生态旅游资源，保持原始自然风景，还包括人文景观和特殊文化地域特色，比如乡村"非遗"文化产业的保护和宣传，这是乡村旅游立足旅游市场的根本，那就是特色产业。

第二个是发挥我国社会主义经济制度的优势。我国在改革开放，经济发展正是由于政府促进民主自主发展经济，推广了责任承包和个体经济发展，从而才有了中国经济的腾飞。在乡村旅游方面同样需要政府鼓励民主自主自发发展当地经济，通过对农产品、特色项目的推广，带动当地经济发展，全体村民参与到乡村旅游的发展中去才能最大限度发挥其乡村旅游优势。

第三是善于创新。乡村旅游的发展立足于乡村本土特色的同时需要发挥其最大的经济价值,需要用创新思维展开更多相关产业的发展,吸引更多投资者的目光,在游客体验和服务方面做出改进,升级服务项目和内容,及时发现问题解决问题,提高旅游内容。

第四是注重文化素养提升。经济社会发展迅速,对知识文化素养也有相应的提升,促进乡村旅游硬件基础设施设备完善的同时需要注重软实力的提升,以旅游带动村民提升文化,以此提升乡村旅游规格和服务质量。从思维方式开始改变人们的认知水平,乡村旅游的发展必然是一个长期的过程,需要更多专业的人才,在人才培养方面需要加大力度,以此适应快速发展的社会需求。

第二节 乡村振兴与乡村旅游发展创新

一、乡村振兴与乡村旅游的互动关系

乡村旅游是乡村振兴的重要组成部分,乡村振兴的总体目标是全面建成小康社会,新时代抓好"三农"工作成为完成共同富裕中国梦的重要战略决策。在全国推广实施乡村振兴战略的过程中,乡村旅游具有推动落后农业带动当地经济的作用,也有建设生态宜居,乡村文明的驱动作用。乡村旅游是实施乡村振兴的重要战略方式。

自我国经济快速发展以来,旅游作为第三产业以其带动性强,辐射面广、提供就业多等优势逐渐成为国民经济的重要产业支柱。旅游带动地方经济快速发展,与其他相关产业相互融合,极大促进相关产业链的发展,比如旅游促进交通、餐饮酒店、旅行社、旅游相关产品的发展。乡村旅游正是基于旅游的带动性和辐射性,以乡村独有的风景人文,特色产品为核心,在美好当地生态环境的同时带动"三农"产业发展,促进当地经济,

为当地农民提供工作岗位，增加农民收入，也因此乡村旅游被称为实现乡村振兴的重要抓手。

乡村旅游不同于传统的农业，乡村旅游是以乡村特色风景与人文来吸引游客，在开发田园山水、文化资源的同时拓展商务度假、休闲娱乐、农业体验等新兴旅游项目，实现人与自然的和谐生活理念的同时带动经济发展，真正从物质与精神两个方面提升乡村经济和精神素养。这也是符合生态宜居、精神富足的小康社会生活理念的。

城市经济的发展加大了城乡之间的差距，这种巨大的差距必然造成社会矛盾，经济发展不平衡导致一系列教育、医疗、就业等两极分化的局面。这种矛盾是我国社会的主要矛盾，也是急需解决的，提出乡村振兴战略正是为了解决这一社会矛盾。促进农村社会经济再生和发展，这种手段欧洲和北美也曾使用过，并取得了不错的成果。我国正是借鉴国外成功经验，结合我国国情和农村实际情况进行创新和改进，从而推出了乡村振兴战略，以解决我国的城乡差距问题。

自20世纪70年代开始，以美国、英国为代表的西方发达国家开始进入经济快速发展时期，经济快速发展，由于城市经济发展迅速而农产品相对贬值，农民收入却止步不前，于是大量青年农民进入城市，在城市工作定居，这进一步加大了农业滞后的情况，导致乡村经济萧条。各国政府为了解决这一问题纷纷开始寻求解决之法，乡村旅游最先由英国开始提出并实施，随后美国、日本、澳大利亚也先后开始实施乡村旅游，乡村旅游被认为是保护环境，实现可持续发展和刺激农村经济，消除贫困、改善乡村生活的重要推动力。

中国经济的发展同样遵循这一发展规律，在城市经济发展迅速的同时城乡差距进一步拉大。我国从20世纪90年代开始，土地资源减少，农村留守老人儿童居多，造成农村经济凋敝，儿童教育得不到保障等一系列问题，政府开始大力扶持其他农业，比如养殖、果园等产业的发展，鼓励乡村发展。十九大提出乡村振兴战略正是基于这种城乡差距巨大的社会矛盾而制定的方针政策。乡村振兴在全国各地得以实施，以乡村旅游为抓手开展乡村振兴战略。

在乡村振兴的道路上政府制定和推广乡村旅游，改善乡村环境的同时吸引外地游客促进本地经济发展，以旅游带动乡村经济，促进"三农"发展，进一步缩小城乡差距。乡村旅游的实施得到了社会各界的支持和关注，乡村旅游已经成为欠发达地区脱贫攻坚的主要手段。各地乡村旅游因地制宜，吸收成功经验的同时注重本土特色，乡村旅游已经成为实现乡村振兴的重要选项，成为区域增长的重要引擎。

（一）中国乡村旅游发展的模式

乡村旅游已逐渐成为我国旅游业的重要部分，乡村旅游发展迅速。由于地域原因，乡村旅游结合当地特色已经逐渐呈现出多种形式和不同规模产业发展。我国乡村旅游基本类型大致包括以下几类，第一个是以绿色景观和田园风光为主题的观光型乡村旅游。第二个是以农庄或农场旅游为主，包括休闲农庄、观光果园、茶园、花园、休闲渔场、农业教育园、农业科普示范园等，体现休闲、娱乐和增长见识为主题的乡村旅游。第三个是以乡村民俗、民族风情以及传统文化、民族文化和乡土文化为主题的乡村旅游。第四个是以康体疗养和健身娱乐为主题的康乐型乡村旅游。大致可以分为以下四种相互关联的模式：

1. 乡村休闲型

乡村休闲型模式主要以乡村自然环境为主，在当地自然风光的基础上加上一定的基础设施，还会增加其他满足城镇居民休闲娱乐的体验活动，比如农家体验、采摘园、农家乐餐饮等项目，为游客提供舒适休闲放松的度假娱乐。这种乡村休闲型模式一般在城镇周围，交通比较便利的地方，主要吸引城镇居民周末度假放松身心亲近自然，这种乡村旅游模式的特点就是游客回头率较高，游客停留时间不会太长，娱乐项目以休闲为主，市场比较稳定，游客对餐饮的需求要远大于住宿需求。

2. 民俗风情型

民俗风情模式下的乡村旅游需要在自然风光建设上与当地人文民宿相结合，达到情景结合，相得益彰之感。这种乡村旅游模式一般是比较有代表性或者比较独特的地区，不仅风景优美还要有独特的生产生活方式、民俗风情，甚至宗教信仰不同于其他地方。比如湖南的凤凰古镇、贵州西江千户苗寨、广西三江侗族寨门风情等都是具有当地特色的旅游景点。这种模式的乡村旅游主要以其独特的自然和人文来吸引广大游客，一般比较偏远，游客可以来自各地区，时间也因人而异，回头率比较低，市场变化不好把握，依赖于口碑和宣传。

3. 乡村度假型

乡村度假型模式在于对自然风景的基础上融入现代创新创意和生活模式，乡村度假模式的主要目的是娱乐休闲，所以会在旅游景区周边或者城市周边建造比较高档的娱乐休闲场所或者乡间别墅群，以提供给高消费群体享受自然的同时保留其城市娱乐活动。比如珠海白在湖乡村度假村、宜春天沐温泉度假中心等，都是在自然风光的基础上投资建设高档休闲娱乐场所，这种模式游客比较稳定，回头率也很高，属于投资大回报也快的类型。

4. 农业观光型

农业观光模式的乡村旅游就是以农业生产生活为主，在乡村自然风光的基础上配合"三农"产品和体验，一般需要当地政府村委协助开发，旅游合作社也会参与管理和经营旅游服务，而当地农户也会参与进来，形成特色的农业旅游项目。这种旅游模式依托在农业生产之上，以纯正的农业为主要宣传手段，注重农业体验和介绍，一般是在农业生产成熟的地区展开。政府、开发公司、旅游合作社、农户共同参与乡村旅游的开发、服务过程。农业观光型的旅游模式客源比较丰富，社会各界都可能参与体验，市场也比较稳定，也能够很好地为当地村民创收。

乡村旅游的具体开发类型还有很多，大体都是从这四种模式演化而来，有些地区采用复合模式进行乡村旅游开发，不管是哪种模式其最终目的是带动乡村经济，满足游客观赏风景和放松身心的要求。

（二）乡村旅游对乡村振兴的促进作用

自党的十九大提出乡村振兴战略，并确立"产业兴旺、生态宜居、乡风文明、治理有效、生活富裕"五个方面实现总体部署以来，乡村旅游在近年来以强大的市场优势，新的产业活力，强大的造血功能以旅游带动产业发展，在乡村振兴工作中发挥重要作用。要实现脱贫攻坚，实现乡村振兴战略要求，全面推进乡村旅游，充分发挥其经济带动作用，是乡村旅游的总体目标，也是实现乡村振兴的重要推力和战略方法。总结最近几年乡村旅游的模式和发展，乡村旅游对乡村振兴的促进作用主要在以下五个方面。

1. 优化乡村产业结构，带动产业兴旺

我国传统的农业是靠天吃饭，广大农民以农业或者农产品为主要生产力，而农产品的一大特征就是依赖自然环境，风调雨顺才会有大的丰收，特别是有些地区土地贫瘠，遇上自然灾害等可能造成农民的巨大经济损失。其次随着工业经济的发展农产品普遍存在价格低廉的情况，特别是在不能实行工业机器生产的山区，农业只能是低产出，消耗极大的人力物力。这也是造成农村经济萧条的一个原因。

乡村旅游却并没有这种限制，乡村旅游是以外来游客为主要经济来源，游客体验乡村旅游需要"吃、住、游、购"，这在很大程度上提高了农民的收入，乡村旅游为农民朋友提供工作岗位的同时带动农产品销售，增加了农产品的输出。旅游不仅仅是单一的产业，而是有很多相关联产业，比如交通、住宿、餐饮、旅行社、购物等，乡村旅游的发展可以带动周边经济，促进三大产业发展，带动乡村产业兴旺。

2.改善乡村自然环境，建设生态宜居村庄

乡村旅游地覆盖在城市生活圈周围或者一些偏远的特色乡村，成为游客旅游休闲放松度假的重要方式，旅游地对于自然环境有着较高要求，除了纯天然山水风光，还要求旅游地整洁卫生。这对于改善乡村环境卫生有着积极的推动作用。而在乡村旅游开发上也要求可持续发展，减少污染，有效治理。还有餐饮对于食物安全卫生的要求，这将从思想意识上激励当地村民提高卫生安全意识，建设更加整洁的新农村。

乡村旅游不仅仅依托于自然环境还有其他休闲娱乐体验项目，比如采摘、种植、耕地等农家体验，这些项目同样对环境有着一定的要求，开发的时候会建设更加美丽的乡村环境。而民宿则会在居住环境上做一个提升，以吸引游客居住游玩。乡村振兴战略提出建设生态宜居乡村正是基于文明、卫生等一系列自然环境和精神素养的要求，乡村旅游在生态宜居方面有着重大推动作用。

3.实现乡村文明的同时传承优秀传统文化

文化是一个国家发展的根基，是民族复兴的灵魂。我国土地幅员辽阔，复杂的地形地貌造就不同的风土人情，几千年的历史传承留下很多文化瑰宝。在乡村旅游上不仅仅有各具特色的自然风光，还有与众不同的人文风情，乡村振兴不仅仅是经济上的复苏还是文化上的传承和发扬。乡村旅游模式众多，其中就有以特色民俗传统人文为特色的旅游模式，这些乡村旅游模式，将中国传统文化民宿融入其中，带有地方特色，保留着传统的原始样貌，比如历史古建筑、传统手工艺、非遗技术、宗教仪式、歌舞杂技、民族风情等具有极大的文化传承意义。

乡村旅游将唤醒这些独具特色的人文和传统文化，让它们焕发新的活力，展示给更多的人，让游客了解我国优秀传统文化，了解我国民族的多样性和包容性。文化需要传承，很多传统工艺、建筑、民俗面临失传、破坏的危险，乡村旅游能够让这些年久失修的古建筑得以保存，能够将更多

的传统工艺保留下来，也能够让一些传统村落传统习俗得以被世人知晓。

非物质文化是民族的财富，也是老百姓生产生活的"活化石"，乡村旅游将这些展示给更多游客，让非物质文化得以发展和传承。乡村旅游让农民们认识到，发展乡村旅游不仅可以增加收入，还能将老祖宗留下来的手艺继续传承下去，让传统手艺有机会与更多人见面。比如竹编、糖画、唢呐、竹木雕刻、编织、剪纸、漆器、蕾丝制作、酿酒和传统的药草疗法等非物质文化遗产。如福建建阳后井村建盏烧制、河南民权王公庄画虎村，成为艺术激活乡村的成功案例。

乡村旅游在吸引游客上必然会建设多种休闲体验项目，而乡村旅游服务人员必须具备文明礼貌的基本素养，还有一定的知识储备，这种也从一定程度上提高了农民的知识面和文明程度。乡村旅游让农民增收的同时也注重精神素养，只有物质精神双重富裕才是共同富裕的核心和目标。

4. 加强现代化建设和管理，促进城乡融合

乡村旅游是在经济社会形态下提出的战略措施，在城市成熟旅游模式的基础上融入地域特色，实行合理的开发和建设，以旅游带动周边经济。这种旅游模式依托于现代化的开发模式和管理模式，其推广宣传和后续服务都是有一定的行业基础，乡村旅游模式的实施打破传统封闭的自然经济，让传统农业以新的方式走出去，促进乡村经济以更加开放的方式实现从乡村经济到商业经济的快速转变。从原本乡村经济各自为政、各行其道到如今的合作共赢，乡村旅游促进乡村现代化的建设和管理。

乡村旅游发展的主体是农民，其旅游资源是乡村，而旅游游客主要来自周边城镇，这就促进了城乡之间的融合与互动，城镇居民走出城市的高楼林立到乡村享受自然美景，放松身心的同时也对农村有了一定的了解，将城市化文化、习惯、思想、观念等辐射到农村，影响农民的思想和见识，促进其提高学习能力，同样传统乡村质朴、勤劳的品格也将影响城市居民的价值观。城乡互动增强，必然相互影响，相互借鉴，最终达到融合发展，

取长补短,共同发展的目的。

乡村经济的发展也能促进一大批城市农民回乡创业,吸引专业人才来乡村发展,促进其现代化经济往更加多样性发展。

5. 为农民增收,实现生活富裕

乡村旅游发展带动乡村经济复苏的同时,也为农民工提供了许多工作岗位,这种可以在家工作的机会能吸引更多乡村青年留在家中工作或者创业,留住人才有助于文明乡村建设,也有助于改善乡村老龄化和孩子的教育问题。由于城市经济化发展促使大量农村青壮年涌入城市,造成农村留守儿童和孤寡老人问题,这也造成一系列社会矛盾和社会问题,乡村振兴正是为了解决城乡差距,解决城乡社会矛盾而提出的战略决策。乡村旅游的发展不仅推动乡村经济发展,为农民增收,解决农民就业问题,也有助于改善农民的文明素养和文化程度。从传统闭塞的经济文化形式到如今开放的输入和产出,不仅是经济层面改变农民的收入问题,也从思想上提高了农民的文明程度,增加农民幸福感和满足感。

乡村旅游产业关联性强,可以带动当地的交通运输、旅行社团、餐饮住宿、手工产品、电子商务等行业发展,甚至还有设备维护、植物养护、文艺表演等周边产业发展。乡村旅游带动多个岗位需求,势必会增加农民工收入和岗位选择。一些偏远地区更需要加入现代化经济模式,将新鲜血液输入偏远乡村,带动农产业和当地农副产品的发展,使之能够走出去,这对于消除贫困有着积极的作用。乡村旅游的目的是为当地农民增收,实现共同富裕的总体目标。

(三)依托乡村旅游,实现乡村振兴的约束条件

乡村旅游是一种旅游业和农业相结合的新型经济发展模式,自党的十九大乡村振兴战略提出以来,我国乡村旅游已经在多个地区试点完成,并且取得了不错的成果。如今乡村旅游已经进入蓬勃发展阶段。我国强大的交通运输建设为乡村旅游提供了便利。近年来,在国家总体部署和当地政府的支持以及市场的推动下,乡村旅游开始全面发展,越来越多的乡村旅游模式被应用于乡村发展,人才、资金、技术、信息等也因发展需求而向乡村回流。但不是所有地区都适用于乡村旅游,乡村旅游有着一定的限制条件。

1. 资源条件

旅游业的发展必须具备一定的资源,乡村旅游同样如此,乡村旅游的基础是乡村自然风景和人文风景。我国地理环境复杂,自然环境包括林区、田园、牧场、渔场等天然景观。人文景观包括传统建筑、农耕文化、传统民俗、艺术手工等当地特色,并不是每个地区的风景都适合发展旅游。我国乡村旅游资源分类如表1-1所示。

表1-1 乡村旅游资源分类

大类	亚类	举例
乡村旅游资源	田园（种植业）	云南元阳梯田、桂林龙脊梯田、云南罗平与江西婺源油菜花田园风光、昆明呈贡斗南镇花卉大棚等
	林区（林业）	神农架林区、鄂伦春乡村的林海雪原、东北雪乡、海南黎寨的热带雨林
	渔场（渔业）	舟山渔场、北海渔场、北部湾渔场、渤海渔场、吕四渔场等
	牧场（养殖业）	昆明呈贡的梅花鹿养殖场、云南个旧乍甸奶牛养殖场、呼伦贝尔大草原、天山牧场
乡村人文旅游资源	建筑文化	福建永定土楼、贵州西江苗寨、凤凰吊脚楼、广东梅县围龙屋、广西程阳八寨、黄土高原窑洞等
	聚落文化	江苏昆山周庄、江西乐安流坑古村、贵阳市镇山村、安徽西递村、福建客家围屋、山西平遥古城等村寨
	农耕文化	水车灌溉、鱼鹰捕鱼、采菊摘茶、关中农耕文化体验园等

续表

大类	亚类	举例
乡村旅游资源	乡村人文旅游资源	节庆文化	傣族泼水节，彝族火把节，侗族摔跤节，藏族浴佛节，汉族端午节赛龙舟，壮族三月三歌节，苗族芦笙节，回族、维吾尔族的古尔邦节、开斋节，等等
		礼仪文化	出行坐卧、婚丧嫁娶、宴饮有礼、寿诞有礼、成人冠笄之礼、祭祀有礼等
		艺术文化	地方戏曲、杂技、民歌、神话、传说、民间体育等如东北二人转、陕北大秧歌、西南芦笙盛会、广东舞狮、辽南踩高跷、陕北信天游等
		饮食文化	窝窝头、玉米饼、山野菜、酒糟鱼、酸菜、腌菜、豆酱、醉蟹、脐肉、咸鱼、米酒、饺子、面食
		手工艺文化	陶瓷、绘画、刺绣、磐纸、皮影、风筝、雕塑、蜡染、扎染、石刻、风筝、版画、彩灯、竹编等

2.区位和市场条件

乡村旅游资源是更好发展乡村旅游的天然优势，这种优势能使乡村旅游更快地步入正轨，也更易获得游客认可，看到回报。但是天然资源并不是确定性因素，有些地区虽然自然环境不算优越，但是依靠战略性发展眼光和成熟的市场地位，依靠其现有的优势，比如交通优势，在此基础上建设一些特色休闲游玩项目，比如山地区域可以修建赛车道，吸引喜爱越野爱好者前来游玩；水源丰富地区可以修建水上娱乐项目，同样可以吸引游客。这种乡村旅游需要前瞻性的眼光和科学的规划发展。

乡村振兴战略促进和推动乡村旅游迅速发展。在乡村振兴战略的鼓舞下，全国各乡村积极响应，在当地政府的支持下，投资者通过敏锐的市场判断，通过科学分析，制定一系列满足市场需求和适合特定人群的乡村旅游模式，在现代技术的加持下，人工造景、资源开发旅游产品，同样获得成功。比如苏州的泰迪农产，在毫无自然优势的情况下凭借便利的交通和敏锐的市场判断，打造"主题度假""水果采摘""垂钓区""主题服务""生态牧场"等亲子旅游项目，获得大批游客关注，从而成为助推乡村振兴的典范。

总之，各地乡村振兴能不能适用乡村旅游模式进行开发，用什么样的乡村旅游模式进行发展，需要对地域特色有深入了解和准确的定位。需要综合考量而不是盲目模仿，乡村振兴中的重要一点就是因地制宜、灵活运用，扶贫之路上要的是精准和实用。乡村旅游的实施需要在综合考量本地区的资源、区位和市场等具体条件的基础上，对能否将乡村旅游作为实现乡村振兴的路径做出合理正确的判断。

（四）乡村旅游发展面临的困境

乡村旅游作为乡村振兴的重要推手，在我国的发展已经有二十多年的历史，乡村旅游发展从起步到逐渐走向快速发展道路，全国乡村旅游正在稳步展开。全国多个乡村旅游成功带动乡村经济，到2019年，全国农业休闲和乡村旅游接待人数超过30亿人次，营业收入超过6000亿元，解决就业人口超800万人，极大带动了乡村农业发展，给农民提供众多就业岗位，真正实现为农民增收的目的。当然，在乡村旅游的发展过程中不可避免会遇到很多问题，比如投资能力不足、项目规划方案执行性差、旅游资源缺乏、区域发展不平衡、旅游管理不到位等问题，这些都是影响乡村旅游发展的重要因素。

1. 乡村旅游资金缺乏问题

不管是什么类型的旅游资源开发都需要资金支持，城镇旅游项目因为旅游资源丰富、市场前景好，有众多投资者进行资金投入，乡村旅游因为产业缺乏，经济效率低，农民可自由支配资金非常有限，市场前景并不乐观，加上乡村旅游模式具有地域限制，其模式并不成熟，因此乡村旅游普遍面临缺乏资金支持的情况。毕竟乡村旅游从一开始的旅游资源的开发、旅游市场评估和拓展、旅游基础设施设备的建设、旅游项目的投入，到旅游服务的管理、配套设施的建设都是需要大量资金投入的。乡村旅游一般周期性较长，投资回报过程比较缓慢，这些都限制其乡村旅游的投资，导致资金短缺问题。乡村旅游开发资金短缺问题严重限制乡村旅游的发展情况，也是导致乡村旅游的发展速度慢的一大根本原因。

2. 乡村旅游人才缺乏问题

乡村旅游资源开发之后，除了市场推广和旅游资源整合就是后期的服务与管理了，不管是前期的营销推广还是后续管理都需要相对专业的人才参与其中。乡村旅游依托地域自然风景为主体，能够给当地农民提供大量工作岗位，而农村普遍存在人才缺乏的情况，特别是具备旅游管理方面的专业人才。旅游人才确实导致乡村旅游在特色资源挖掘、传统文化传承、旅游市场把控、旅游相关产品设计、旅游服务管理等方面显现出落后于市场的状态，乡村旅游因缺乏人才而陷入盲目模仿、忽略自身优势、游客回头率低等情况，这些将限制乡村旅游的发展，是乡村旅游发展中必须解决的问题。

3. 乡村科学技术落后问题

我国经济进入发展的快车道，由经济发展带来一系列新的科技科研创新，网络信息时代的特征就是科技化。在旅游资源和旅游项目设定上科学建设和发展都是旅游业需要考虑的问题，只有紧随时代发展步伐，制定符合市场需求的旅游项目和产业才能更好地满足人们的精神需求。乡村旅游的发展同样需要科学技术作为支持，从旅游资源调查、旅游资源的开发与定位、产品的预测和创意、旅游整体形象的设计和推广、旅游设施的建设和实施、旅游可持续环境的建设和维护，都需要科学技术作为支撑。在如今互联网时代，乡村旅游在电子商务上需要与时代接轨，将信息快速化、实用化。而乡村经济滞后于城镇，其网络科技等都处于相对闭塞落后的状态，乡村科技落后也是制约乡村旅游发展的一个原因。

4. 乡村旅游区域发展不平衡问题

城乡之间经济发展不均衡是如今社会发展面临的突出矛盾和问题，不同区域之间经济发展有着较大区别。改革开放政策使长江珠三角地区经济发展较快，北上广深成为中国经济中心地带，而其他城市和地区则相对滞后，乡村跟城镇之间更是存在巨大差距。经济条件决定当地交通、医疗、教育等众多基础设施和服务发展情况。在经济欠发达地区，基础设施建设比较落后、交通不便、潜在游客数量少、投资能力相对较弱，农村青年人才涌入城镇，这种发展不均衡造成乡村旅游推进缓慢。在乡村旅游发展过程中由于经济发展的不均衡造成各地区城乡之间巨大的差距，这给乡村旅游发展带来诸多困难。

（五）乡村振兴视域下发展乡村旅游的策略

面对乡村旅游发展所面临的问题，需要根据实际情况提出战略建议，促进乡村游客稳固发展，为推动乡村振兴提供重要战略手段，以乡村旅游带动当地经济，缩小城乡之间的差距，在实施乡村旅游发展的过程中，需要针对问题提供战略的建议。

1. 导引结合，加强农业旅游政策与资金扶持

乡村旅游在发展的过程中因为资源有限，市场前景不稳定，旅游回报慢等问题造成乡村旅游在开发上的资金短缺问题，乡村由于基础设施差、接待水平较低、发展创意不够、发展模式模糊等问题的限制，阻碍其发展。靠自身很难走出困境，这就需要当地政府发挥应有的调控和管理职能，扶持当地乡村旅游发展。需要行业提供资金帮助，招商引资完成乡村旅游的开发和建设。通过政策的扶持、法律法规的实施和行业的帮助，帮助乡村旅游开发建设步入正轨，并加强培养相关旅游人才，以便能够将乡村旅游发展成当地特色，保证农民收入水平。在建设生态宜居乡村的同时，让农民成为经营者和管理者，助力当地农产品发展，带动当地经济发展。

2. 城乡互动，培育乡村旅游发展内在动力

乡村旅游要完成助力乡村振兴的使命，带动乡村经济发展，为乡村农民增收，带动农民物质和精神双丰收，需要政府与行业的支持，在发展过程中需要城乡互动，增进城乡之间相互借鉴学习。

乡村旅游的客源主要是城镇游客，这就需要乡村旅游在产业规划上针对市场做好调查，了解城镇游客旅游目的和旅游项目，挖掘其内在的价值体系，通过该体系建设一系列符合游客需求和审美的旅游项目，吸引客源。做好品牌营销策略，与城镇形成优势互补，利益共享，借助互联网推广和网络全覆盖效应，提升乡村旅游的知名度，吸引更多游客前来旅游。在旅游乡村农产品上也加入设计和创意，以满足游客购买需求。

乡村旅游具有独特的自然风景，当地农民作为主要参与管理者，城镇游客的价值观、竞争精神、积极思想将打开相对闭塞的乡村，乡村旅游打开农村的经济大门，让农村以更加开放的方式改变乡村农民生活工作方式。城乡互动将为乡村注入新的活力，调动当地村民的参与感与热情。乡村旅游促使农民提高自身文明素养，在保护环境的同时提升其精神内核。学习和进步为乡村旅游培养更多的管理人才，解决其人才缺失问题。

3. 实施生态保护，实现人与自然和谐共生

乡村旅游的优势在于其清新的自然环境、秀美的田园风光、宁静祥和的农村生活和勤劳淳朴的当地农民，这种自然与人和谐的场景正是人们对真善美的天然追求，也是人们摆脱压力，放松身心的好去处，为游客提供舒心的自然休闲场所，这是乡村旅游的独特魅力。"绿水青山就是金山银山"的理念正是乡村旅游发展的契机，乡村旅游将自然景观进行开发，优化自然环境，达到可持续发展目的，在自然资源与人文资源的结合下，乡村旅游在乡村振兴中发挥着巨大作用。原汁原味的原生态自然景观与人文风俗正是乡村旅游的优势，发挥其优势地位，利用好科学技术，利用新媒体做全面推广，以吸引更多游客资源，在保护生态的同时为农民增收。

4. 传承与创新结合，推进文化旅游融合发展

文化需要不断弘扬，需要代代传承。我国地大物博历史悠久，各地都有属于自己的传统风俗，这些传统特有的文化遗产，是村民的精神信仰和最终归宿，经济发展让很多传统艺术面临失传的危机，很多民俗渐渐推出现代化生活。一些民间艺术如绘画、雕塑、石刻、草编、竹编、舞龙舞狮、纺织、传统服饰制作、戏曲表演、剪纸、刺绣、蜡染、扎染、泥人、糖人等都是民族瑰宝，需要保护和传承。乡村旅游让传统艺术得以复兴，让更多人了解并喜爱这些艺术和民俗，这是对待"非遗"的最好保护。

在乡村振兴道路上不仅仅是物质生活的提升，也是精神文明的进步，以民俗文化为人文核心，打造出各具特色的文化旅游精品，在农耕文明的基础上，结合生态、文化和旅游产业，带动经济的同时推动传统工艺的复兴。在传承的基础上加以创新发展是时代的要求，也是时代的进步，比如《印象刘三姐》和《印象丽江》这类节目，以传统美德故事作为主线，加上现代声乐、歌舞、表演形式，让传承故事更加生动形象地呈现在观众面前，成为旅游品牌。

乡村旅游模式并不是一成不变的，盲目的模仿并不能实现其旅游资源的开发和利用，只有全面了解当地地域风情，从实际出发去规划和开发，制定符合当地发展的旅游项目才能真正带动当地乡村经济。合理定位、准确把控市场、整合旅游资源、吸纳人才加入、做好服务和管理、不断创新才能真正打造成功的乡村旅游模板。

二、国内外乡村旅游对比

我国具有悠久的历史，一直以来以农耕文明为起源，以农业生产主导几千年历史，而随着近代世界工业革命带动世界经济快速迅猛发展，人们的生活方式发生巨大变化。以农业为主的生产和生活被以工业机械为主的

市场化经济快速取代，并成为主要经济体制。全球经济发生重大变革，人类迎来有史以来发展最为迅速的信息科技时代。市场经济的发展制约着乡村经济的发展，严重挤压乡村经济的发展空间，乡村经济出现滞后、萧条时期，不仅仅是中国农业经济，世界其他发达国家也同样经过或者正在经历乡村经济大萧条时期。乡村旅游是基于地域、文化特征，为解决乡村经济问题开始兴起的一种有效政策手段。中国乡村经济正在起步发展阶段，乡村旅游对于我国解决"三农"问题有着巨大战略意义。

（一）乡村旅游的起源

乡村旅游最早开始于19世纪的欧洲国家，在20世纪80年代欧洲发达国家基于改善乡村经济问题开始大规模发展乡村旅游，乡村旅游发展至今已经拥有100多年的历史，从乡村旅游思路的提出、发展、兴盛到如今成熟阶段，乡村旅游在全世界许多国家顺利进行。

18世纪60年代初，随着欧洲工业革命开始，工业带动城市经济进入迅猛发展时期，由于工业生产大大提高了生产力，导致经济迅速增长，城市生活发生巨大变化。越来越多的乡村居民向往城镇的精致生活，越来越多的农村青年进入城市工作生活，由此造成乡村经济的衰败和落后。以英国、美国为首的欧洲工业化国家，开始针对乡村问题进行治理。由于城市人口剧增，人们生活空间变得狭小拥挤，加上城镇生活节奏快、压力大，越来越多的城镇居民向往悠闲宁静的田园生活，期待回归乡村享受大自然，基于一系列现实原因，欧洲各国政府先后推出乡村旅游的政治决策并加以实施。美国政府大力建设森林公园，在短短几十年建造了几百座森林公园；西班牙将农庄和庄园规划成乡村旅游体验农家生活的观光旅游景点，并提供骑马、划船等活动，乡村旅游开始在欧洲国家兴起并被更多国家借鉴。韩国、日本等亚洲国家也先后开始引进乡村旅游模式在本国进行发展。乡村旅游正是利用乡村优美自然景观与传统建筑、文化相结合，推动乡村旅游的发展，随着乡村旅游的发展越来越多的乡村旅游模式开始出现，这种具有极大灵活性的乡村旅游策略给当地衰弱的乡村经济注入了新的活力，极大促进了乡村经济的发展。

（二）乡村旅游的内涵界定

乡村旅游虽然发展已经有100多年历史，但是在国内外学术界对乡村旅游尚未形成完全统一的定义，其主要原因是各国之间因为地域文化特质对乡村旅游有着不同的看法，加上各国经济发展进程不一，乡村旅游虽然发展迅速却并没有形成统一的观点，国内外主流观点主要有：

国外，1991年，Dernoi提出乡村旅游是指发生在有与密切相关的经济活动（主要是农业活动）的存在居民的非城市地域的旅游活动。强调乡村农业经济活动的非城市地域性旅游活动。在1994欧洲联盟（EU）和世界经济合作与发展组织（OECD）就将乡村旅游定义为：发生在乡村地区的旅游活动，这种观点注重乡村旅游的地域性，以乡村的地理位置作为乡村旅游的基本定义。Lane认为乡村旅游具有乡村性质，其一些乡村不同旅游模式下对自然环境，结合历史、经济、文化的一种组合旅游方式，认为其具有复杂性特质。乡村旅游被定义为乡村地区的旅游活动。Gilbert和Tung则认为乡村旅游（Rural Tourism）就是农户们为旅游者提供餐饮、食宿、并为旅游者提供农场、牧场等相关农事活动的一种休闲旅游形式，强调乡村旅游的根本模式是以农户为主在乡村环境下从事各项休闲活动的旅游形式。Bramwell and Lane认为乡村旅游不仅仅是简单的农业旅游活动，而是一个多层面多种模式下的旅游活动，乡村旅游不仅仅是在农业上还能在其他领域进行扩展，比如探险运动、健康旅游、教育性质旅游、传统民俗互动等形式可以更加多样化。Arie Reichel与Oded Lowengart和美国的Ady Milman在1999年将乡村旅游简单定义为位于农村地区的旅游。这种观点认为乡村旅游具有区域特性，认为乡村旅游就是以农村地理位置开发的旅游，具有规模小、空间开阔、可持续发展等特点。尽管国外学者们对乡村旅游概念的界定并不完全一致，但基本上都认同乡村旅游的地域是农村地区，乡村旅游的基础是以田园风光来吸引游客，乡村田园风光特性也是界定乡村旅游的最重要标志。

在国内，随着乡村振兴战略的提出，乡村旅游进入稳定发展阶段，对于乡村旅游的定义业界也是众说纷纭。何景明在对比国内外学者对乡村旅游概念的理解上将乡村旅游定义为：乡村旅游的重要标志是乡村性旅游活动。认为乡村旅游包括两个方面，一个是乡村旅游发生的区域是具有乡村的自然环境，一个是能够吸引游客的人文民俗优势，认为两者缺一不可。刘德谦则在比较国内外学者对乡村旅游概念界定和理解的基础上，认为乡村性应是界定乡村旅游的最重要标志，狭义的乡村旅游是指在乡村地区，以具有乡村性的自然和人文客体为旅游吸引物的旅游活动。"乡村旅游就是以乡村地域及农事相关的风土、风物、风俗、风景组合而成的乡村风情为吸引物，吸引旅游者前往休息、观光、体验及学习等的旅游活动。"虽然国内对乡村旅游的定义有着界定上的差别，但是同国外学者一样乡村旅游基本定义为乡村地域上的旅游活动，区别在于中国地大物博，传统民俗众多，其人文因素占比问题存在争议。毕竟以自然景观为主还是以人文景观为主，在不同地区乡村旅游项目的开发上存在着一定的差别。

综合来看，乡村旅游的内涵就是指发生在乡村地区以自然田园风光和具有乡村性人文资源、农业活动、人文风情为依托的旅游形式。乡村旅游同其他旅游一样都是以旅游度假、休闲娱乐为宗旨，以自然加上人文为特色所进行的一系列吃住游服务活动。乡村旅游不同于城市旅游的一大特征就是其自然风光和淳朴厚重的传统文化氛围。

三、国内外乡村振兴与乡村旅游发展案例与经验

（一）国外乡村旅游发展的成功经验

乡村旅游自20世纪开始至今已有100多年时间，世界发达国家和地

区的乡村旅游如今已经进入成熟阶段,乡村旅游已经走向专业化、规模化、创新化、可持续的发展轨道。像美国、法国、日本等开展乡村旅游比较早的国家已经从单一的乡村旅游模式中脱离出来,进入更加多元化、功能化的乡村旅游格局,乡村旅游不仅仅是乡村田园风光,还有度假、休闲、体验、教育、科技于一体的复合型旅游新模式,为当地乡村带来了新的经济增长方式。

1. 法国乡村旅游

法国作为较早实施乡村旅游国家,其旅游产业相当发达,旅游资源非常丰富。法国旅游业已经有上百年的历史,在法国旅游行业的引导和政府的助推下,法国乡村旅游早已进入成熟阶段。法国乡村旅游从20世纪50年代开始,经过几十年不断的改进和发展,如今已经形成独具规模的旅游产业,旅游业已经成为法国人生活中的一部分,法国乡村旅游人数早已超过了3500万人次/年,每年乡村旅游的收入高达220亿欧元。

(1) 发展历程

欧洲整体经济在二战之后普遍受到影响,法国也在二战之后全国开始振兴经济,经济在快速增长的同时,城市工业信息化进程加快,大量乡村人口进入城市生活工作,这就造成了法国城市人口剧增,而相对应的农村人口开始失衡,出现空心农村的情况。昔日繁荣的农村经济开始进入萧条期,面对这种社会现状,法国政府开始提出扶持乡村旅游的构想,这就是法国乡村旅游的开始,1951年诞生了法国第一家乡村旅馆。随着乡村旅游实施后的不错反响,南方议员欧贝尔创意性地提出乡村旅游构想并取得不错的成绩,随后世界其他发达国家和地区先后面临同样的城乡问题,乡村旅游成为改善城乡经济发展不均衡的最佳选择,欧洲发达国家先后开始实施乡村旅游发展方式。1955年,法国政府又从资金方面开始积极帮助农户们开展乡村旅游项目的开发工作。1962年,法国政府颁布了《马尔罗法》,要求将有历史价值的区域保护起来,还出台了一系列鼓励政策及规定,对零散农户所开办的乡居进行统一管理。这是法国第一部关于乡村旅游管理的法典，规范化使乡村旅游发展更加稳定和有效。1972年法国政府又颁布了《质量宪章》以确保乡村旅游的管理、经营方式、服务等进一步完善。20世纪70年代中期之后，随着工业生产经济的疲软和迁往乡镇人口数量的上升，人们回归自然的愿望越来越强烈，法国有超60%的人选择到乡村旅游休闲，乡村旅游以其绿色、生态、可持续性得以迅速发展。法国乡村旅游的项目种类繁多，主要以农产品农场、农场客栈、骑马农场、教学乡村、点心农场、自然探索、狩猎农场、露营农场等乡村旅游模式。法国乡村旅游大致可以归为美食、休闲和住宿三大类乡村旅游开发模式，法国一些乡村旅游发展规模大、网络推广完善、拥有系统的管理和执行标准，已经成为乡村旅游和休闲度假的首选之地。

（2）理念

法国旅游业十分发达，自2005年以来旅游人数一直位居世界第一。乡村旅游作为法国旅游行业的一部分，同样起到支撑乡村经济的作用。自第二次世界大战之后，法国政府将其土地进行规模化、产业化经营，不断完善其基础设施设备，优化城市建设。为了解决乡村经济问题又大力开发乡村旅游形式，鼓励农民积极参与乡村旅游建设和实施。乡村旅游不仅为乡村带来新的活力也让农产品得以推广和销售，为农民增收的同时优化乡村环境，进一步增加本国的旅游资源。

法国乡村旅游保持自然风景和独特的娱乐体验吸引着国内外游客前来，法国乡村旅游不仅仅有自然景观，还有美食、骑马、探索、狩猎、住宿、露营、教学、竞技等不同类型的娱乐项目活动，满足不同游客的需求，以其丰富的旅游资源吸引大量游客前来旅游。据统计，法国每年有3700万的游客来乡村旅游，乡村旅游收入近237亿欧元。法国乡村旅游的制定有着长远的发展目标，而法国乡村旅游的发展过程也证明其发展战略的正确性。法国的旅游业促使其生态农业持续增长，法国人对于旅游早已熟悉，法国人也注意生态环境与自然的保护。由乡村旅游带来的周边产业也在进一步发展壮大。通过分析法国的乡村旅游发展可知，乡村旅游的发展不仅是旅游，同时也包括农业和农民，进而促进并保持可持续发展。

（3）模式

法国乡村旅游的发展模式主要是政府发挥其主导作用，协会同步协调发展，最后是农户参与并发挥主体作用，在优化风景的同时带动农产品的生产和销售。

第一，政府发挥主导作用。法国乡村旅游是政府为了稳定乡村，避免农村人口大量进入城市造成农村人口大幅下降，改善乡村经济衰退的情况而制定的发展战略。乡村旅游的发展带有地域特色，其发展需要当地政府的扶持，政府需要在宏观上帮忙出资、招商引资帮助农民修建乡村旅游项目，协助开发乡村旅游景点。通过举办展会的形式促进乡村旅游的发展，为了让乡村旅游得以发展，周边配套同样要跟上，像公路的修建、房屋的修缮、农产品的销售等都需要政府主持。政府在乡村旅游的资源开发、设备建设、管理实施、产品销售、景点服务等都起着主导作用。

法国乡村旅游一般是由法国农会代理政府主持涉农行政事务，并为农民提供帮助、代表农民利益的公共职业联合机构。法国农会于1998年成立并设立了农业及旅游接待服务处，作为推广农业旅游的中央机构。法国农会成立之后成立了乡村旅游推广的网络渠道，呼吁全世界游客来法国乡村旅游。法国农会的产生极大程度上促进了法国乡村旅游的发展。1955年法国推出了农村家庭式接待服务微型企业计划，这个计划由法国政府出资对"家庭式"为主导的乡村旅游提供资金资助，引导当地农户经营主体保证乡村旅游继续进行和发展。

第二，协会发挥协调作用。乡村旅游发展除了政府主导外，还有后续旅游的管理维护和服务问题，这就涉及旅游业的行业规范化和治理标准。这些都需要协会进行协调，以确保乡村旅游行业能够实现自律和可持续发展，保障乡村旅游的质量和服务。为了达到可持续发展，协会一方面制定旅游行业规则和秩序以维护乡村旅游有序管理和农产品质量保障。另一个方面协会作为政府与农户沟通协作的桥梁，协调农户与政府关系，为农民提供信息化咨询服务，提供培训平台和营销服务等乡村旅游经营服务工作。法国乡村旅游相关协会非常多，有农业协会、渔业协会、全国农民联合会、国际旅游推广协会等，这些协会会针对乡村旅游有序发展提供指导和服务。在政府和协会的共同作用下，对乡村环境进行合理开发，对市场进行把控，对管理人员进行培训，为当地农户提供多元化指导，确保乡村旅游可持续发展。

第三，企业发挥供给作用。企业参与给乡村旅游提供桥梁和支柱作用。企业为农户和游客搭建桥梁，也为游客提供服务，是乡村旅游不可或缺的一部分。乡村旅游中的大部分企业属于中小型企业，这些企业在营销方面有所欠缺，在服务范围和市场定位上需要根据乡村旅游经营项目和方式进行组合，以达到促进乡村旅游发展的作用。但凡是产品都要经过中间商进行销售，乡村旅游中的相关农产品销售以及为游客提供的服务都需要企业的参与。在互联网的今天，信息数据以及效率都显得尤为重要，企业需要在乡村旅游中发挥其连接作用，确保乡村旅游有序化、商业化、科学化发展。

第四，农民发挥主体作用。在所有乡村旅游的模式中大部分都是以当地农户旅游经营的主体，他们对自然环境有着维护和促进作用，在农副产品销售中占有主体地位。乡村旅游开发的目的是推动当地经济发展，为农户创收，在开放农业相关产品和体验项目的时候一定是以当地农户为主体的开发模式，以确保后续的服务。乡村旅游不同于城镇旅游的一大特点就是其特殊的资源和环境，农民发挥其主体作用，有助于形成特色化旅游模式，对于环境的保护农户更有话语权。

（4）特点

法国作为最早开始实施乡村旅游模式的国家，其发展过程中有着自己独有的特点，这也是乡村旅游不可复制的特殊性，乡村旅游具有地域限制和一些特点。

第一，乡村旅游的第一个特点就是其地域是在乡村进行的旅游项目开发。乡村旅游必须坚持其本土化和乡村性。这种在政府主导下进行的乡村田园风光旅游景点，以独有的乡土风情和有别于城镇的人文环境特征是吸引全世界游客的一大亮点。乡村旅游在开发上首先需要明确市场定位，确保其资源符合大众市场，保留其多元化、体验化和原汁原味的旅游乐趣。法国乡村旅游正是抓准了城镇居民对安逸宁静田园生活的向往，从而开发出具有乡土特色的农业景点，比如以休闲居住为特色的农场客栈，以农产品为特点的点心、餐饮农场，以游玩为主的骑马、狩猎农场，还有以科普教育为主的教学、探索农场。总之，在乡村旅游开发时明确市场定位，分析游客需求，根据地域特征和农产品制定符合当地情形的旅游模式。在乡村旅游开发的同时还需要考虑交通、住宿、餐饮、露营等相应的服务项目。以体验为主的农场设置美食烹饪和品尝项目、农场采摘，园艺培训、动物观赏、酿酒工艺等各具特色项目，满足各类人群对于休闲旅游的需求。

第二，多元化营销模式。旅游业发展不仅需要完善的旅游资源还要有成熟的配套设施设备，还要有多元化的市场营销模式。挖掘乡村旅游景区的特色，通过适当的宣传手段将乡村旅游产业项目推广出去，让更多人知道这个地方，从而吸引游客前来旅游消费。法国乡村旅游一般由当地政府牵头，联合协会、社交媒体、企业、社会组织等实施宣传，扩大影响力和知名度。法国有很多政府性质的旅游部门，如旅游办公室、旅游联合会、大区旅游委员会等，这些部门往往担任旅游宣传的主要工作，协调乡村旅游营销工作顺利进行。另一方面当地报纸、杂志、网络等也参与营销。

第三，网络化营销和科学管理。计算机的应用加速时代发展脚步，如今网络信息化社会，网络成为营销宣传的主要手段。网络以覆盖面广、信息推广快速等优势成为现代旅游推广的首选途径。各种新媒体层出不穷更是为旅游业提供便利，乡村旅游遵循现代化科学管理模式同样需要用网络、新媒体方式进行宣传营销活动。网络营销方面以积极主动的方式，准确定位市场，精准锁定目标人群，有针对性进行宣传推广营销活动，在宣传过程中注重其乡村旅游的特色宣传还有农产品的创意，加大乡村旅游的影响力。

第四，规范化管理。法国乡村旅游从实施并制定法律法规来确保乡村旅游的规范化管理和确保可持续性发展，这些都为乡村旅游发展提供了便利，法律法规保护其自然环境开发的同时也保护了乡村的原始风貌和地理特色，在农产品和旅游管理上规范化、合法化是乡村旅游发展迅速的一大保障，既保障农户利益和企业销售，也确保游客利益，正是这些法律保护了乡村旅游的服务水平和项目开发力度，在打造自然风光的同时注重传统品牌、特色农业的人文项目开发。

2. 美国乡村旅游发展

美国乡村旅游同样具有特色。20世纪70年代开始美国进入乡村旅游发展阶段，在市场推动下茁壮成长。美国旅游不同于法国这样以旅游为主面向世界的旅游国家，美国的乡村旅游游客主要以美国居民为主。美国政府通过税收和宏观调控等政策对乡村旅游进行经济扶持，打造多种多样集休闲美观、度假旅游为一体的观光游玩项目。美国在几十年间在全国乡村建立多种森林旅游、农业旅游、牧场旅游等多种主题旅游形式。

（1）发展历程

美国的乡村旅游历史同样悠久。第二次世界大战之后，美国经济得到迅速复苏，全国交通公路网覆盖范围很广，交通的便利极大促进美国经济的发展，乡村旅游正是基于交通便利的情况下顺利开展。美国中产阶级非常乐于在城市周边乡村进行休闲度假旅游，这也促使美国乡村旅游得以快速发展。美国乡村旅游一般以乡村旅馆和农场为主，从一开始的私人闲置产业开始进入到公共土地户外游玩的一个过程，旅游产业得以迅猛发展，美国乡村旅游的形式主要是观光型和度假型，一般以家庭为单位进行短期旅游为主。在乡村旅游一般以农场观光、科普、体验组合为一体的方式开放给美国家庭。

（2）模式

美国的乡村旅游是依托于城市的基础上发展起来的，以城市旅游经验为基础，实施科学化开发和管理，在开发和管理中对当地乡村实施可持续发展的自然生态保护，政府总体调控，各州在税收上给予支持，各州政府帮助培训和推广，其社会性质远大于经济性质。美国乡村旅游的模式主要有以下几种类型。

第一是可持续性发展。在工业经济的助力之下，美国迅速进入城市化进程，乡村则继续保留原始的自然风景，并在随后的乡村旅游中以此为特点吸引城市游客进入乡村，感受大自然。正因为乡村原始自然生态风貌是乡村旅游的根本，所以美国农村非常注重对自然环境的保护，在开发乡村旅游的过程中十分注重对自然生态环境的保护，以农业和自然生态为基础，在此基础上开发具有代表性的旅游项目和设施设备，形成独特的乡村旅游形式。以乡村风景为特色的乡村旅游非常注重自然生态的可持续发展。美国发展乡村旅游的目的在于实现产业结构化转型，在旅游发展的推动下保护自然生态环境，实现人与自然和谐共生的社会理念，所以在美国政府的支持下美国建设了众多的森林公园，几乎每个州都有国家森林公园。

第二是政府间接调控。美国在乡村旅游道路上并不是主导型，而是间接扶持，美国因为政治文化不同于法国，在乡村旅游上美国政府出台一系列产业扶持政策，这些政策极大地刺激了乡村旅游的发展。在法律法规的保护下乡村旅游拥有更加专业合法的发展空间。美国政府虽然不直接主动对乡村旅游开发和管理，不干预其发展，但是美国政府在税收上对乡村旅游建立了完备的税收系统，为乡村旅游开发的个人或者团体提供优惠贷款和补贴，美国农业部还设有多项基金，以资助乡村旅游项目，同时也制定了严格的管理法规，旨在提高乡村旅游产业的抗风险能力。不仅如此，美国各地的农业协会、农业相关机构还会积极为乡村旅游服务，为经营者提供咨询、资助、募捐等公益活动支持。

第三是节假日营销活动。美国节假日众多，而民众对于节假日的参与度很高，这样促使美国的乡村旅游利用各种节假日进行乡村旅游的推广和宣传。美国乡村旅游非常善于利用各种展会、节庆、赛事等为载体，以事件和乡村特色相结合，打造资源制造氛围和田园风光、农作物展示、乡土风情等相结合的庆祝活动，吸引美国媒体和大众的注意力，达到塑造品牌、扩大旅游市场，吸引更多游客的目的。比如美国旧金山半月湾"南瓜艺术节"，北卡罗来纳州、田纳西州"草莓节"等，都属于借助于节假日的噱头，打造品牌效应，吸引乡村旅游记者来访，扩大影响力达到营销推广的目的。在借助节假日的宣传上，美国乡村旅游不仅借助于传统媒体还很善于利用新媒体在互联网上利用高科技手段进行营销，向全世界宣传节日活动。

（3）特点

第一，打造地方特色。美国乡村旅游以美国政府间接调控，制定政策鼓励地方政府部门与开发商和管理者，以及当地居民之间组合成一条旅游线路网，互相配合协调做好人与自然的可持续发展目标。在打造品牌上注重本地乡村旅游的特色，以本地自然环境为主，深入挖掘地方的独特性，并以此发展成为别具一格的旅游模式。在人群定位和市场资源分配上以本地特色资源和人文历史为宣传特点，以本地居民为主打造具有地方特色的乡村旅游模式。

第二，开发特色人文景观。城镇居民迫于城市生活压力和拥挤的生活环境，因此向往乡村悠闲自然的田园风光和淳朴的农家风情。乡村旅游的特色就是本土和人文关怀，在给游客提供优美的自然景观的同时也要注重其人文风景的开发，人文风景不同于自然风景是直观的视觉感受，人文风景需要具有当地的历史传统、民俗或者习惯，是比较考究和有一定内涵的人文景观，需要从侧面挖掘，比如美国怀旧经典中的"牛仔"就是其特色的人文景观，可以让人产生联系、回忆，或者给人以教育启示意义的非自然景观。

第三，旅游产品的创新。美国乡村旅游以乡村自然环境和当地特色人文为主，依托节日营造其氛围，为乡村旅游设置卖点，增加热度和话题，以这种营销方式扩大乡村旅游的影响力，从而吸引游客前来旅游。在旅游地不仅设置自然和人文景观，还有与旅游主题相关的产品，这种旅游以产品代表着本地特色，需要结合当地自然人文景观，以及旅游主题特征而设计的，需要有一定的创意，符合一定的市场销售要求，最重要的是让人耳目一新，这样才能更好地提高乡村旅游的游客满意度，提升品牌的持续性。

3. 日本乡村旅游

日本作为全世界人口移民大国，同样也是旅游业发达的国家之一，乡村旅游在日本的实施同样久远。日本乡村旅游的出发点是为了促进本地文化与资源相互结合，在农村形成旅游、销售、服务的经济产业链。产业集群是日本乡村旅游可持续发展的关键，日本乡村旅游带动旅游相关产业实现跨越式的发展。如今日本乡村旅游经过几十年的发展已经成为集休闲度假、观光体验、教育科普为一体的多功能复合型旅游产品。

（1）发展历程

20世纪60年代，日本同欧洲发达国家一样历经工业经济时期，全国经济高速发展，城市化进程推进导致日本农村出现老龄化农业生产和地广人稀的情况。为了缓解农业经济危机，提高农业发展的机械化和集群化水平，日本政府扶持乡村经济发展，政府鼓励农民采用机械化生产农业及农产品，这一时期日本农民开始大量种植蔬果、花卉植物等相关农产品。农业产品发展的同时为了满足日本居民休闲旅游，充实精神生活的需求，日本乡村旅游开始实施。城市附近乡村出现集观光休闲的农场和果园于一体的这种早期简易型乡村旅游雏形。

20世纪70年代，随着旅游业的发展，日本农村地区开始出现了相对规模化、专业化的乡村观光场所，大量城市居民开始走向乡村度假。这极大地促进了日本乡村旅游的发展。80年代，日本乡村旅游开始在全国各地农村开始实施，在日本政府的支持下，开发商对日本乡村进行改造和建设，打造出多种模式的乡村旅游景点，比如长崎县的农业主题公园"荷兰村"、北海道的"农业综合休养地"等景点，日本乡村旅游进入发展热潮。但是在80年代后期日本旅游业受到巨大冲击，原因是日本出境旅游人数远远大于入境旅游人数而导致国际旅游收支巨额赤字，加上日本第一产业开始衰落，为了解决这种经济危机日本政府调整策略开始强调旅游业的"本土化"，乡村旅游本土化建设正式拉开序幕，日本乡村旅游开始具有观光、休闲、度假、教育、科普、体验等多功能旅游产品。在市场的推动下，日本乡村旅游产品具有专业化、社会化、精品化的特点，经营的范围也非常广，日本乡村旅游如今已经成为其旅游的新形态。

（2）模式

第一，观光休闲型。日本传统农庄主要以时令水果和农场为主，其特点是具有浓郁的乡村气息和淳朴的自然风光，对于城镇居民有着天然的吸引力。在农业观光的同时具有休闲体验的项目，比如钓鱼、采摘、出海等旅游体验项目，以家庭或者个人为基础提供一系列天然旅游食品和住宿条件，让游客体验农家乡村生活。日本学校也会不定期组织学生参与农村生活体验或者研学教育活动，让学生在自然中体验生活，学习知识。

第二，休闲体验型。日本国土面积中67.1%是森林原野，13.1%是农业用地，四面临海，农业渔业资源丰富，所以日本乡村不仅景色秀丽、生机勃勃，有与城市截然相反的宁静和绿色生态自然美景，还有可以垂钓、出海的体验项目，可以满足各类人群的旅游需求，在节假日也会开展各种民俗活动。日本的乡村不仅美景如画还有很多保留完好的古建筑、民俗、寺庙等，都是体验传统文化的好去处。

第三，生态保健型。人与自然和谐相处是人类共同的愿望，健康是人类普遍的追求，日本以生态健康为主题的乡村旅游产品有不少。生态保健型以自然资源为主，这里拥有新鲜的空气、纯净的水源还有鲜花植物等，在日本逐渐进入老龄化社会时期，这种以生态健康为主的旅游产品受到很多日本人的青睐，在这方面比较成功的例子就是日本的温泉旅游项目，在世界范围都是比较有名的旅游景点。

（3）特点

第一，重视传统文化。日本随着经济的快速发展，社会矛盾也逐渐显露，人口老龄化、家庭功能丧失、年轻人精神空虚等问题随之而来。特别是在经济全球化时期，西方文化给日本民众带来巨大的精神冲击，年轻一代对于传统文化逐渐发生偏离。面对这一社会问题，日本政府推出乡村旅游，重视其传统文化的发展，让更多日本人了解其传统文化，接受其文化精神，以唤醒日本民众的文化诉求和对于父辈祖辈的精神传承。

第二，注重异地性、多元化。日本乡村旅游开发模式大都不是单一的项目，而是注重多元化模式，打造复合型旅游项目满足不同游客需求。在观光休闲的同时可以满足其他体验要求，比如学生修学、老人保健、企业会议、聚餐等旅游模式。日本乡村旅游产品主要有观光农园、农业公园、农家乐、教育农园等产品类型。日本乡村旅游产品能够为游客提供观光、品尝、体验、健身、教育、购物等多种服务。

第三，政府主导扶持发展。日本的乡村旅游产品主要由日本政府主导和扶持，为此日本出台一系列法律来保障其专业化和规范化。日本政府为保障乡村旅游在规范、资金、合作等方面的合理合法，先后出台一系列法律，包括《农山渔村余暇法》《山村振兴法》《森林法》《旅馆业法》《旅行业法》《农业基本法》《市民农园事务促进法》《温泉法》等，为乡村旅游奠定基础，确保其长远可持续发展，并形成规模。

（二）国内乡村旅游发展的现状及面临的挑战

我国作为有着七千多年农耕文明的农业大国，农业长期以来一直是我国的国之根本，我国的旅游资源70%都集中在农村地区。乡村旅游的发展不管是对乡村振兴还是我国的旅游业都是一次重大举措。我国乡村旅游相较于欧美西方国家起步较晚，直到20世纪80年代随着经济的飞速发展我国旅游扶贫政策才刚刚起步。在1989年，"中国乡村旅游协会"正式命名，这也代表着中国乡村旅游步入正轨，到90年代乡村旅游开始在中国旅游市场占有一席之地，随后中国乡村旅游发展开始进入快车道。我国乡村旅游以乡村环境为基础，在自然生态的过程中融入地方特色民俗和传统文化艺术，因地制宜，多种旅游模式相互借鉴融合形成独特的地域优势，乡村旅游的发展因为政府支持、合理开发、农民配合而得到稳步发展，如今已经形成一定的规模，极大促进中国乡村经济复苏。

1. 发展现状

中国乡村旅游虽然起步晚但是发展状态平稳，为了实现乡村旅游的规范化，保障其资源开发、管理销售和后续服务，2002年国家颁布了标准及考核管理办法，对乡村旅游的发展提出了具体的操作规范，乡村旅游的合法化为乡村旅游发展提供法律保障和事实依据，也是促进乡村旅游发展的必要措施。我国政府一直重视乡村旅游，地方政府扶持乡村旅游的开发、规划、管理和农产品销售，确保乡村旅游快速发展。我国乡村旅游模式主要有大中城市周边以休闲观光为主的农家乐旅游景点，有以特色农村景观和人文民俗为主的古老村落，有体验项目的民宿和餐饮为主的农业庄园。我国乡村旅游经过多年的发展，已经取得了不错的成绩。到2014年我国乡村旅游的游客数量达到了12亿人次，约占全国旅游总人数的30%，乡村旅游带来的收入高达3200亿元，带动3000多万农民走上致富之路。随着国内工业化进程的加速，"三农"问题急需解决，乡村旅游对于保护乡土文化、打造绿色生态环境、重塑农村经济、加强城乡交流等都有着重要意义。

目前，我国乡村旅游在全国已经有200多万农家乐、10多万个特色村镇，这些乡村旅游产业都将推动中国乡村经济的发展，缩小城乡差距，为实现中国全面小康社会增加助力。

2. 我国乡村旅游存在问题及国内外比较

目前我国乡村旅游虽然发展迅猛却依然存在诸多问题，比较突出的就是我国乡村旅游的规模比较小，服务和管理水平比不上其他发达国家，还有产品的开发能力存在差距，乡村参与度和实际经济价值远远不够。还有我国乡村旅游在项目开发功能性不足、营销范围不够高、推广力度不够等方面都存在问题，主要包括以下几个方面：

第一，旅游资源缺乏规划。我国乡村旅游主要由政府主导或者提供政策支持开发，政府在旅游开发、规划、管理中的主导作用发挥不足，导致其旅游资源并未得到很好的开发和利用，在开发资源上缺乏科学规范化，这将导致很多地区的旅游并未得到合理的开发和利用。没有将乡村旅游资源纳入区域旅游建设系统中，其旅游规划也没有合理布局和形成系列产业链，而对于旅游市场缺乏有效评估，这就导致一些地区在乡村旅游项目上缺乏市场，景区设备、安全设置不合理等问题出现，无法以旅游带动当地经济。

第二，重复旅游项目建设。乡村旅游的特点就是其乡村性和区域性，我国国土面积广阔，地域环境复杂，人文传统也存在差异，在乡村旅游开发上需要考虑当地的独特性，以当地自然资源为主导，打造符合市场需求，拥有当地特色的旅游开发项目。在开发主题上需要考虑其发展目的，与周围资源相互结合，形成强有力的产业机制。我国乡村旅游资源在开发上缺乏主体考虑和市场分析，也不能与周边资源形成互助和协作，导致单一产业资源盲目开发，同一区域多个相同旅游项目重合的问题，这种开发是对资源的浪费，导致乡村旅游项目单一，存在不合理成分。

第三，旅游项目过于单一。乡村旅游的发展不是单一的项目复制而是多种复合型产业的结合,是根据自然资源结合人文开发的一些休闲体验项目。乡村旅游可以是多种功能的集合和多种体验的叠加,在休闲、观光、体验、教育、研学等方面入手,而不是仅仅停留在以"农家乐"为主的基础接待服务上。我国乡村旅游的开发没有充分挖掘农村地域传承文化,发挥旅游产业链条作用,致使提供给旅游者的服务形式单一、内容雷同,深层次开发不够,无法满足城市居民的多层次、高品位旅游要求。特别是在旅游项目开发和产品开发上,没有特色和优势,对文化的加工和解读也不够深刻,导致旅游品牌无法形成,游客回头率不高。

第四,设施设备落后。我国有些乡村地区在旅游基础设施设备上明显配备不足,致使旅游地区条件简陋,在食品安全、住宿、交通、医疗等方面存在严重不足的情况,有些地区甚至连卫生和污水处理都做不到合理规划和有效处理。这些都严重影响了游客体验,无法满足游客精神需求。

第五,管理不到位。乡村旅游的硬件是自然环境和设施设备,而软件则是衣食住行的配套服务,乡村旅游景区的服务者大都是本地的农民,由于农民普遍存在受教育程度不够,加上缺乏专业的培训,管理团队缺乏专业人才导致景区在经营和管理上存在严重不足,甚至出现管理混乱的情况,缺乏统筹安排和有效管理,服务不到位,管理缺乏,严重影响景区的发展。加上营销不到位致使乡村旅游很难走出去。

针对中国乡村旅游存在的情况,可以借鉴国外优秀案例,学习其成功经验,加以改进,主要可以从以下几个方面入手改进:

第一,在政策方面做到统筹管理。国外发达国家在乡村旅游发展上大都是由政府主导,借助行业协会指导其资源科学合理开发,在宣传手段上更是要借助新媒体达到广泛传播的效果。政府首先需要科学规范、健全法律法规、合理布局、加大宣传力度,借助行业协会力量培养农民管理能力、服务能力。基础建设要安全合理,产品宣传到位,政府发挥其主导统筹规划作用。

第二,合理利用社会资源。中国旅游相关组织和协会应该发挥其积极指导作用，不管是在旅游资源的项目开发、市场考察、发展规划、资源管理、服务优化还是产品销售、产品创意设计上都应该发挥其作用。借助社会资源进行合理分配，满足市场需求，利用新媒体做好营销工作。我国非政府组织发展相对落后，需要国家和政府加以扶持，以此满足行业需求。

第三，加大产品开发力度。国外其他国家乡村旅游中的相关农产品都具有独特的创意，与本地乡村旅游特色相互结合，形成多元化、竞争力强的产品。国内乡村旅游产品过于单一，与旅游景区关联性不强，缺乏创意和独特性，不能形成很好的品牌连接和附加值作用。

第四，参与方过于单一。中国乡村旅游仅仅只是在农户这个主体上，而国外发达国家则比较多元，一般多个主体参与开发和管理，主要有政府、企业、协会和农户的协同参与。我国应该鼓励企业和协会组织参与进来，为乡村旅游模式提供更多可能。

第五，营销推广方面加强宣传。乡村旅游吸引游客的主要手段是加大宣传力度，国外其他国家会通过各种新媒体对乡村旅游进行广泛宣传，加强其影响力。我国乡村旅游没有充分利用好互联网优势，也不懂得借助传统节日、特殊纪念日进行宣传活动。

（三）国外乡村旅游创新发展的经验借鉴与启示

乡村旅游的发展在全世界已经有100多年的历史，世界上其他发达国家在乡村旅游发展上已经积累了丰富的经验，其乡村旅游已经形成具有一定规模的产业结构。中国乡村旅游起步晚，与发达国家之间存在差距，我们可以借鉴他们的发展经验，利用好我国的旅游资源，根据我国国情和地理制定符合我们国家的乡村旅游发展模式。

1. 完善旅游支撑体系

从国外乡村旅游的成功案例中可以看到，完备的法律法规是乡村旅游正规化、规模化和可持续发展的基础。乡村旅游正是在法律的保障和支持下完成其开发和经营管理的。我国政府应该发挥其主导作用。政府部门首先健全法律机制，完善乡村旅游的法律规范，然后利用政府政策优势带动乡村旅游科学有效规划和开发。乡村旅游资源开发应该受到法律保护，以实施可持续的资源保护，规范乡村旅游市场的秩序和规范。政府在资源开发上主导有利于从宏观上调控乡村旅游的发展机制，政府相关部门在旅游项目投资、审批、税收、贷款等方面给予更多优惠政策，确保乡村旅游引进更多资金，实现旅游环境和人文环境的深度挖掘，打造具有地方特色的乡村旅游品牌。

2. 挖掘乡村文化内涵

乡村旅游的核心是乡村本土优势，其中自然环境需要开发者从生态环境保护角度进行开发和建设，保证其原汁原味的乡土田园风光。而在人文风景上，需要借助一些乡土故事、文化传承、艺术特色、体验项目等满足游客精神需求。我国是一个具有悠久历史的国家，不同地区人们的生活习惯也大相径庭，各地都有其特色文化和民俗。乡村旅游在开发上需要注重其文化特色，深度挖掘当地乡村文化内涵，这才是乡村旅游可持续发展的关键。乡村旅游文化是植根于乡村的文化、历史、传承等人文景物，是能够引起情感共勉，具有教育和传承意义的文学艺术。我国很多乡村地区有古代建筑、文人诗词、艺术手法、民族节日等，这些都可以作为人文景观进行有效开发和宣传。通过情景交融、情景结合的方式发挥其地域特色。在娱乐项目的开发上，需要细心打磨，可以增加其体验活动、教育意义或者竞技类项目等，提高游客参与度和互动性，满足人们的猎奇心理，增加乡村旅游的特色化服务。

3. 乡村旅游产品的创新

不管是经济市场还是旅游市场，创新是保持行业活力的有效方法，乡村旅游中同样需要在旅游项目开发和产品开发上做到创新。乡村旅游中的产品是与旅游地产生关联，具有代表性的产品。不管是对环境的装饰、高科技的包装、还是旅游种类的更新，都是为了突出其独特性，以满足人们不断增长的精神诉求。乡村旅游的产品是以农产品为主的旅游资源，针对市场需求可以是餐饮住宿之类的满足基本需求的旅游产业，还可以是农产品体验销售，或者是一些工艺品的制作，都需要给游客全方位新奇的体验，增加游客印象，提高游客满意度。

乡村产品类型创新是依托乡村旅游资源禀赋，根据旅游市场需求变化，有针对性地开发特色乡村旅游产品。成功的案例有西班牙的城堡乡村饭店、新加坡的农业科技公园。乡村旅游产品功能创新是根据旅游者需求层次的不同，有针对性地开发乡村旅游产品的休闲娱乐功能、医疗保健功能和学习发展功能，满足游客的娱乐需求、交际需求、自我发展需求等。例如高科技农业园区开发"开心农场"项目，提供观光游览、农业生产体验（农业耕种、采摘等）、农副产品加工、工艺纪念品制作等一条龙服务，既给游客以全方位的农业体验，又可以延长游客的停留时间，刺激旅游消费。

4. 实施多元旅游营销

乡村旅游是缩小城乡差距，带动乡村经济发展的有效举措和战略规划。乡村旅游的目的是适应多元化的市场需求，增加农民工收入。乡村旅游在宣传上必须借助于新媒体的渠道进行销售和推广，以扩大知名度。相较于传统报纸、杂志、海报的广告宣传，新媒体宣传方式更加全方位、范围更广，也更易提高知名度，扩大市场影响力。互联网时代下的宣传方式应该跟随时代的脚步，善于利用互联网进行宣传活动，可以加强乡村旅游的网络建设活动，各地区应加大旅游网站的建设，在旅游景点推荐、旅游景点交通、产品推荐、旅游项目特色等都可以进行规划和建议，进一步扩大传播面。乡村旅游在传统文化、民俗等方面可以利用节假日、特殊日子进行文化内涵宣传活动策划，增加品牌感染力。提高乡村旅游的知名度和影响力，吸引更多游客前来旅游。

第二章 江苏乡村旅游创新发展实证研究

第一节 江苏乡村旅游资源分析

近年来，中国新农村建设正在如火如荼地进行，乡村旅游作为乡村振兴的主要推手在乡村经济发展中起着重要作用。中国地大物博的自然环境，悠久的历史文化和广袤的农耕土地都是乡村旅游的旅游资源。江苏省作为中国的旅游大省，自古就有"江南水乡"的美誉，且文人墨客辈出，江苏省地处东南沿海，自然资源丰富，历史上出过众多名人轶事，其人文资源同样悠久。这些自然人文风景都为江苏乡村旅游的发展提供了巨大的优势。江苏省虽然旅游资源丰富但是其旅游产业也存在旅游类型不足、项目不够丰富等情况。探索江苏省乡村旅游资源，分析其优势和劣势，有助于乡村旅游的进一步发展。

一、扬州乡村旅游资源现状

扬州乡村旅游资源丰富多彩，不仅有特色乡土风景还有特色人文核心，扬州作为一座历史古城，汇聚了千年的文化底蕴和人文气息，不管是自然景物的多样还是历史文化的深厚底蕴都为其乡村旅游提供有利的资源支持。

扬州不仅是一座历史名城也是一座现代化城市,城市基础设施完备,旅游品牌在向精细化、国际化发展,扬州的主要经济是针对城区的旅游开发,对于乡村却没有足够的重视。扬州从整个地域看,既有高邮和宝应的绿水青山相得益彰,又有江都的水、仪征的山,各具特色的美景可以从不同的层面挖掘,扬州郊区和附近乡村湖泊交错,水生态环境宜人,土地资源丰富,鱼米之乡有着丰富的农产品,这些农产品同样可以作为优质资源进行深度开发和应用。

（一）扬州市乡村旅游资源类型汇总

扬州市乡村旅游资源见表2-1。

表2-1　扬州市乡村旅游资源的分类类型

主类旅游资源	亚类旅游资源	代表景观
自然资源主类	地文景观亚类	高邮神居山、仪征月塘镇捺山、石柱山、青山镇龙山、铜山镇大铜山、刘集镇白羊山、盘古山
	水域风光亚类	长江、大运河、古运河、弯头茱萸湾、泰安七河八岛、江都邵伯湖、邵伯渌洋湖、宝应湖、宝应射阳湖、高邮湖、高邮临泽湖、仪征登月湖
	田园风光亚类	泰安凤凰岛、瓜洲国际旅游度假区、沙头西江生态园、公道九井原始山庄、方巷水溪生态园、江都张纲镇明月山庄度假村、小纪镇生态农业观光园、邵伯镇渌洋湖生态度假村、仪征枣林湾生态园
人文资源主类	遗迹遗址亚类	隋炀帝陵墓、古邗沟大码头、仪征鼓楼、秦汉墓葬群、仪征庙山汉墓、仪怔神墩商周古文化遗址、东巡台旧址、奎楼、文游台、盂城驿、高邮当铺
	建筑设施亚类	崔致远纪念馆、江都引江水利枢纽、邵伯船闸、龙川广场、仙女公园、大桥条石古街风景区、王氏纪念馆、胡笔江故居、盛氏故居、南水北调宝应站
	旅游商品亚类	毛绒玩具、黄珏老鹅、高邮鸭、双黄蛋、邵伯龙虾、滨江鲥鱼、渔具、樊川小肚、邵伯焖鱼、邵伯菱、江都蛤蟆方酥、捺山绿杨春茶、仪征登月茶

（二）扬州市郊区周边乡村旅游资源现状的主要特点

1. 秀美田园风光，丰富的水资源

扬州作为江南水乡代表城市之一，城市内部有着古运河，城市周围水资源极其丰富，纵横交错的湖河造就了得天独厚的水域风光。扬州湖上景色宜人，水边青山映照众多古建筑穿插其中，随处可见古诗词上的自然景观，这些都是扬州乡村旅游发展的特点，优美的自然山水加上底蕴深厚的文化传承，是自然和人文典故的经典组合。扬州水资源富饶，江河湖泊孕育种类繁多的水产鱼类是农产业的一大卖点。扬州区域乡村也是各有特色，比如宝应湖上万亩荷花就是一大旅游亮点，还有宝应段运河附近上万亩人造林，这里交通便利又有远离城市、悠闲清静的自然风景，是休闲健身赏景的好去处。苏州三大淡水湖之一的高邮湖，水产丰富，水生植物很多，其盛产的鸭蛋、松花蛋远销省外成为代表性农产品。

2. 众多历史资源

扬州作为具有悠久历史的文化古城，几千年来留下众多历史古迹和遍布城市的古代建筑，还留下众多历史典故和文人墨宝。作为文化名城这里可供观赏的古代建筑人文风景还有很多。

扬州郊区同样如此，市郊区有汉广陵王墓、隋炀帝陵、唐城遗址、文峰塔、阮元家庙等古代建筑或者古迹。这些帝王墓、寺庙都可以作为旅游资源进行挖掘，成为乡村旅游发展上的文化亮点，进行传统文化宣传的同时也是对古代建筑的一种保护，既具有经济价值又有教育传承意义。

3. 宗教文化特色

扬州作为具有悠久历史的古城，其宗教文化同样具有宣传意义。中国三大宗教之一的佛教在东汉初期传入扬州随后不断发展，拥有众多信徒，隋唐和清代最为兴盛。清代时期扬州有记载的寺庙就有400余处，可见其寺庙众多，而扬州寺庙全国文明，众多古刹成为文物遗迹，成为园林景观中的一大特色。扬州宗教文化不仅有佛教，还有道教，道教早在两汉时期

就出现在扬州,一直持续到清代才走向衰微,比较有名如琼花观、武当行宫、仙女庙、槐古道院、东岳庙等。扬州现存的宗教建筑,有3处成为全国重点文物保护单位,省级文物保护就有7处。扬州郊区寺庙同样众多,且各有特色,这种宗教特色的寺庙道观同样能够为乡村旅游的人文增彩,以特色古建筑物来增加景色的趣味性和文化内涵。

(三)扬州市郊区周边乡村旅游资源现状的主要问题

1.扬州乡村旅游资源开发层次不高,没有远近闻名的品牌

扬州虽然有很多全国闻名的景点,但是扬州市郊乡村区域的景点却并没有形成品牌。主要原因是乡村旅游的设施设备相对简陋,并没有准确的主题定位,导致景点之间没有联系,无法产生景物与建筑的统一,审美意境差强人意,开发的规模小不足以形成品牌优势。加上配套服务不到位导致旅游档次不高,无法给人留下深刻印象。乡村旅游不是单一的旅游投资,而是区域内旅游资源的整合,区域之间乡村旅游形成优势互补才能形成统一的品牌风格,只有风格统一才能突出品牌优势,成为让人记得住回得来的旅游景点。

2.扬州乡村旅游特色不够鲜明,水文化主题打造不够深入

乡村旅游是一种返璞归真式的高层次旅游形式。因为乡村旅游的主体消费人群是城镇居民,他们处于钢筋水泥的商业楼,面对巨大的生活压力,渴望回归自然、亲近自然、放松身心,以旅游来充实生活,乡村旅游原汁原味的自然景观是他们放松的好出去,对于风景他们更向往纯天然的乡野风景而不是像城市景区那样有太多人工雕琢的痕迹。扬州旅游业已经非常成熟,城区有很多比较成功的旅游景区,而乡村旅游形式与城市旅游模式上有区别,但是在管理和规划上可借鉴城市旅游的成功经验,扬州乡村旅游在乡村本土特色上不够鲜明,并不能跟市区景点很好地区分开来。乡村文化特色不够鲜明,比较有优势的水资源主题景观打造得不够深入,不能很好地形成品牌特色,在项目开发上也没有很好地利用水资源开展体验、

探险、教育项目。

3. 乡村旅游基础建设不够完善，宣传力度不够

扬州乡村旅游资源数量众多却没有形成统一的品牌，缺乏代表性旅游项目，除了在旅游开发上缺少特色，景点主题不够鲜明以外，还有基础设施不够完善，基础设施设备直接关系到游客体验好感度问题，这个与资金投入不够有一定关系。资金投入不够直接影响餐饮、住宿、交通、卫生等一系列基础设施的建设，简陋的设备不能保证其安全卫生状况，也无法给游客更好的体验和服务。这将导致乡村旅游存在后续不足的情况，而宣传力度不够直接影响游客数量。

从上面几点可以看出，扬州乡村拥有独特的自然风景和丰富的水资源以及悠久的古建筑和人文优势，但是在发展过程中并没有很好地利用这些优势，打造区域旅游链条，在乡村旅游的规划上不具备科学合理资源规划和后续服务保证。不管是打造特色品牌形成区域旅游文化产业链，还是在基础设施配备上都存在问题，在旅游宣传上也没有利用新媒体进行扩大宣传范围。要实现扬州乡村旅游可持续发展，需要对扬州的旅游资源和问题进行全面了解，然后再针对问题进行改进，扬州政府应该合理规划乡村旅游产业，科学分配旅游资源，在开发、利用、管理、经营上下功夫，打造属于扬州的特色乡村旅游品牌。

二、灌云县乡村旅游资源特色

位于江苏省东北部的灌云县濒临黄海，拥有39公里海岸线和120平方公里盐田滩涂。1912年孙中山因南有百川灌河，北靠名山云台而命名为"灌云县"。2016年以来，灌云县奋力践行"绿水青山就是金山银山"的生态发展理念，将自然景观和人文景观结合交通进行整合发展，围绕"一座佛、两棵树、三朵花、四季景"的总体布局，迅速打开了"伊山伊水伊甸园，

真情真意真灌云"的乡村旅游崭新局面。

（一）区位优势独特，经济增长点明显

灌云县在地理位置上具有一定的优势，这里背靠名山，河湖环绕，风景如画的自然景观成为灌云县乡村旅游发展得天独厚的优势特征。灌云县风景优美，人文资源丰富，其农产品种类繁多，不仅有大量水产还有鲜果蔬菜等农作物，这也为灌云县的乡村旅游提供重要产业支柱。灌云县始终贯彻生态治理，发展绿色产业为主，经过多年的有效治理形成独具特色的自然风景。在品牌打造上更是科学合理规划，打造区域发展，为实现经济增长做长远规划。

2016年，灌云县组织相关部门到江苏省溧水、大丰等区考察，远赴浙江萧山、安吉学习，在学习中发现灌云县自身优势，做出了"终结化工大县，向旅游大县转型"的经济发展转向，下决心摆脱对传统发展路径的依赖，开始走创新之路，从开发、规划、管理、服务全面实现经济转型，不断提高持续发展的能力。在创新发展的过程中根据灌云县自然地理优势，利用奇峰异石、飞流瀑布、远古岩画等特色景观打造区域乡村旅游景观，从东开始沿着连盐高铁、沈海高速、连淮扬镇高铁分别规划建设了伊芦山、伊甸园和潮河湾三大乡村旅游景区。这三大景区如今已经成为灌云县的旅游品牌，每年吸引大批游客来此旅游。

2018年，灌云县三大景区以区域为特色建立水系潮河旅游景区，形成具有基础优势的核心旅游品牌。灌云县在旅游特色发展上更是独具创新，不仅有适合老年人旅游的休闲项目也有年轻人热爱的卡丁车、真人CS、苏格兰球等体验项目，满足各种旅游人群需求。在不断创新体验上灌云县将其优势发挥到了极致。到2019年，灌云县各乡村旅游景点游客接待量为231万人次，旅游景区总收入5115万元，其中门票收入2590万元，比三年前分别增长了492.3%、1036.7%、1175.9%，呈现出高质、高效、高速的发展势头，旅游业已经成为灌云最具活力、最具影响力的新增长点，在推进乡村振兴中的战略支撑作用不断彰显。

随着我国经济的不断发展和人民生活水平的提高，现在旅游已经变成人们常态化的一种生活方式，乡村作为城市的后花园，逐渐成为人们回归自然、寄托乡愁的理想去处。而灌云县厚重的文化底蕴、特殊的区位优势、独特的景致景点，正在迎合人们的需求，被打造成为"重量级"级的乡村旅游景区。

（二）政府助推发展，展现市场优势

灌云县乡村旅游的成功在于一开始就确定了明确的旅游县目标。为了展现乡村旅游的优势灌云县积极发掘其市场潜力和自身优势。在政府的助推和积极支持下，灌云县聘请国内顶尖旅游设计单位，按照国家4A级景区标准创建灌云县的旅游景区，从旅游资源整合开发、项目规划、项目产品设计、服务管理一系列高标准高要求完成。灌云县严格执行国家对乡村旅游的规划措施和意见，这种以旅游业为主题，首批重点开发伊芦山、潮河湾和伊甸园三大特色景区，最终将其打造成国家级乡村旅游景区。

灌云县仅仅用了7个月就完成了区域内景区的试开园，这种高效率也是紧随发展时代的典型，不得不说灌云县不管是在前期开发还是后期管理维护上都做到了极致，在营销宣传上也是利用优势，打造品牌。在管理模式上，灌云县也以吸纳人才为标准，在全省范围公开聘请职业经理人进行管理，这是科学管理健康发展的必要流程。灌云县不仅在管理上敢于突破，在产品服务上也是不断推陈出新，在宣传模式上同样吸收国外先进经验，在2018年灌云县三个景区分别以梅花节、梨花节、油菜花节、风筝节等特色旅游主题举行相关文化活动，不仅增加曝光度也可以吸引更多关注。而这一系列操作的成效也是立竿见影，小乔圩村、川星村成功晋级全省特色田园示范村，川星村被评为省乡村振兴旅游富民先进村。灌云县以其独特的发展取得了乡村旅游的成功，《新闻联播》中曾就灌云县做了相关报道，随后大伊山景区再登《朝闻天下》，《美丽乡村快乐行》栏目摄制组也对灌云县做了重点访问，并制作了"五一"特别节目。随着宣传力度的增加，游客数量也在剧增。

灌云县却并没有止步，而是在旅游主题上继续创新，先后协助推出"2018年全国青少年无线电测向锦标赛"活动，将伊甸园景区、潮河湾景区打造成婚纱摄影基地，完成"水上闯关"节目的场地录制工作，这一系列的营销不仅增加了景区的曝光度也提高了品牌的影响力，极大开阔了全国旅游市场。

（三）展现乡村风貌，进一步扩大旅游影响

灌云县的乡村旅游发展不仅让所在区域的景色得到质的提升，在生态保护方面有了保障，而且让当地景色更加宜人。随着旅游所带来的经济效益也直接影响着当地居民的生活习惯和生活方式。乡村旅游带动当地经济产业链发展，首先旅游需要餐饮和住宿的基本保证，还有交通、旅行社等硬性保障，更有旅游相关农产品的供应和销售。灌云县三大景区为其带来大量游客，这些来自全国各地的游客为灌云县带来巨大的经济效益。这些彻底改变了当地居民的生活方式，大量工作岗位可供当地农民选择，很多农民开始转型成为民俗、种植、采摘、船舶、接待、钓虾等项目的提供者和服务者。这将大大改善当地农民的家庭收入，而且旅游带来的不仅有经济还有文化的巨大冲击，都将改变当地农民的文化素养和精神需求。

灌云县乡村旅游经过几年的发展，如今旅游产业已经给10万余人提供就业岗位，在景区就业的农民就有3万多人。农民在家附近就能就业，也在一定程度上缓解了独居老人和孩子教育问题。景区对于安全卫生有着一定的要求，这从另一方面也提高了当地农民的文明素养，之前"脏、乱、差"变成如今的"洁、齐、整"，从农民的居住环境到生活质量都有了质的提升。如今的灌云县已初步形成伊甸园童话小镇、伊尹小镇、花溪小镇、有趣小镇、空港小镇等一批有一定知名度的乡村旅游品牌。

灌云县真正实现了乡村旅游带动当地经济发展的目的，不仅改变当

地环境，为农民增收，也使农产品形成相关销售链，推出了自主品牌，像"灌云五彩米""灌云小菜""镜花缘酒"等品牌在各景区展销厅成为抢手货，这些农副产品的销售不仅为灌云县农民实现经济效益，也打响了灌云县的品牌和知名度，随着这些产品在全国销售，灌云县的名声将越来越响，这就是品牌效应。目前，人文无干扰、生态无破坏的乡村旅游成为灌云县经济转型升级抓手的地位得到了充分确证，收益呈现连年翻番的迅猛态势，日子越过越有味，乡村旅游已从"化工经济"蝶变为灌云县最具魅力、最具活力、最具特色的新经济增长点。

三、江苏沿海三市乡村旅游的海滨资源保护与开发

在国内外乡村旅游发展中，虽然对于乡村旅游的范围和界定国内外侧重点不同，但是乡村旅游的核心却是一样的，那就是以具有乡村特性的自然景观和人文客体为基础，在此基础上依托农业区域内的优美自然景观或者特色农业生产生活、建筑、文化、民俗等资源开发的旅游项目。乡村旅游作为非城市旅游形式是对农业生产补充，是提高农业经济，引导农业发展的有效途径，我国经过多年乡村旅游发展，如今在全国范围乡村旅游已经全面铺开，有些地区已经取得了不错的成绩。

中国乡村大部分属于农耕文明下的乡村模式，但是也有以渔业为主的其他乡村模式，比如海滨的乡村旅游项目就与其他项目有着明显区别。海滨乡村旅游是乡村旅游结合海洋特色发展起来的旅游模式，江苏沿海三市乡村旅游根据自身的地理优势，发展具有海滨特色的乡村旅游模式。这种海滨乡村旅游既完整保留了海滨乡村生态的本土性，也受到了现代市场经济的影响，在自然生态的基础上既保留原始的传统渔业，也注入海洋的特性。通过以渔业为主的产业环境和原生态自然景观与城市之间形成差异，加上海滨资源的独特性，海滨乡村旅游形成独特的资源环境产业优势，对内陆游客有着巨大

吸引力。

　　海滨乡村居民以渔业为主要生产力，这种有别于农耕文明的文化形成海岛居民特定的生活方式。环境对于人们的思想和价值取向有着不同的影响。我国东海海域常年受季风影响，风大浪高，沿海供奉的妈祖、洪圣大王形成特定的民俗风情。沿海居民因为从事渔业活动，所以在服饰、饮食上也逐渐形成以渔文化、船文化、港口、海盐、海鲜等一些独特的与海洋息息相关的文化旅游资源。这些资源都是发展乡村旅游的优势和品牌特征，海滨城市的乡村旅游具有天然优势，但是在经济环境下不仅需要自身优势还需要准确的市场定位和科学的管理规划，海滨乡村旅游的开发利用既有优势也有缺点，这些都是乡村旅游发展的过程，在乡村旅游发展促进经济增长的道路上海滨乡村旅游对于海滨乡村经济、社会和文化有着促进作用，对于加快实现社会主义城乡统筹发展，实现共同富裕中国梦也有着重要意义。

（一）江苏沿海三市旅游发展状况

　　江苏沿海三市自北向南依次是连云港、盐城、南通，江苏三市的旅游市场主要以国内游客为主，从周边开始辐射至全国，尤其是长三角经济带和环渤海湾经济带的客源市场，中原地区和西部地区是江苏海滨旅游的重点开发对象。江苏以旅游发展作为重点经济规划，长期以来侧重沿江的发展模式，以长三角经济带为发展重点，忽略沿海地区的经济发展。由此造成江苏整体经济存在南北差异。近10年来江苏调整发展重点，将沿海三市作为发展重点，沿海三市的旅游虽然得到较快的发展，但年平均旅游收入仅占全省的10.92%，而沿江7市的年平均旅游收入占全省的81.36%，仅苏州一市所占的比重就超过沿海三市总和的一倍还要多（图2-1）。因此，沿海三市的旅游落后于沿江地区的旅游发展水平，还有较大的发展空间。

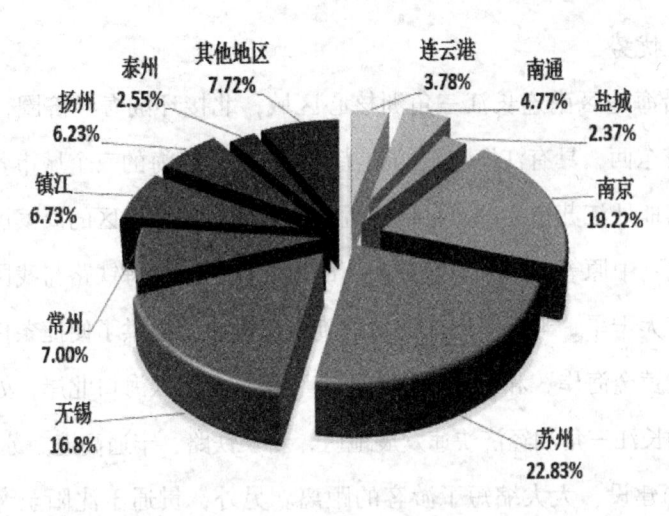

图 2-1　江苏沿海三市的年平均旅游收入占全省的比重

(二) 江苏沿海三市发展海滨乡村旅游的优势

1. 资源优势

江苏东临黄海，处于我们国家沿海地区的中部，地理位置优越，近海海水平浅，且分布着广阔的辐射沙洲群，沿岸大小入海河流 100 多条，淡水资源较多，平均水质类型为Ⅳ级，属于尚清洁的水质污染级别，为海洋生物带来了丰富的营养盐类和浮游生物。江苏沿海经济带是中华民族重要产业发源地之一，盐城从西汉武帝时期就成为制盐大县，遍地盐河，100 多年前民族实业家张謇在南通创办企业并推动城市发展。江苏沿海地区一直是发展重点，只是在近代受工业经济大转移、自然灾害等影响而经济滞后。江苏沿海地区土地资源丰富，沿海地区潮流通畅，风大浪高具有巨大的风力资源，同时拥有亚洲最大的滩涂湿地，具有调节气候、减缓风暴灾害和净化环境的功能。江苏沿海三市不仅具有独特的海滨自然景观，还拥有数量庞大的海洋生物资源和渔场资源，加上国家级珍禽自然保护区、麋鹿自然保护区等生物资源，加上沿海地区人文资源、历史名人古迹、沿海建筑等都是沿海优质独特的资源优势，对乡村旅游的发展有着极大的促进作用。

2. 区位优势

江苏沿海地区南连长江三角洲核心区域，北接环渤海经济圈，长江黄金水道横贯东西，具有江海交汇的独特区位优势。沿海的三个城市各有其优势。连云港地处江苏东北部，是最接近中原地区和西北地区的海滨区域，是华北、西北、中原等十一个省区最便捷的出海口，有陇海铁路与我国西北部相连，为广大干旱、半干旱地区的居民到海岸带旅游提供了便捷条件。南通位于江苏"黄金海岸"和长江"黄金水道"相结合的入海口北岸，处于以上海为中心的长江三角洲经济快速发展地区，新长铁路、宁通高速、苏通大桥、崇海大桥的建设，大大缩短了游客的距离。另外，贯通于沈阳至海口的沿海高速江苏段已全线通车，这条高速公路的建成有力推动苏北沿海地区经济的发展，也使连云港、盐城、南通成为这条贯穿南北高速公路的中心位置，为东北、华北的游客来江苏沿海旅游提供了便捷的条件。沿海还有巨大的港口优势，连云港具有稳定的港口，南通市海岸线长达203公里，具有优越的建港条件，能够建设20万吨级大型海轮泊位条件的港口。

（三）江苏沿海三市海滨乡村旅游发展存在的问题

1. 海滨生态环境的恶化

江苏省海滨乡村旅游具有区域优势和资源优势，在发展旅游业上能够很快吸引全国游客，但是在以捕捞渔业为主的乡村旅游模式下，过度捕捞和开发资源过程中产生的生态破坏都将影响附近的海洋植物生态环境和附近海域的鱼类结构，造成海洋生物失衡的情况。江苏沿海滩涂大部分为淤泥质海岸，自净能力较差，有机质含量高，更加速了赤潮发生的可能性。江苏沿海港口的装卸物资和造船等工业生产生活都将威胁海洋生态环境，加上海域附近农业大量使用农药、化肥等有害化学物质，这些有害物质入海将对海洋生物造成巨大危害。近些年海滨生态环境不断恶化，据2013年江苏省海洋质量公报，江苏省近岸海域污染面积增加，其中龙王河口以南至连岛、埒子口以南至长江口等海域被界定为严重污染区域，面积达

9744km², 达到清洁和较清洁海域水质标准的海域面积为 17477km², 占全省海域面积 46.6%, 盐城市的海域污染最为严重, 工业和生活污水排海是导致近海海域污染的主因。江苏沿海除近海海洋资源的污染外, 沿海陆地由于受到经济发展和人类活动的影响, 自然景观变成了以耕地和水域为主的人工景观, 草地、滩涂、芦苇地减少, 生物环境多样性降低, 海岸景观异质性有减弱的趋势, 最终会影响海滨旅游的发展。近几年江苏在治理沿海污染方面做出调整, 在 2020 年据江苏省生态环境厅发布的《2020 年度江苏省生态环境状况公报》中江苏全省近岸海域 95 个国控水质监测点位中, 达到或优于《海水水质标准》一、二类标准的面积比例为 52.9%, 三类面积比例为 22.1%, 四类面积比例为 18.0%, 劣四类面积比例为 7.0%, 比之前有了明显增长。

2. 海滨乡村基础建设不足

海滨城市因为地域原因, 容易受到台风、海啸等自然灾害破坏, 我国对于海滨海港的建设和防护都是具有规划性, 而乡村旅游在自主建设方面明显存在经验实施不足的情况, 缺乏对于自然灾害科学的预估和防范, 由此造成基础设施不够完善, 不能起到抵制自然灾害的作用。乡村旅游在开发上受到资金的影响, 有些海滨乡村旅游受到规划的局限导致基础建设不到位, 不够干净卫生, 不能满足游客休闲度假需求。乡村旅游不是单一的形式, 而是需要周边基础设施相互匹配。旅游是一项综合产业, 餐饮、住宿、交通、娱乐、休闲、购物等都需要完备的基础设施保证游客旅游的安全便利, 在景区保持干净卫生的自然环境和周到的服务质量, 如此才能形成完备的乡村旅游服务产业。

3. 海滨乡村旅游产品开发单一

江苏海滨乡村旅游产品与其他乡村旅游一样面临旅游项目单一的情况, 海滨乡村旅游依旧停留在以渔业为主的吃住和体验上, 或者借助海滨环境设置一些滑沙、滑泥的常规项目, 并没有真正深入挖掘渔文化、船文化或者开发比较有创意的项目。在项目的开发上与海滨特色文化联系不够紧密,游客体验不到深入的渔业生活氛围，也很难对海滨产生强烈的印象和趣味。在旅游项目上不能仅仅停留在餐饮和住宿方面，更应该纵向深入挖掘其内在机制，海滨不同于内陆在于特殊的地理自然环境和因此形成的文化民宿，在自然与文化的结合上打造属于海滨乡村旅游的品牌特色产品。海滨乡村旅游需要结合自然与人文，在创意和体验上下功夫，让游客真正感受与众不同的文化民宿和饮食休闲体验。

（四）江苏沿海三市乡村旅游的海滨资源保护与开发策略

海洋生态资源已受到威胁成为世界公认的问题，江苏省海岸线长度953.9km，有三分之二的海岸存在侵蚀现象。不仅仅是中国，世界其他国家的海洋也面临同样威胁，美国在20世纪初期开始制定实施海滩养护工作，为了保护美国本土海岸不受侵蚀，美国政府投入大量资金开始改善海岸环境，海滨旅游成为这个工程的主要助力。美国通过发展海滨乡村旅游来加强海洋生态的可持续发展，科学有序利用海岛、海域评估海洋环境并制定解决海洋污染的策略。我国沿海地区的海洋污染同样需要制定科学合理的方法，形成可持续海洋资源保护措施，以促进海洋生态的开发和保护。

1. 加大体验型旅游产品的开发

海滨乡村旅游是基于海滨特色地理发展起来的集观光、休闲、体验、户外为一体的休闲度假景区。在其开发模式上以本地生态环境为主进行开发和建设。在海滨乡村旅游的开发和规划上，以生态保护为重点，保留原始特色的同时实现可持续发展，最大限度改善当地生态环境，确保海洋生态环境的健康发展。乡村旅游促进经济的发展，从而增强后续维护和改进的力度，在海滨乡村旅游的经营管理中促进自然资源的发展和使用。在乡村旅游项目上不仅仅要有观光体验型，还需要发展渔业文化、教育、盐业文化、个性化旅游等多种不同模式的旅游，满足游客在休闲体验上的感受，增加知识和阅历，从而提高海滨旅游资源的价值，促进发展的同时起到生态保护的目的。

2. 加强监管力度，依据地方特色，打造精品旅游区

江苏沿海三市自然环境得天独厚，旅游资源丰富，不仅有长海岸线和港口优势及丰富的海洋生物资源还有悠久的人文历史环境、独特的民宿和生活习惯。在海滨乡村旅游的开发上沿海地区可以因地制宜，充分发掘自身的资源优势，从生态保护思考满足市场需求、发展生态景观、促进经济发展的可行性开发方案。形成独具特色的品牌特征。比如连云港有曲折的基岩海岸且岛屿众多，可以结合"花果山"的神话特色进行加工，打磨成具有神话色彩的山海旅游景区，并为游客提供体验项目。江苏盐城的海盐文化同样可以作为宣传亮点，通过与教育、研学、比赛相互结合的形式展开独具优势的乡村旅游模式。而南通，从地图上看南临长江、东濒黄海，面向上海与苏州、无锡、常州，背依广袤的苏北平原，素有"江海门户"之称，具有江风海韵的南通又是江海文化的代表，可以为旅游者提供江海渔家生产生活体验，可以品江海鲜、观江海景。所以江苏海滨乡村旅游的开发在以海滨共性的基础上，发挥其各地特色，使全省海滨乡村旅游呈现丰富多彩的种类和项目。

3. 加强海滨资源区域合作

同一个区域旅游业的发展具有关联性，在总体规划和部署上需要长远的发展眼光。以区域内不同旅游品牌打造全方位多区域的旅游开发模式，同一区域的旅游开发不能太多但也不能重复开发，这将造成资源的浪费，形成恶性竞争。在乡村旅游区域将旅游资源结合起来形成优势互补，将会增加游客数量，形成区域特色。比如山东沿海旅游资源丰富，青岛和烟台则旅游历史悠久，蓬莱等地则具有优美的山海林自然景观，整个山东沿海地区自然景观与人文历史相结合，形成独具特色的旅游资源，这种旅游模式能够吸引大量中外游客旅游观光。江苏南接上海北依山东，沿海开发同样具有地理优势和丰富的海产资源，能够形成旅游产业一体化，将旅游项目与生态环境和产品相互结合，创新乡村旅游模式。

（1）江苏与沪浙海滨旅游的合作

江苏与上海、浙江两区域一直有经济合作，在旅游业务上也是互相存在合作关系。江苏与沪浙既有各自的优势也有各自独立的特色资源。在沿海乡村旅游规划上江苏同样可以与沪浙进行合作。江苏沿海三市处于上海500公里经济圈内，在沿海乡村旅游发展上可以打造特色项目，对该区域游客进行分流。国务院在2010年批准实施的《长江三角洲地区区域规划》中，提出加强旅游合作，以上海为中心，发展城市旅游业，打造长三角地区旅游产业链，推动长三角经济带发展。在近几年旅游业的发展中，以上海为中心，辐射周边南京、苏州、宁波等地发展城市旅游、农业休闲旅游模式，并取得不错成绩。如今江苏沿海旅游应该利用这种资源优势和合作模式，凭借江海交错的自然风光，打造沿海地区生态乡村旅游走廊，促进长三角乡村经济发展。

（2）江苏和山东海滨旅游的合作

山东同江苏一样有沿海城市，山东的日照和青岛等城市发展成海滨旅游胜地，每年有大量国内外游客前往旅游，其旅游模式非常成熟。江苏的连云港距离日照仅130km，不论是在海滨生态资源还是地理交通上，两个地区都有合作的条件和基础。要实现与山东海滨的合作，需要将旅游品牌进行准确定位，发挥其港口优势，利用海滨旅游的特色化模式打造全新的旅游规模，将芦苇景观、采贝体验、钓鱼观景、冲浪体验等项目融入其中，形成特色旅游体验项目。

综上所述，江苏沿海三市的旅游发展具有独特的资源和区位优势以及国家和江苏省财政和政策的倾斜优势，在面对沿海三市明显落后于江苏其他沿江地区经济水平的现状，需要政府给予政策支持，将海滨乡村旅游作为重要项目进行开发和建设，这对于缓解海滨生态环境恶化，打造精品旅游区域，加强海滨跨越式合作有着积极意义。江苏省在旅游产业中加入乡村旅游新模式将会迎来旅游业的新局面。

第二节　江苏乡村旅游政策分析

乡村旅游以乡村自然和人文为主体的资源开发，对于解决"三农"问题，推动产业融合、优化产业结构，解决农村经济问题、促进乡村文明发展有着重要作用。江苏省为深入贯彻落实《国务院办公厅关于进一步促进旅游投资和消费的若干意见》，开始在全省大力推动乡村旅游发展，政府制定一系列发展计划，引进企业投资发展城市周边乡村旅游项目。以打造全新乡村旅游模式为目标，设计建设国内领先、国际知名的乡村旅游景区，乡村旅游将融入整个江苏旅游发展体系，推动城乡经济发展。

一、发展原则

江苏乡村旅游助推特色化发展，政府鼓励各地区根据自身的资源优势进行深入挖掘，科学合理规划，在保证生态环境的基础上开发符合市场要求，具有本土特色，符合农民利益的旅游项目。乡村旅游还必须注重品牌化发展，打造符合区域发展，形成独具特色的品牌旅游项目。在乡村旅游的宣传上利用网络优势，加大宣传力度，发挥品牌效应，从自然和人文特点出发，凸显旅游的时代特点，推出乡村建设、生态建设、环境治理、最美水乡等多种特色化品牌。

二、主要任务

（一）优化乡村旅游发展空间布局

乡村旅游的可持续发展一直跟随时代需求而变化，其发展模式需要结合实践，形成本地特色。《江苏省乡村旅游发展规划（2016—2020年）》中指出江苏省各县（市、区）在发展乡村旅游时需要结合本地乡村旅游资源，发挥自身优势和社会经济价值，合理利用土地和空间布局的开发，在发展乡村城市一体化建设上面多种资源相互连接，形成统一发展模式，以乡村旅游带动经济发展，形成产业链。

江苏省乡村旅游模式不仅在模式上充分利用当地旅游优势特质和旅游开发的成熟模式，在区域上做开发区分，江苏省苏南地区因为地理原因突出其休闲度假方式，重点培育具有乡村文化特色的国际品质旅游休闲度假产品，苏中地区的旅游模式比较成熟，但是在乡村旅游产品上面还需要加入更多创意，打造品牌优势，开发更多高品质旅游特色产品。苏北地区以农业生产为主，需要在乡村观光产品上做突破升级，打造更多休闲度假产品。整个江苏省乡村旅游形式可以通过地域、产品、自然风光、人文等做统一互补开发，在空间上充分考虑交通在乡村旅游中的带动牵引作用，利用好交通纽带作用。打造"环城、依景、沿线"乡村旅游聚集区，重点打造宁杭山水田园旅游带、沿海乡村渔港风情旅游带、古运河乡村风情文化旅游带、长江江鲜美食与江岛乡野风情旅游带以及黄河故道乡村旅游扶贫带。

（二）创新乡村旅游发展模式

乡村旅游既要考虑当地乡村特色资源优势，也要对市场做充分评估，需要结合市场经济做资源开发，在开发模式上需要借鉴国内外优秀开发案例，进行整体资源评估，制定符合当地乡村发展的方式。乡村旅游模式并不是一成不变，而是随着时代的发展不断丰富和优化，江苏省作为旅游大省有着自身的优势，但同时也有着自身的局限性，在发展乡村旅游模式上需要因地制宜，合理开发和创新，多方面做评估，打造以农民为主体，能够带动当地经济发展的旅游开发模式。

(三) 推进乡村旅游品牌建设

1. 乡村旅游创新发展

乡村旅游的开发并不是一成不变的，而是结合当地资源在模式项目上做具体调整和创新，开发乡村旅游需要结合全国甚至国外成功案例，借鉴其优秀的开发经验。江苏省的乡村旅游已经有比较成熟的发展示范县，比如吴中、句容乡村旅游综合发展实验区，这对推动其他县（区）的乡村旅游有着极大的推动作用。

2. 乡村旅游集聚区

乡村旅游不是单一的旅游项目，而是以旅游资源为主的产品整合，乡村旅游注重推动自然与人文景观的结合，打造旅游度假产业业态融合，特别是旅游资源丰富的地区，比如苏州吴中、昆山花桥天福生态园、无锡阳山、宜兴湖㳇、金坛长荡湖、江宁西部等乡村旅游聚集区域需要做重点推进。

3. 特色景观旅游名镇村

支持具备条件的镇村依托乡村旅游资源，进一步拓展乡村旅游观光、休闲度假、农产品销售等多种旅游模式，重点指导南京汤山、高淳桠溪、溧阳天目湖、无锡阳山、宜兴湖㳇、昆山周庄、吴江同里、常熟沙家浜、张家港凤凰、吴中金庭、洪泽老子山、淮安码头、徐州汉王、新沂窑湾、镇江世业洲、句容天王、扬州瓜州、姜堰溱潼、泰兴黄桥、东海温泉等旅游主导型乡镇发展。支持江宁锁石村、高淳蓝溪村、常熟蒋巷村、吴中旺山村、张家港永联村、大丰恒北村、江阴华西村、泰兴祁巷村、沭阳周圈村等特色旅游村发展。

4. 星级乡村旅游区

乡村旅游发展不仅仅停留与传统乡村旅游模式，而是在模式进行全方位开发，在品质上做升级，打造具有品牌价值的乡村旅游区。乡村旅游需要积极利用乡村自然生态和特色人文，与此同时结合现代农业产业园、高新科技农业等打造农业主题旅游，培育高星级乡村旅游区。特别是南京雨发生态园、武家嘴农业科技园、无锡阳山田园东方、无锡山联村、苏州旺山、常熟蒋巷村、吴江格林乡村公园、相城灵峰牧谷农场、张家港永联村、张家港飞翔生态园、昆山花桥天福生态园、泰州田园牧歌、汤山汤家家温泉村等一些有自身资源优势地区或者已经有一定旅游基础的地区，做重点规划和指导，充分发挥其资源优势，打造高星级旅游区域，形成品牌特色，带动周边旅游发展。

5. 新业态载体建设

乡村旅游模式在开发上不断创新，紧随时代发展，在发展上需要考虑人们因社会发展而产生的新的精神需求，开发出具有吸引力的旅游模式，新的时代需要创新发展，乡村旅游需要积极培育乡村旅游新模式，比如满足自驾游的自驾游基地、满足露营需求的房车露营地，还有以教育为主的乡村研学旅行基地、符合养生需求的健康养生地、打造城乡一体化的乡村书屋、乡村咖啡屋等新型产品业态，丰富乡村旅游内涵。

（四）提升乡村旅游公共服务水平

1. 改善乡村旅游道路等旅游交通条件

中国有句古话叫"要想富，先修路"。交通是让当地农产品走出去的主要通道，也是先进思想和新的生活方式融入进来的有效途径。交通的便利能够加快当地经济发展，使其与其他地区进行融合，促进合作。乡村旅游发展其中的制约因素是交通，完善乡村旅游点的基础交通网，做好乡村配套设施设备是提高游客量的最直接方式。在乡村旅游县、镇需要为本地外地游客提供便利，积极发挥其自驾服务体系和城市公共交通专线，方便城市居民和游客进入乡村消费，加快城乡一体需要完善交通体系。

2. 加快乡村旅游配套设施和环境改善提升

乡村旅游的实施不仅仅是在环境开发和项目打造上，对于景区基础设施设备同样需要完善，除了交通便利外还要在休息区域、卫生间、停车位等方面做优化升级，在环境卫生上做到更高标准的整洁。乡村旅游需要吸引游客，打造资源优势，需要在细节上不断完善，游客衣、食、住、行等基础设施需要全面提升。农家乐需要提升卫生和无公害建设，加强旅游农业、住房建设，做到环保与便利同步提升，强化农村整体环境的整洁，对乡村旅游产生的垃圾做到有效处理。在种植方面减少污染，加强旅游的规划建设，加强农业、交通、医疗、公安等部门之间的合作，推进乡村整体配套设施提升以及整体环境的改善。

3. 完善乡村旅游公共服务体系

乡村旅游品牌的打造不仅需要强化基础设施建设，开发具有市场竞争力和符合游客需求的旅游项目，在软件配备上还要提升其宣传力度，结合现代化营销方式推动乡村旅游项目。与此同时更为核心的是完善乡村旅游共同服务体系，从提升乡村文明建设开始，做到完善的管理服务体系，将服务落实到位。互联网时代，信息的传递快速而精准，在实施网络全覆盖的同时利用好网络媒体推广乡村旅游品牌，发展乡村旅游商业网点，可以通过网络进行农产品的线上销售，将本地特色产品销往全国各地。乡村旅游面临管理人才缺失问题，政府需要通过加大培训力度，提高工资待遇，提供工作岗位等方式吸引大学毕业生、技术人员、返乡农民工等回归乡村，自主创业，达到带动当地经济为农民增收的目的。

（五）打造特色乡村旅游产品

1. 乡村旅游特色观光产品

乡村旅游依托农业、林业、牧业、渔业等产业资源优势，利用乡村特色风景开发特色果园采摘、休闲垂钓、田园景观、观光赏花等以乡村景色为主要景点的休闲旅游方式。观光旅游更加注重生态风景建设和游客体验。

2. 乡村旅游休闲产品

乡村旅游除了自然风景之外，还可以利用广袤的乡村地理环境，发展休闲商业产品，比如面包房、咖啡屋、休闲茶吧、啤酒屋、乡村足浴、乡村剧场、郊野垂钓乐园等特色乡村项目。

3. 乡村旅游度假产品

城市居民向往自然舒适的田园风光，乡村对他们有着极大的吸引力，在乡村建立度假式旅游小镇、假日酒店、精品民俗、乡村俱乐部等，这些将成为城镇居民休闲度假的好去处。

4. 乡村美食产品

乡村旅游还可以利用农产品发展乡村美食产品，依托乡村旅游载体培育江河湖海乡村美食，积极发掘乡土美食，重点培育地方特色美食品牌。

5. 乡村旅游民俗农事体验产品

中国地大物博，每个地区都有独有的文化民俗，深入挖掘本土文化，深化农村生活场景体验，可以利用江河优势积极开发农耕体验、赛龙舟、拔河、采菱角、放河灯等民俗农事体验产品。

6. 乡村旅游商品

乡村旅游不仅可以沿袭已有的发展路线，也可以制定符合时代发展的新型旅游模式，在自主和创新上开发乡村旅游特色商品，建立研发、设计、生产基地，加强对乡村旅游商品的开发和研发。

7. 房车露营体验产品

城市周边乡村休闲主要以家庭为主，自驾游成为大家的首选，房车露营受到家庭的喜爱，建设一批自驾车房车露营基地，开发房车体验、露营车友俱乐部、汽车主题酒店、汽车特技表演等房车露营体验产品。

8. 乡村旅游研学产品

乡村旅游可以与研学旅游相结合，打造以乡村风景为主题的乡村研学基地，为研学团队提供旅游之地。

9. 乡村养生健康产品

健康一直都是人们关注的问题，乡村旅游可以与养生项目相结合，利用乡村自然幽静，有利于健康的环境优势，吸引健康服务行业进来投资，开发更加多样化的养生乡村养生项目。

10. 乡土文化创意设计产品

乡村旅游需要深入挖掘其乡村文化内涵，在产品的设计上添加更多乡村文化元素，设计出符合大众审美且具有代表性的文化产品。

（六）完善乡村旅游营销体系

1. 推进整体营销

旅游行业发展随着市场而趋于成熟，利用好互联网推广营销，打造属于江苏的乡村旅游形象标识有利于对乡村旅游进行整合与推广。加大乡村旅游的推广力度，完善其交通旅游链接，让江苏乡村旅游形成完整的产业链，区域上互相弥补，丰富乡村旅游项目的模式，建立更加广泛化的旅游方案。

2. 打造节庆品牌

乡村旅游的推广和发展不仅需要考虑整体还要形成品牌效应，充分利用"江苏乡村旅游节"这一节庆品牌，整合乡村旅游节庆资源，打造属于江苏的乡村旅游看点，从自然风光、人文民俗、特色农产品等方面挖掘乡村旅游方式，比如以"兴化千岛菜花节""溧阳白茶节""中国·沭阳花木节""凑潼会船节"等旅游活动吸引游客前来观光，成全省乡村旅游节庆品牌联动效应。

3. 强化主题营销

营销需要增加结合乡村旅游特色，在宣传上支持各地举办具有特色的旅游主题活动，从地方特色、文化内涵和市场营销力出发，加大推广力度，可以与旅行社或者组织协会合作举办主题活动，比如开展"四季美食""十佳乡村度假地""跟着美食乡村游"等主题活动，引导城市居民到乡村休闲度假消费。

（七）实施乡村旅游标准化管理

乡村旅游的发展需要科学标准的管理体系，需要在严格实施《江苏省乡村旅游集聚区引导规范》和《江苏省乡村旅游区等级划分与评定》等旅游规范化管理上积极开展强化活动。加强管理规范化，健全乡村旅游质量监管体系，形成乡村旅游质量常态检查机制。实行乡村旅游动态管理，建立复核、退出机制。与此同时定期向社会公布江苏乡村旅游形象标识。

（八）加强乡村旅游人才培养

规范化的管理需要具备高素质管理人才。乡村旅游在管理人才方面需要省市加强人才培训体系，加强基层服务人员的培训工作，在乡村开展免费培训活动，提高农民文明素养，与旅游组织、旅游院校合作开展培训工作，开展乡村旅游培训进村入户工作，对乡村农民工实施帮扶政策。乡村旅游不仅需要培养旅游管理人才还需要吸引优秀管理人才返乡工作。为乡村旅游顺利实施提供后续保障工作。乡村旅游的主体是乡村，加强乡村人才培养有助于提升旅游管理规范化，为乡村旅游发展提供保障。

三、保障措施

（一）健全工作机制

乡村旅游关系到农业、旅游业、水利、渔业、海洋环保等方面的问题，在旅游带动农产品销售、完善交通运输设施、提高农民工素质等方面有着积极作用。为了确保乡村旅游发展稳定有效，在规划上需要落实责任，明确目标，管理上更是需要健全管理机制，明确任务、加强责任监督工作，形成强有力的工作机制。各市、县（市、区）需要结合自身实际情况，对乡村旅游发展进行统筹规划、协调合作、最终形成发展合理的旅游产业。各乡镇需要成立旅游工作机构，落实乡村旅游咨询、策划、规划设计工作，为乡村旅游的规划、实施、管理提供理论和技术支持。还可以建立乡村旅游企业联盟，让旅游相关企业加入进来，充分发挥企业联盟在行业里的桥梁纽带优势，促进乡村旅游发展，以带动乡村经济，改善居住环境和扩大就业等目的。

（二）创新管理方式

乡村旅游的发展需要健全管理机制，在管理模式上不再依赖传统方式，而是融于创新管理方式。省公安、消防、工商、国土资源、环保、卫生计生、质监、食品药品监管和扶贫等部门要积极研究出台乡村旅游、农家乐经营管理规范。鼓励乡村旅游项目合理开发，形成可持续发展策略，特别是利用废弃矿坑、宕口、荒滩荒地缓解乡村旅游土地供应，推进乡村旅游转型升级。乡村旅游整体环境的整治需要纳入开发范畴，在建设现代化农业生产建设、美丽乡村建设、新型城镇化建设、特色景点打造上进行帮扶，重点推进乡村旅游聚集发展，形成旅游区域规划。积极开展乡村旅游行业规范化活动，推进乡村旅游科学发展。

（三）加强政策支持

一是财政支持。各级财政应根据当地实际加大对旅游业的政策支持和资金扶持力度，重点支持乡村旅游公共服务体系建设、加大对乡村旅游产品推广和乡村旅游人才方面的培养工作。适当提高江苏省旅游产业发展基金支持乡村旅游产业的比重。

二是金融支持。引导金融机构创新符合乡村旅游特点的金融产品与服务；通过江苏旅游产业再担保机制，为乡村旅游小微企业和乡村旅游扶贫企业提供融资担保支持。加大对乡村旅游开发项目的信贷支持力度，发展面向乡村旅游的小额信贷业务。鼓励银行业金融机构在乡村旅游集聚地区优先布设ATM机，为符合条件的乡村旅游休闲点提供POS消费终端等电子化结算方式。

三是土地支持。支持利用存量建设用地，保障乡村旅游项目用地，支持利用民宅、存量房产发展民宿和其他乡村旅游项目。探索乡村旅游土地信托制度。

四是环保支持。各市、县（市、区）人民政府每年安排资金用于发展乡村旅游的镇、村基础设施建设，鼓励乡村旅游企业应用小型污水、垃圾处理设施，积极保护乡村生态环境。在节能减排和循环经济等相关专项资金安排中，对星级乡村旅游区符合条件的项目予以支持。

第三节　江苏乡村旅游发展过程

一、江苏省乡村旅游发展

旅游作为第三产业已经形成越来越成熟的行业模式。乡村旅游的提出正是为了解决农村相对滞后的经济问题，乡村旅游成为乡村经济发展的重要抓手，全国各地不断开展乡村旅游新模式，不少地区已经拥有比较成功的案例，对地方经济有着极大的促进作用。经过多年的发展和探索，如今乡村旅游模式已经逐步从单一的"农家乐"向着旅游度假村、休闲乡村、乡村体验、科研教育基地等多功能为一体的发展模式转变，不仅利用当地资源，改善乡村居住环境，推动当地农业产品结构转变，加快乡村经济发展，而且极大丰富了旅游业的发展，也为乡村形成可持续发展经济战略提供更多支持。

（一）城镇化背景下江苏乡村旅游生态化转型历程

1.江苏省乡村旅游发展主要历程

江苏乡村旅游发展20世纪80年代开始，从乡村旅游开始实施到如今几十年时间，其旅游模式在不断改进和完善，乡村旅游的实施也越来越成熟和具有借鉴意义。江苏省的乡村旅游模式是分阶段发展的，每个阶段都有其不同的特征和标准，还有比较成功的乡村代表地区，这种发展极大促进了江苏省乡村旅游的发展，其主要发展历程如下表2-2所示。

表 2-2　江苏省乡村旅游发展进程

阶段	第一阶段：起步阶段	第二阶段：发展阶段	第三阶段：成熟阶段
时间	20世纪80年代初至80年代末	20世纪90年代初至90年代末	进入21世纪至现在
标准	乡村旅游业在当地萌芽	乡村旅游业高速发展，项目数量每年增长率在15%以上	部分乡村旅游项目品牌化
特征	以现成的农业设施、现代化的村庄村落及古村古镇文化发展为主，产品品种相对单一，经营专业化水平不高，市场意识较低	乡村旅游的专业水平得到提升，内涵和经营品种开始变得丰富、经营规模逐渐扩大	注重品牌效应和现代化科学经营，非常注重服务和产品质量，根据游客的体验和市场的变化，进行旅游营销和产品开发
典型代表	无锡江阴华西村、苏州张家港、苏州常熟沙家浜等	南京傅家边农业科技园、镇江句容农博园等	南通世外桃源、苏州太湖胥王山庄、连云港黄川镇南湾生态草莓采摘园等

2.江苏省乡村旅游发展基础

江苏省作为旅游大省，其自然地理具有天然优势，占全省面积72%的地区为平原地带，整个省市区水网密布，河流众多，加上不少丘陵和山地，山地和丘陵景色宜人。江苏省在气候上地处亚热带季风气候，这种气候非常适宜植物的生长，并且随着季节变化，各地都会呈现不同景观，非常适合观光旅游，再加上丰富的人文文化资源，为江苏省乡村旅游的开发提供了极为丰富的资源。

3.江苏省乡村旅游发展现状

江苏省乡村旅游于20世纪80年代初开始发展，从最初的摸索阶段到根据地理环境优势逐步形成独具特色的乡村旅游模式。江苏省乡村旅游正是不断适应市场不断调整自身发展的一个状态，在乡村旅游实施的这些年获得了高速发展，不少乡村已经步入正轨，并成为旅游示范区域，为当地经济注入新的活力。仅 2009 到 2015 年六年间，乡村旅游所带来的收入占整体收入的 16%。在 2014 年，江苏省旅游总产值为 2895.98 亿元，相比提升了 22.16%，其中乡村旅游所带来的产值就达 550 亿元，所占比例为 40.2%，同期业绩之比上涨了 254%，总共招待客人为 1.29 亿次，给社会创造了 200 多万次就业机会，有近 500 万人在乡村旅游发展中获得经济效益。

江苏省乡村旅游的发展离不开当地政府的支持和帮助，在各个机构和乡村居民的积极参与下，乡村旅游的产业规模不断扩大，培养了不少独具特色的旅游村落和示范基地。近几年江苏省乡村旅游在农产品上进行深度融合，与其他企业机构进行深入合作，乡村旅游发展如火如荼。2021 年，江苏乡村旅游综合收入达到 902 亿，同比增长 10%，远远领先于其他省份。乡村旅游成为带动农民致富的重要抓手。

（二）新型城镇化背景下乡村旅游生态化转型的必要性

旅游发展逐渐向生态化转型，在旅游项目开发上走可持续发展道路。新的城镇化乡村旅游模式必须确保生态环境健康发展，不得以牺牲农业和生态环境为代价发展乡村旅游业。新型城镇化背景下的乡村旅游生态需要积极带动城乡一体化发展，加强城乡之间的合作，促进城乡之间的紧密联合度，实事求是促进发展，用发展的眼光规划发展，形成能够真正改善农民生活物质和精神环境的可持续发展方向。

1. 生态化转型是乡村旅游经济发展方式转变的前提

所谓"绿水青山就是金山银山"自然环境是乡村旅游开发的基础，由经济带来环境的污染问题不容忽视，长期以来人们一直注重经济价值而忽略了背后的生态意义，由此造成生态资源的破坏和过度开发问题。这些问题会严重制约乡村旅游的可持续发展进程，造成空气污染、环境破坏等一系列问题，造成居住环境的进一步破坏。针对乡村秩序缺乏、环境保护意识薄弱、随意拆迁等问题需要做好规划和教育培训，从思想上提升居民环境保护意识，打造干净卫生居住环境，对自然资源开发需要遵循环境保护可持续发展准则，打造生态型旅游景点。

2.生态化转型是乡村新型城镇化的现实导向

新乡村建设其中就有"生态宜居"要求，乡村旅游生态化转型需要根据环境开发要求，寻找经济与环境开发之间的平衡，以促进新型城镇化模式为主要依据，探究经济与效益下的新的发展模式，提升资源的利用和原生态保护措施，在满足居民新的需求下发展绿色生态项目。乡村旅游有别于城市旅游项目的开发，在保留原生态环境的基础上打造生态居住环境，加强交通道路建设和公共服务等方面完善，解决好城乡统筹、生态环境、村民就业、农产品销售等问题，保障农民利益，促进乡村现代化建设。

（三）新型城镇化背景下江苏省乡村旅游生态化转型问题

1.环保意识不强，环保投入不足

乡村旅游经过近几十年不断发展，全国各地已经发展成熟的乡村旅游典型案例有不少，乡村旅游逐步成为城市居民旅游的首选，特别是以家庭旅游为主的周边乡村旅游模式，交通便利也为乡村旅游提供了资源优势，满足全国各地游客前来观光消费。随着游客的大量涌入，导致废弃物处理、污水排放、大气污染、环境污染等问题。乡村旅游在开发上因为资金不足等问题导致环保措施不到位，居民游客环保意识不强等问题都对乡村环境造成不良影响，长此以往必将造成乡村旅游环境污染问题，可持续生态建设必须建立在环保的基础上，乡村旅游不论是从合理开发和后续环境治理、卫生维护等方面都需要加大力度投入，确保景区生态平衡，避免对环境造成破坏，江苏省乡村旅游环保建设需要更多政策规则保障，需要投入更多资金治理，需要科学技术加持，以此达到可持续发展目的。

2.缺乏文化内涵，缺少文化认同感

江苏省在乡村旅游开发初期，开发者文化素养往往不高，加上注重经济回报而忽略长久发展，由此导致开发过度，在乡村旅游发展上只注重市场营销，迎合大众消费而忽略其文化内涵，在建设方面缺乏特色风格，没有体现当地特色人文素养，往往造成后续发展上的不足。很多乡村旅游景区一味模仿城市化模式，导致失去乡村特色，成为不伦不类，主题不突出的旅游景点，不能给游客很好的精神体验。乡村旅游的特征就是乡村特色风景和人文民俗，缺乏文化上的认同注定其景点过于表面化、形式化缺乏高级审美缺乏文化内涵，不能形成品牌优势。文化认同是乡村旅游的核心精神，融入文化内涵有助于提升品牌价值，打造具有特色的人文旅游景观。

（四）新型城镇化背景下促进江苏省乡村旅游生态化转型的对策

新型城镇化背景下乡村旅游模式也在进一步发展，更多乡村旅游向着生态化转型，形成更具竞争力的旅游产品。要完成经济生态化转型需要实现乡村旅游和城镇化建设统一协调发展，把建设美丽新农村融入生态发展战略中来，不断完善乡村旅游产业的产业结构和区域分布，加强生态乡村建设，加大投入形成更加科学化、规范化的发展模式。

1. 以生态理念为支撑，深化绿色乡村发展

农村经济发展要远远落后于城镇，一方面是工业化进程的影响，另一方面是生态环境的影响。生态环境是人类赖以生存的自然环境，乡村有着原生态自然环境，更加符合低碳环保的旅游要求，与城镇有着明显的区别，是城镇居民的精神追求。要完成乡村生态环境的建设需要和谐发展，通过科技达到生态环境利用最大化，比如通过沼气、太阳能等再生资源进行发电，实现资源循环利用，在文化上可以提高整体素养和环保意识，促进乡村旅游生态发展，建设生态宜居乡村，也为游客提供更加舒适卫生的居住饮食环境，提升游客满意度。

2. 注重生态发展，促进江苏省乡村旅游制度改革

推进乡村旅游建设不仅是生态环境建设，还有旅游服务建设。乡村旅游在开发上需要注重社会文化和生态环境的合理开发，协调乡村资源的整

合，挖掘独具特色的乡村旅游人文特色，在服务方面优化大众服务，在衣食住行方面完善游客体验。江苏省地处亚热带季风气候区，水量充沛，物产丰富，自然景观秀美，在保护生态环境上需要形成制度机制，避免造成环境污染，对环境污染严重的旅游景点，实行最严厉的退出制度。建立环境保护责任机制，执行谁保护谁受益，谁污染谁付费的环境保护制度，对造成环境污染而不治理的旅游企业进行处罚政策，做不定期环境评估，确保乡村旅游生态化发展。

3. 建设特色城镇，实现江苏省农村生态化转型

乡村旅游一般都是建立在乡村自然风景基础之上，这种开发模式既有地域限制也有地域特色，乡村旅游因为资源不同会出现旅游形式单一，景点散布等问题，无法形成一定的规模，同时还有资金不足、市场不稳定等一系列问题导致乡村旅游发展缓慢，很多地区甚至处于起步阶段，短期内很难看到效果，小规模的生态化建设耗时耗力效果还不明显，所以在城镇化生态建设中需要统一规划、科学管理，形成具有特色的旅游区域，相互融合相互借鉴共同发展，以此带动乡村经济快速发展。

江苏省作为鱼米之乡，一直以来都是我国经济的中心地区，不管是自然环境还是人文、经济都独具特色，江苏悠久的历史形成丰富的文化内涵，经济发展一直稳步前进，因此，在生态化转型过程中应注重特色城镇建设，继承和传承城镇地域和人文特色，促进当地特色旅游发展。

二、南京乡村旅游发展

党的二十大报告提出，推动绿色发展，促进人与自然和谐共生。聚焦建设人与自然和谐共生的现代化，推进乡村旅游、生态旅游、康养旅游、度假休闲旅游等绿色旅游业态发展，正是可以更好挑起绿水青山和金山银山的"金扁担"。

南京作为江苏省著名旅游城市，在新时代背景下大力发展城镇化和乡村旅游转型，南京的乡村旅游业为南京乡村经济带来新的发展机遇，在城镇化和旅游业联动效应下打破了乡村原有的封闭经济和环境结构，促进南京乡村旅游在文化空间和开发模式上不断升级。乡村旅游中乡土文化保护和传承同样作为开发目标之一不断深入传播，最终实现生态化经济建设工作。

南京不少乡村地区先后进入工业化和城镇化，其中江宁区作为早期乡村旅游试点区域，其发展具有一定的研究价值，以江宁区作为典型，详细介绍其发展过程，有助于更好理解乡村旅游产业升级和转化过程。

（一）江宁区乡村文化旅游发展基础与概况

江宁区东与句容市接壤，东南与溧水区毗连，西南与安徽省马鞍山市相邻，西邻长江，与南京市浦口区隔江相望，从西、南、东三面环抱南京主城，距离市中心仅7公里，与南京市区城乡资源流动更直接，功能互补更明显。

江宁区由于地势南北高而中间低，造就丰富的水域山川资源优势，素有"六山一水三平原"之称，江宁区不仅水资源丰富，而且还有秦淮河纵贯南北，形成风景秀丽的田园自然风光。江宁区不仅自然风景优美，河流密布村庄点缀其中，还有几千年优秀灿烂的文化，秦淮河文化独具特色，长江文化相互交融，区域文化的多样性为江宁区的乡村旅游提供更多可能。

（二）江宁区乡村文化旅游发展历程

1. 第一阶段：美丽乡村示范点建设阶段

江宁区从2011年开始实施乡村旅游建设美丽乡村计划，一开始江宁区以环境治理为主，联合石塘竹海打造区域连接旅游景点，被中国乡土艺术协会评为"中国十大美丽乡村"。在环境治理上江宁区发挥重要作用。随着乡村旅游在全国范围开展，其模式也越来越丰富多样，江宁区乡村旅游开始在原来基础上进行多个区域发展，激活当地乡村经济发展。

2. 第二阶段：串联文化要素纳入美丽乡村示范区建设

江宁区在乡村旅游发展过程中将分散示范村做规划空间格局建设，采用500平方公里划分生态示范区域，500平方公里保持原状，500平方公里作为功能区域建设的"三个500"格局。在生态旅游建设上遵循以线带面原则，综合考虑区域资源优势，从自然景观、人文民俗、市场优势等方面考虑综合发展，将其打造成沿线景点区域。不仅在交通上有利于乡村发展，还在环境上做了美化和维护。

3. 第三阶段：提炼文化要素融入景区建设

自然景观是乡村旅游的区域特点，与之相关的还有当地的特色人文内涵。在对乡村做考察的同时不仅需要考虑环境因素，也要深入挖掘其文化内涵，以形成区域品牌的打造过程，有利于提升乡村旅游品质升级。江宁区在建设美丽乡村之路上不仅将绿色资源合理开发利用，还对其文化进行提炼和升级，以打造独具特色的人文风景。使其延绵100多公里形成精华山水文化特色旅游经济带。

4. 第四阶段：营造文化氛围支撑特色田园综合体开发

江宁乡村旅游以田园景观为主，融合文化因素，形成独具特色的旅游文化。针对早期旅游开发品质不够高，居民参与度低、文化渗入不够等问题，在其发展上做更加科学合理的规划和项目开发，从基础设施、公共服务、人文民俗、产业发展、文化遗产等方面进行改造升级，建立市场管理机制。项目打造上不断适应社会进步，满足游客需求，从过去相对单一的旅游项目扩展到如今多元化综合开发。在田园基础上融入更多元素和更多体验项目，增加市场竞争力。

江宁区的乡村旅游通过四个阶段进行总体规划发展，江宁区乡村旅游因地制宜，科学规划，不断完善，不仅从环境上改变了乡村居住环境，而且从文化上做好传承和发扬，对当地经济有着很好的促进作用。

（三）江宁区乡村文化旅游四大类型

江宁区的乡村旅游发展过程中因地制宜，不断调整，大体可以分为以下四种类型。

1. 古建遗址依托型

江宁区拥有大量古建筑遗址，在乡村旅游开发上充分利用其文化遗产，通过对古建筑的修缮和建设，增加观赏性，形成具有文化内涵的人文景观。比如佘村就因拥有潘氏住宅、潘氏宗祠等众多古迹，被誉为"金陵古风第一村"。佘村在发展旅游上利用潘氏住宅这种典型的明清建筑，作为主题旅游景点，经过开发建设，采用古典园林式风格，向游客展示王氏家族千百年来的事迹，让游客更详尽了解到这个东晋时期的名门望族。

2. 产业文化依托型

产品文化主要依靠具有乡村特色的产品进行宣传，以此为亮点吸引游客观光消费。比如黄龙岘茶文化村通过茶园、茶叶等一系列具有文化内涵的产业进行开发，在建设过程中深入挖掘茶文化传承和与茶相关故事，让游客不仅能够欣赏美丽茶园，品尝茶韵，还能学习茶文化相关知识。

3. 田园文化依托型

江宁区附近交通便利，为城市居民提供了很好的周边旅游环境。田园文化依托型主要以乡村自然田园风光为主，在此基础上增加乡村体验活动，为游客提供观赏休闲之地。比如江宁中前村的百亩香樟大树园、香草小镇大塘金薰衣草庄园等逐步被打造成旅游田园旅游胜地。

4. 民俗文化创新型

除了自然景观，江宁区比较突出就是其丰富的人文民俗，在传统民俗文化中打造独一无二的旅游景点。比如江宁区曹村的非物质文化项目高台狮子舞，作为传统表演艺术进行开发，既是对非遗的一种保护，也是让游客体验观赏的有效途径。

这四种类型代表了江宁现阶段乡村文化旅游发展的典型类型，是江宁区因地制宜开展更为精准的差异化的营建与发展的探索。

（四）江宁区乡村文化旅游空间演变路径及特点

江宁区乡村文化旅游以传统民俗、非遗文化、古建筑等为载体的乡村文化旅游开发，通过对乡村旅游的重新空间构建，形成特色空间文化营造和文化空间聚集，以旅游推动文化的传承，让传统文化民俗在空间上发挥更大价值，实现文化旅游的空间转换。

在农耕文明基础上形成的农耕经济作为基础"自然空间"，经过几千年的文化传承，乡村逐渐形成独具特色的人文景观，有着独特的文化魅力。在此基础上发展的农耕文化形成新的"文化旅游空间"。江宁区在近十年文化旅游产业发展上，不断因地制宜，深入挖掘当地乡村文化特色，形成具有典型代表性的农业生产空间。不仅促进了城镇化进程也升级了乡村旅游的文化产业项目。

在快速城镇化和乡村旅游不断推进下，乡村旅游从一开始的地域功能，逐渐形成农业生产空间、乡村现代化空间、田园自然空间、文化旅游空间的转变。江宁区通过打造村庄、团组和片区形成三个维度的空间层次发展。在深入挖掘文化价值上，乡村从传统文化、民俗风情、古建筑遗迹等方面提升了乡村文化的传承力，并逐渐形成现代化乡村形态，乡村旅游成为乡村文化的载体，将传统乡村文化推广出去。

乡村文化旅游通过从空间布局上与乡村景观形成相辅相成的空间分布，在空间效应上，以开发乡村旅游推动城镇化发展，实现城镇化新模式转变。江宁区经过工业产业园的开发推动城镇化进程，以乡村郊区为驱动加快城镇化进程，以乡村旅游为抓手形成新型城镇化模式。江宁区近十年来正是通过乡村旅游实现空间布局转换，加速城镇化进程。

江苏省以江宁区为代表的南京乡村旅游开发，正是通过对乡村景观的开发，对乡村文化的深入挖掘来促进南京乡村城镇化与乡村旅游开发之间的互动，实现城乡旅游一体化空间格局的演变、空间生产和空间共享。在城镇化与乡村旅游开发的影响下，乡村文化旅游出现了同质化、商业化，最终导致乡村化的不断消失，失去乡村文化旅游的最初目的，所以在关注文化旅游空间演变时需要注重乡村文化的开发力度，合理开发和利用乡村文化，维护乡村文化的特殊性和多样性，乡村文化不同于城市文化，有着自身的特点，实现城乡一体化需要互相适应和融合。

三、南通乡村旅游发展进程

南通作为江苏省交通枢纽和创新之都，在建设经济中心、花园城市的总体要求下，加快旅游业的发展转变成为重要手段，在乡村旅游上取得了不错的发展。为进一步了解南通乡村旅游发展情况，国家统计局通过南通调查队在南通进行问卷调查、实地走访、数据统计等形式对南通乡村旅游发展情况进行调查。调查数据显示，南通乡村旅游业发展是南通总体旅游业发展的重要组成部分。南通乡村旅游在提高农民收入方面有着不错的成绩，一定程度上改善了乡村的经济、文化、教育等滞后问题，但是在发展乡村旅游过程中也存在乡村特色不鲜明、发展品质不高、项目不够丰富等问题。随着时代的发展，人们的生活水平显著提高，其生活方式也随着改变，为了适应新时代的要求，南通乡村旅游同样需要适应这种变化，在政策、开发、产品升级、乡村文化等方面做进一步升级，为游客提供更加高品质的旅游消费体验。

（一）乡村旅游发展的经验借鉴

乡村旅游一般以具有乡村气息的自然景观、人文民俗、古建筑遗址、乡土人情等元素作为旅游项目开发载体，在此基础上形成一系列乡村体验，为城镇居民提供休闲娱乐的旅游景点。中国乡村旅游起步较晚，在欧美国家乡村旅游已经有一百多年的发展历史，其形态从传统农家乐、采摘体验进入多种多样的项目开发上。乡村旅游形式不仅仅在美景观光，还有乡村体验、科研教育、竞技表演、养生保健、娱乐休闲等新的乡村旅游模式。国外乡村旅游模式以及优秀的乡村旅游案例对我国乡村旅游有着一定的经验借鉴价值。为了促进城镇化发展，满足城市居民精神需求，提高乡村旅游品质升级，乡村旅游已经从单一的模式向着更加多元丰富的旅游方式发展。乡村旅游正在向生态旅游、文化旅游、健康旅游方面发展。乡村旅游将继续促进乡村经济、文化、教育、环境的可持续发展，推动新农村建设解决"三农"问题。

（二）南通乡村旅游发展整体概况

乡村旅游作为乡村振兴的重要抓手，既可以改变乡村环境和经济形态也可以提高乡村整体环境，实现乡村经济发展，为农民增收。南通在乡村旅游上不断壮大产业规模，提高产业品质，促进南通旅游发展。通过一系列即游客观光、游客参与体验、产品消费等多种元素为一体的旅游产品推动乡村旅游做产业升级，以适应市场需求，比如不顾庄等依托特色农业形成农业观光园区；桝茶、余东、余西等古镇保护和开发力度不断加大。

南通市旅游局公布的最新统计数据显示，仅2016年，南通全市建成了全国休闲农业与乡村旅游示范县1个、示范点3个、全国特色景观旅游民村镇4个、全国农业旅游示范点2个、省级乡村旅游点54家，其中四星级17家，还有近250家的特色各异、业态丰富的田园农庄、观光农场、养生度假区、农家乐、休闲农庄、采摘篱园等。截至2016年末，南通市拥有乡村旅游经营农户达3470户，乡村旅游从业人员3.26万人。从事乡村旅游的农村居民人均年收入达22546元，增长13.6%。乡村旅游经济富民增收效益明显，有效带动了农村就业和农村生态环境改善。

（三）当前南通乡村旅游发展成效和不足

1. 乡村旅游促进富民增收

南通乡村旅游经过多年发展，以前家庭主要收入来源是农业种植，乡村旅游业发展之后，据调查，南通乡村旅游带动家庭收入实现增收，全年接待游客量持续稳固上升，为当地农户提供了不少就业机会，乡村旅游业带动当地农产品销售。以启东大兴主题水果小镇为例，仅清明节就接待旅游人数三千多人，带动当地优质品牌水果向全国销售，品牌梨一度达到供不应求的盛况。经营者普遍反映农产品销量很好，为家庭带来稳定的收入，家庭年收入增加了一万多元，为家庭实现了经济增收。

2. 乡村旅游发展仍以自发式及分散式经营为主

乡村旅游虽然带来了一定的经济效益，但是在实际发展中还是遇到了各种问题，南通乡村旅游存在急需解决的问题。调查数据表明南通乡村旅游存在发展规模较小的问题，导致这一问题的原因是投资资金不足，对市场定位比较低端。经营主体以小农户、个体户为主，缺乏稳定合理的分配，不能形成规模。而景区景点也比较分散，不能形成一定的规模，因为其定位低端、功能不够齐全，没有多种体验模式导致不能满足游客日益增长的旅游体验和需求。乡村旅游需要做更多市场调查，加大资金投入，在建设乡村旅游项目时注重整体性，形成稳固的农产品市场销售方式，集中整合农户和个体，形成品牌特色。

3. 乡村旅游特色不够鲜明

乡村旅游注重的就是乡土特点，南通乡村旅游开发形式比较单一，很多地区都在同一主题上进行开发，导致同质化现象严重。南通大部分乡村旅游主题都是生态农业，据调查生态农业的开发达到了73.8%，乡村旅游项目大部分停留在餐饮住宿、果蔬种植采摘、花卉欣赏等比较单一的层面，这种旅游项目全国各地比比皆是，不能形成鲜明的特色旅游模式，加上旅游景点较少，基本上都是一日游，不能形成很好的旅游产业结构和乡村旅游产业链，严重制约乡村旅游的发展。

4. 乡村旅游管理方面较为不足

乡村旅游的后续发展主要依靠科学有序的管理，南通乡村旅游在管理上普遍存在不足，其主要原因是没有科学的管理和规划，旅游涉及的农业、国土、市场监管、环保、消防等多个相关部门不能很好地参与进来，加上管理人才的缺失最终导致其管理方面的不足。南通乡村旅游管理方面的不足将导致其乡村旅游发展脚步缓慢，不能很快收益、产业转型存在困难，以及不能给游客提供很好的服务体验。

（四）进一步加快南通乡村旅游发展的建议

1. 充分发挥政府引导作用

我国乡村旅游的开发中，政府占有主导地位，南通乡村旅游存在的问题中有一部分原因是政府参与引导不足，导致乡村旅游在规划上缺乏合理性和科学性，这些都严重制约着乡村旅游的发展速度。政府需要引导乡村旅游先进性合理规划，整体布局，然后再进行资源开发，在资源开发过程中除了注重生态保护还要注重其市场价值，鼓励乡村居民积极参与进来。政府在规划开发上需要对地区进行深入调查，突出其地域文化特征，挖掘其文化内涵，做到生态旅游和人文民俗统一起来，形成地方特色。在旅游农产品上也需要按照市场规定严格把控。对乡村旅游政府一定要发挥最大优势，引导其更好地开发，同时给予政策上的支持，优化当地旅游路线，鼓励媒体参与宣传，进一步扩大乡村旅游的影响力和带动性。

2. 进一步突破部门政策瓶颈

政府引导乡村旅游发展离不开政策的支持。要解决乡村旅游中景点分散，不能形成规模问题，需要形成统一的领导，需要政府部门进行协作，制定行之有效的管理体制。通过强化制度，推动其资源整合，统筹宣传，加快城乡一体化进程。积极借鉴全国其他乡村旅游成功经验，研究支持乡村旅游新政策的实施细则，减少办证手续时间，进一步提高工作效率。建议市场监管、国土规划、消防、环保等相关部门参与进来，取消不必要的审批手续，加强市场监督体制。

3. 加强乡村旅游配套服务设施建设

乡村旅游的有序推进需要多方位支持，旅游业相关产业链条也需要不断完善，在交通、通信、网络、公共服务等基础设施设备都需要加强建设。加大乡村旅游基础设施设备投入，增加道路、餐饮等基础设施设备的建设，在完善游客服务中心、生态停车场、公共厕所、引导标识、消费设备等基础设施上不断完善，进一步提高旅游体验感。

4. 提升乡村旅游整体管理服务水平

乡村旅游发展需要完善的管理制度，如此才能进入可持续发展轨道，实现其有序发展目标。乡村旅游除了需要提高整体服务水平，加强卫生监管方面还要有污水垃圾处理、员工服务意识、产品创新设计等方面的管理制度。在提升乡村旅游整体水平上除了加强管理还需要注重培养管理所需的人才。乡村旅游的服务对象是人，其管理者同样是高素质旅游专业人才，通过对乡村旅游进行合理规划和管理，促进乡村旅游向着更高层次发展。

第三章 乡村振兴战略下江苏乡村旅游动力机制

乡村振兴是党和国家为加了快城镇化进程，实现全体人民共同富裕所制定的战略方针。中国经过过去几十年的发展，工业化进程拉开了城乡之间的差距，城乡发展不平衡成为我国经济社会存在的突出矛盾，在新时代，面临第二个百年奋斗目标，乡村振兴战略应运而生。乡村旅游是实现乡村振兴战略目标的重大举措，乡村旅游旨在通过发展乡村旅游带动当地乡村经济发展，形成以突出当地文化特色的旅游新方式。发展文化旅游就应该突出当地的文化特色，在旅游评估和指标上完善其制度，建立有效的动力机制，以应对乡村旅游的产业升级。

第一节 核心动力

一、相关概述

（一）旅游动力机制综述

1. 国外研究综述

旅游发展不是单一的项目而是作为一项系统工程，其中涉及经济、社会和文化以及政策发展、旅游资源、消费趋势、旅游产品等方面的因素。随着经济的发展旅游所涵盖的范围也相应产生变化。从旅游发展动力机制角度进行研究有利于发现旅游业未来的发展趋势，了解旅游行业功能以及旅游过程中对问题的归纳和总结。

关于旅游动力机制的研究，国外旅游动力机制的研究于20世纪70年代开始对旅游功能做系统性研究，其中包括旅游系统的概念确认、旅游系统的组成部分以及旅游各环节之间的相互关系研究。到了20世纪80年代，国外随着研究的深入，旅游系统概念被正式提出，其中 Myriam Jansen Verbeke 认为旅游系统由城市广告商、旅游者、旅游资源和开发商组成。而学者 Leiper 构建了旅游系统模型，Leiper 提出旅游是一个由旅游者、客源地、交通线路、目的地、旅游产业在空间和功能上相互交错构成的系统。Gimn 的研究则强调了旅游业的功能性，并开始注意旅游过程中的供需平衡，也就是政府、社区、工商业、自然、文化、金融、产品等因素对于旅游产业发展的影响。

20世纪90年代以来，国外学者对旅游动力机制的研究已经逐渐成熟，开始由功能性向着生态环境方面转变，对于旅游资源和生态环境的保护。Edward Inskeep 和 Douglas Pearce 提出注重自然的和谐统一，Leiter 提出人的需求对于旅游资源的推动作用。韩国学者 Tae Gyou Ko 通过研究构建了可持续发展的评价系统模型，旅游业开始更加关注生态系统发展。通过政治、经济、文化、服务等方面进行评估，确定可持续发展方向。旅游研究开始更具专业化和细分研究，Maurice Roche 注重对会展、城市形象等大型旅游吸引物作为研究对象进行深入研究；以 Jonathan Wager 为代表的学者则对旅游业的管理、规划和协调对旅游系统的推动作用进行深入研究，发现旅游业的动力机制；Maurice Roche 等对大型事件、会展以及城市形象等无形旅游吸引物进行了研究；Jonathan Wager 等研究了旅游管理、规划、协调对旅游系统的发展推动作用。

2. 国内研究综述

我国旅游业受到经济发展的影响，对于旅游动力机制的研究起步要晚于国外发达国家，直到20世纪80年代，国内学者开始把旅游作为一个系统来研究，并开始注重旅游业规则划分。郭来喜是最早把旅游作为一个系统来研究的国内学者，郭来喜对旅游业的规划问题进行了系统归纳，通过归纳和研究他提出旅游市场需求问题，指出旅游业需要打造主题优势以适应市场化需求。20世纪90年代后期，我国学者开始进一步研究旅游系统，而对旅游动力机制的研究开始投入更多研究。彭华开对旅游动力机制进行了创性地研究，并提出旅游发展动力机制的模型，对旅游消费品、旅游产品、旅游开发之间的关系进行分析。张立生在行政区域旅游发展特殊性的框架下，研究了行政区域旅游发展的动力机制。陈德广对城市居民的出游特征进行分类，在此基础上研究了城市居民社会经济特征与出游类型之间的关系，并指出旅游发展驱动模型中的缺陷，同时提出旅游发展的微观驱动模型。

随着我国城市化进程的加速，城市旅游的研究逐渐成为研究热点。彭华、冯进松、代媛媛和梁晓冬分别对汕头市、桂林市、郑州市的城市旅游进行了研究，提出城市主题旅游项目对城市旅游的推动作用。在研究中学者发现中国的旅游城市各具特征，在城市旅游发展中需要因地制宜，在自然环境和人文历史方面进行统一协调发展，形成具有辨识度，有别于其他城市的旅游产业。王旭科以泰安市为例分析探讨了城市旅游发展的体制驱动模式、形象动力模式、市场动力模式和社会动力模式。20世纪90年代之后随着旅游业的发展其研究开始步入生态环境与经济的有机结合发展方向。

城市化进程推动中国经济发展的同时也拉开了城乡之间的差距，随着乡村旅游在全国不断推进，乡村旅游动力机制研究也在展开。乡村旅游是以乡村为空间，在这个空间上做旅游规划，以居民、现存田园风景、人文、产品等为特色的乡村旅游形式。王娜和鲁峰分别从宏观、中观和微观三个层次探讨了乡村旅游发展的动力机制问题。潘顺安则提出乡村旅游动力机制是由系统需求决定。孟娇娇则从政府政策、经济收入、游客心理、休闲时间等方面进行分析乡村旅游产生的动力机制。刘涛和徐福英认为乡村旅游需要市场拉动、政府助推和居民参与等方面来实现为农民增收的目的。凌云、保继刚等学者对景区型旅游地之间的竞争分别进行影响因素的空间分析，李蕾蕾从认知学的角度提出了区域旅游形象设计的理论框架以提升竞争力。

国内对区域旅游动力机制的研究前期主要集中在区域旅游竞争力的研究方面，后期开始关注更多旅游因素的影响，提出了"内生动力"和"外生动力"的概念。曹艳英和李凤霞以自组织系统为理论依据，提出了区域旅游产业通过在自身内部塑造发展的动力机制，面向外部环境营造支持促进机制，通过内外因素集整合耦合机制才能获得旅游业的优化调整。陈佳平运用地理学、区域经济学理论分析了宏观和微观层面的区域旅游合作的动力机制。

（一）旅游动力机制

动力机制是事物运动发展过程中产生的原理和过程。旅游动力机制研究主要为了明确旅游发展过程中的因素影响和发展方向。动力机制用来揭示推动事物发展的动力因素和相关因素的影响力和联系，是推动事物发展的原动力。对动力机制的研究需要明确主题和研究对象，以及研究对象相关联的事物影响因素。完善动力机制需要具有自身的规律和可持续发展目标。旅游动力机制正是为了明确旅游这一系统项目的发展内在动力，以及发展旅游的影响因素，旅游业涉及政策、经济、文化、市场、产品等多种因素，对旅游动力机制的研究有利于人们理解旅游业的发展规律，促进旅游业稳固发展。

（二）乡村旅游发展动力系统

乡村旅游作为旅游业的一个分支，其发展规律既遵循一般旅游业的发展方向和制约因素,也具有自身的独特性质。对于旅游动力机制的研究应该涵盖乡村旅游的动力系统研究。乡村旅游的发展不像城市旅游这般迅速,关于乡村旅游的研究文献也相对较少,其研究在近几年开始进入正轨。我国乡村旅游的游客主要是城市居民,旅游开发需要政府主导,融入资金进行因地制宜的开发模式,在乡村旅游发展过程中涉及居民参与、环境保护、农产品销售、交通设施,大众服务等相关产业,其发展动力受这些因素的影响,研究乡村旅游发展动力系统有助于了解乡村旅游发展方向,明确乡村旅游制约因素,从而解决乡村旅游在发展过程中遇到的问题,确保乡村旅游发展顺利。

1. 需求与供给是推动乡村旅游发展的基本动力

乡村旅游是市场经济的产物,在促进乡村经济发展的过程中起着至关重要的作用。乡村旅游所包含的食住行游,消费娱乐等因素都将决定乡村旅游的发展步伐。在需求和供给上需要全面协调发展,形成旅游产业链。乡村旅游需要满足城镇居民回归自然的精神需求,在政府支持和市场的推动下开发乡村旅游产品,为旅游市场提供产品,并最终获得经济利益。

2. 乡村旅游动力系统的特征

乡村旅游的特点是乡村性质的旅游方式保留其古朴自然的自然人文景观,在与市场经济相结合的道路上增加更多关联性产品。乡村旅游在发展的过程中不仅需要保持自身的鲜明特性还要不断适应外部环境的变化,形成可持续发展战略思想。

(1)复杂性

乡村旅游因为内部结构复杂,涉及因素众多而具有一定的复杂性。乡村旅游动力系统由旅游需求、资源供给、政府支持以及旅游相关行业的共同构成。每个系统都由众多因素组成,每个因素又有着各自的特征,由众多因素共同构成形成最终的整体系统。乡村旅游动力系统中众多因素的参与,也有着众多利益相关者,在不同政策社会环境、市场经济和地域限制等因素的影响下乡村旅游呈现复杂多样的特征。宏观环境将影响整个动力系统。

（2）适应性

乡村旅游中存在多个系统的参与，在发展过程中各种利益关系并不是一成不变的，而是受到外部环境和内在管理机制的影响而产生变化。乡村旅游从最初单一的旅游形式到如今多样化项目开发，从生态建设到景物与人文的结合，从乡村田园到主题项目建设，乡村旅游在发展的过程中不断适应外部环境的变化，加上自身不断完善，最终成为一种稳定的利益联合机制。

（3）非线性

乡村旅游的动力机制由多种动力因素构成，这就决定了乡村旅游在发展过程中每个因素所起到的作用，这些影响其发展的因素既有积极的作用，有些也有着一定的制约作用，如何整合好各个动力因素的影响，形成具有推动作用的动力机制，需要不断地调整和改变，既要适应外部环境也需要在内部做积极调整，以适应更加多变的市场环境需求。乡村旅游在发展过程中并不是呈线性发展的，而是各种动力因素相互影响相互作用最终达到一定的平衡，促进整体发展，这种规律具有自主特征，带有非线性的变化规律。

（4）反馈性

随着社会经济的发展和时代的变化，乡村旅游在发展过程中动力系统得以实践并取得一定的成绩，而从这些发展过程和发展规律中存在着对于动力系统的反馈，这些反馈既有正面的也有负面的作用，最终都是对动力系统的有效论证，从这些反馈中可以看到乡村旅游的发展成果以及急需解决的问题。政府对于乡村旅游的支持和引导将会在后续发展中陆续体验，其规划是否合理，发展是否顺利都跟前期的规划有着巨大的影响。在乡村旅游发展中以生态环境、合理规划、产品创新等为主体的动力系统将会在后续发展中陆续受到反馈，其生态保护是否到位，能否满足旅游市场需求，旅游产品能否达到游客要求，形成品牌都是对于前期投入的反馈，从这些反馈中可以看到动力因素的影响比例，是否需要改动哪些因素能够起到重要作用，哪些环节需要进行完善。因此，乡村旅游发展动力系统中各利益相关者根据外界环境的变化调整自己的发展策略，以推动整个系统的不断向前发展。

3.乡村旅游发展动力系统的功能

乡村旅游动力发展具有统筹和规划作用，有助于理解乡村旅游发展规律，这是一个复杂的系统，在发展过程中受到外部环境和内部机制的影响。乡村旅游发展中动力系统的具体功能主要体现在以下四个方面：

（1）有助于促进乡村旅游发展的合力形成

乡村旅游发展动力系统由众多的动力因素所构成，在外界环境发生变化时，不同的因素所起到的作用在大小和方向上各不相同，有些动力因素起到积极的作用，利于乡村旅游的发展；有些动力因素起到消极的作用，不利于乡村旅游的发展。因此，构建乡村旅游发展动力系统，有助于对整个系统中的动力因素进行整合形成合力，推动乡村旅游向前发展。

（2）有助于乡村旅游的可持续发展

乡村旅游的发展需要实现可持续发展目的，乡村旅游的发展受到外界政治、经济、社会、人口等宏观因素的影响，当外部环境发生变化时，需要促进其保持可持续化发展，需要构建完善的乡村旅游动力系统，形成有效的发展机制。乡村旅游动力系统将会在可持续发展中发挥作用。

（3）有助于促进乡村旅游的优化升级

乡村旅游作为实现乡村振兴的一种方式，具有提高乡村经济效益、带动乡村环境、产品销售、文化传承的作用，乡村旅游的发展不是单一的行业发展，而是需要不断适应市场环境，发展具有竞争力的优势品牌。乡村旅游在产业优化升级上需要关注乡村旅游行业的发展方向，为适应游客旅游需求制定合理的发展方案，满足乡村旅游系统中各利益相关者的利益诉求。

二、乡村旅游的驱动力

（一）经济发达度驱动

乡村旅游发展中最为核心的内容就是发展区域经济，提升乡村经济整体发展。中国经济近二十年发展迅猛，随着社会的进步、生产力的不断提高，人们已经从基本衣食住行需求升级为对旅游、文化、教育等高层次精神需求上。乡村旅游具有投资小、收益大、符合市场需求等优势而受到开发者的青睐，也成为政府提升当地乡村经济的重要手段。促进区域经济发展成为乡村旅游的驱动力，大力发展和提升乡村旅游，有利于带动农民脱贫致富，推动农业产业结构调整，反过来又有利于推动乡村旅游的发展。

（二）交通便捷度驱动

乡村旅游不仅对当地区域经济有着促进作用，旅游涉及的交通、餐饮、居住也有着提升作用。特别是交通是乡村旅游便捷化的基本要求，是乡村旅游基础设施的建设项目。随着乡村旅游的开发建设，交通打开通往乡村的路径。随着交通设施设备的建立闭塞的乡村开始迎来更加开放的经济发展，随之而来的还有城镇化积极的思想文化影响，乡村旅游不仅能够吸引更多城镇居民前来消费，让当地农产品通过便捷的交通销往外地，为乡村居民增收，还能促进乡村教育文化的建设，在促进城乡一体化上有着积极的推动作用。改善乡村交通服务有助于完成"打通最后一公里"的政策目标，实现乡村经济的发展。在科学规划乡村地区旅游交通，改善交通基础设施设备上，乡村旅游有着很好的促进作用。

（三）环境舒适度驱动

乡村生态环境建设是近几年乡村旅游可持续发展的工作重点，在乡村旅游发展规划上各地乡村需要因地制宜，合理开发，特别是在2016年颁布的《"十三五"旅游业发展规划》全面提出旅游业发展的理念、行为与机制。乡村旅游在发展过程中在考虑经济效益的同时也不要忽略生态环境的和谐发展，只有实现生态环境有序开发，环境治理管理优化，打造人与自然可持续发展战略才能真正实现长治久安的旅游发展状态。

三、乡村旅游发展动力系统的优化

（一）企业方面的优化措施

我国的经济发展是建立在中国特色社会主义制度下的，中国未来的发展实施中国特色现代化发展进程，在经济发展过程中企业作为主体参与者，在经济流通、社会生产、科学技术进步等方面都有着至关重要的推动作用。企业作为经济社会的主体参与者和执行者，在乡村旅游投资上同样少不了企业的参与。企业作为乡村旅游开发资金投入的主体部分，需要合理规划开发，在开发的同时需要保持资金链的流通，保障旅游开发能够顺利投入。正确处理经济效益、环境服务、社会效益之间的关系，建设符合市场需求、社会需求旅游产业。在乡村旅游管理中需要吸纳优秀管理人才，同时对服务人员进行系统全面的培训，提升他们的服务意识和专业技能，确保乡村旅游可持续化发展。

企业除了在开发和管理上做好工作之外，还需要树立正面的企业品牌形象，在不断满足游客多元化需求的同时，乡村旅游的发展同样需要企业品牌形象的助推。乡村旅游发展动力系统优化，需要实行以产品创新为核心的市场化经营和管理思路。企业在投资开发规划过程中需要保证乡村旅游的乡村性质，在此基础上融入优秀的商业化经营管理模式，企业作为乡村旅游优化配置，不论是从市场经济角度还是社会角度都是乡村旅游产业的发展支柱，而乡村旅游的发展又反过来提升企业的品牌形象，为企业带来经济社会效益。

(二) 乡村方面的优化措施

乡村旅游是依托在乡村特色的自然风景、人文民俗、乡村产品上的乡村产业。乡村旅游不同于城市旅游，乡村旅游在资源开发中有着天然的优势和地域的制约因素，因此在发展过程中需要不断根据外部环境建立动力优化体系，积极主动根据市场需求进行自身调整，满足游客对旅游的精神需求。

乡村旅游在开发过程中需要保持其乡村发展特性，在可持续发展基础上进行开发建设。乡村旅游发展动力系统需要不断调整和提升，以适应复杂多变的环境和内在因素。在乡村旅游开发中开发者需要协调环境与经济之间的平衡，做到既生态环保又能够创造经济效益。乡村旅游在管理和服务上也需要不断优化升级，提升其服务体系，激发乡村居民本土意识，鼓励他们积极参与乡村建设事业，确保产业链的本土化，让经营者与乡村居民共同成长，最后实现乡村旅游的共生化。

(三) 政府方面的优化措施

乡村旅游发展需要当地政府主导，当地政府需要参与当地旅游管理规划工作，政府需要根据市场经济需求，制定科学发展规划方案，并用法律来规范市场规律，完善市场管理工作。政府给予政策上的便利，加快乡村旅游进程。

政府需要投入更多的资金来改善乡村旅游设施状况，加强人才培训工作，真正为乡村旅游的发展提供政策、资金、人才以及技术等多方面的支持。政府还应该对乡村旅游加强专家队伍建设工作，让乡村旅游有一个科学规划作为指导，有利于大大提高乡村旅游的实际效率。此外，政府还应该搭建一个乡村旅游目的地营销平台，强化市场监管和宏观调控工作，加快乡村旅游优化转型。

第二节　内生动力系统

乡村旅游的驱动机制研究揭示了乡村旅游动力系统中各个组成部分的特征和相互之间的作用过程及方式，还有助于探索推动乡村旅游发展的动力学原理。旅游业发展已经进入成熟阶段，各项驱动机制研究也有着坚实的理论依据和行动实践。在城市旅游发展中以区域为主体，结合市场经济、政治文化和国际形势相互联系，相互影响形成具有自身优势，有别于其他城市旅游的特色旅游方式。乡村旅游是城市化旅游的延续，两者之间有一定的相似性，那就是需要结合区域特征和经济文化因素的影响，但是乡村旅游与城市旅游有着明显的区别，乡村旅游主体的乡村性，在区域上乡村旅游项目比较分散，不能很好地形成规模，所以很多乡村旅游项目显得单一而缺乏区域联合，加上交通基础设施的制约，很难形成区域旅游景区。

乡村旅游与城市旅游存在很多不同，最核心的是其驱动机制不同。驱动机制决定了乡村旅游的发展优势和制约特征。乡村旅游发展动力包含内外两个方面的系统，内在主要是促进乡村旅游的内在因素，比如管理、规划、资金投入等因素。而外在因素是相对于内在因素而言，外在因素主要是外部环境的影响，比如市场经济、国家政策等外在的因素。

外在因素的影响很难消除，只能顺势而为，内在因素的发生则可以通过调整和规划进行改变，可以通过改善、修整、建设等方式消除影响，促进乡村旅游正向发展。内生动力主要有四个方面：第一是乡村旅游的内在驱动力。乡村地区经济相对滞后，政府在引导乡村旅游上需要根据乡村特性进行规划，通过鼓励居民参与、引进资金、优化管理等方式进行推动，乡村旅游发展不会像城市旅游发展这么迅速，在发展过程中不会是直线上升，而是螺旋式上升趋势，需要较长的时间才会看到收益。第二是乡村资源和条件的助力。乡村环境有着天然的优势,有着城镇居民向往的自然古朴风情,独特的风土人情和丰富的地方旅游产品同样为乡村旅游发展提供了开发主题,这些都是吸引游客前来旅游的很好助力。第三是乡村旅游的学习能力。乡村因为地域闭塞村民受教育程度普遍比较低,在交通建设和建设新农村大背景下更多价值观冲击村民的思想意识,也为教育学习带来良好契机。乡村旅游在建设上有利于提升村民整体素质。第四就是乡村的创造力。乡村具有原始农耕民族勤劳勇敢的特质,在淳朴自然的品质之下是一群热爱生活不断创造的人群。乡村旅游是为了提升经济,在管理和规划上延续新时代的管理模式,并不断进行完善和创新,为了满足市场需要不断调整和推广,这些都极大激发乡村的整体创造性。

一、乡村旅游需求系统

需求是旅游的主体要求,也是乡村旅游中必不可少的一环,在乡村旅游经营和管理上需要考虑消费者需求,旅游业不仅仅是一项产业,而是旅游业带动周边交通、住宿、餐饮、产品等一系列行业的综合体系。社会经济发展促进精神需求不断增强,人们拥有更多经济收入可以用于旅游休闲,满足衣食住行以外的精神需求。乡村旅游在规划上同样需要考虑游客的需求,根据市场需求合理开发,由此构成乡村旅游的需求系统,而在实际运用中乡村旅游需求系统各部分的动力因子也有所不同。

(一)城市居民对乡村旅游的客观需求

城市化进程导致乡村人才大量涌入城市,经济化带来的环境困扰和精神压力促进城市居民通过乡村旅游缓解压力,利用闲暇放松休闲,享受生活。自工业革命以后,人类对于自然的掌控力越来越大,随着一座座城市建筑的不断扩大,工业化进程不断加快,环境污染、人口密集问题随之而来。很多西方发达国家已经完成城市化进程,城市人口超过80%,随之而来的是乡村经济的凋零和衰败，城乡之间贫富差距巨大造成亟待解决的社会矛盾。加上城市环境因为工业污染、汽车尾气、废水垃圾等遭到严重污染，环境污染成为世界性问题。

据有关资料，仅1999年，人类向大气层中排放的硫氧化物、氮氧化物、悬浮颗粒和一氧化碳总计达4亿多吨。占世界城市人口的近一半的居民生活在二氧化硫浓度只能为人类勉强接受或难以接受的大气中。60%左右的城市人口生活在烟雾和灰尘等悬浮颗粒物浓度超过排放标准的环境中。许多国家城市空气中一氧化碳的浓度超过了世界卫生组织确定的排放标准。

中国的环境污染情况同样非常严重，根据国家环保总局2005年发布的中国环境状况报告，2005年全国二氧化硫排放量为2549.3万吨，烟尘排放量为1182.5万吨，工业粉尘排放量为911.2万吨。在113个国家环保重点城市中，只有海口、北海两个城市空气质量为一级，占环保重点城市总数的1.8%；空气质量为二级的城市占40.7%，空气质量为三级的城市占51.3%，还有6.2%的城市空气质量劣于三级。在全国开展监测酸雨的城市中，有51.3%的城市出现了酸雨。

除了环境污染，还有城市噪声污染，城市污染严重造成人们对于绿色生态环境的向往。加上经济发展的巨大压力也让人们更期待有一个自然舒适的原生态旅游景区。乡村旅游作为城市旅游的补充，作为缩小城乡差距的有力举措在西方国家早已实施了几十年，且发展模式不断更新，如今已经形成具有多元化，可以满足市场化需求的旅游产业。我国乡村旅游起步较晚，但是其发展之势同样迅猛，乡村旅游满足了城市居民对于自然生态体验的需求。

（二）城市居民对乡村旅游的主观需求

环境问题、城市工业单调问题导致城市居民向往乡村自然环境是对乡村旅游的客观需求，从主观上乡村旅游满足了人们更高层次的情感需求，是对美好生活的向往。城市生活为居民提供了更好的生活条件，在经济收入提高的同时享受更加便利的医疗、教育、服务条件，对衣食住行有着更高规格的要求。丰富的物质生活和便利的交通环境让大量农村居民涌入城市生活，工业化带来的钢筋水泥堆砌和千篇一律的同质化产品，经济效益加快极大压缩了人们的休闲时间，在一切以效率为主，充满竞争力的城市除了噪声、环境污染等客观因素影响，人们感受到了巨大的精神压力单调乏味的娱乐方式。

我国是农业大国，农耕文明遍布祖国大江南北，我们的文化基因里不论是勤劳勇敢，还是人定胜天的勇气都是起源于讲究人与自然和谐共处的农耕问题，中国人对于乡村有着天然的亲近，加上很多城市居民原始生活背景就在乡村，他们在乡村长大，那里纯净的蓝天白云、淳朴的童年生活、秋收冬藏的自然规律都深深留在他们的心底，成为美好的回忆。乡村优美的自然风景，绿色农产品、优秀的传统文化、独特的民俗技术对饱受精神压力的城市居民有着巨大的吸引力。

对于乡村自然风景和淳朴风情的向往是城市居民休闲度假、放松身心的内在需求。乡村旅游大都位于城市周边乡村，乡村旅游开发上以乡村特色为依托通过对市场需求的调查，建设更多符合城市居民精神需求的乡村体验项目，满足人们的旅游需求。乡村旅游中的采摘、垂钓、捕鱼、潜水、登山、探险、漂流、骑马等活动不仅满足游客对于乡村的体验还具有一定的挑战性，充分满足人们的猎奇心理，乡村旅游在于放松和乐趣，这些项目有别于工作，有助于游客放松身心，缓解紧张和疲惫心理。

乡村旅游为了满足越来越高的内在需求，其开发模式也在不断调整和创新，从过去单一采摘田园模式逐渐升华为更具规模和整体的旅游模式，比如为了满足现代人对于健康需求而建设的养生健身项目，为了增长知识，提高见识而设立的教育研学乡村基地，还有为了传承和发扬传统文化民俗而开发的特色旅游小镇，打造非遗文化表演项目等都是根据游客需求而建立的创新项目。

乡村旅游因地制宜，中国土地广袤，乡村地理环境复杂，既有风景优美的山林地带也有江河纵横的湖泊地区还有高山峻岭、广袤的沙漠地带等不同的自然风光，根据不同地区的乡村特色需要结合自身优势进行生态开发，在满足市场需求下做到最大程度的开发举措，与此同时不断完善基础设施设备，给游客提供更加专业的服务，满足游客内在需求。

（三）科技进步和经济发展水平的提高使人们有能力实现旅游需求

人类思想和生活方式随着经济和科技的进步而不断改变。从过去人们对衣食住行的追求到如今精神文化高层次的追求不过短短几十年。马斯洛曾提出人的需求分为生理的需要、安全的需要、社交的需要、尊重的需要、自我实现的需要五个层次。其中生理需求和安全需求是人类生存的最基础需求，在满足了基础需求之后人类开始有目的地追求更高层次的需求，旅游业的发展正是为了满足人类更高层次的精神需求。

工业化进程促进经济快速增长，人们的生活也随之发生巨大变化，当人们收入水平达到一定程度之后开始追求更高层次的娱乐休闲活动，对于自身有着更加明确的目标。美国一项研究表明当家庭用于购买食物所花费的资金开始占比减少时就代表着人们的生活水平显著提高。因为只有满足了衣食住行基本需求之后还有资金富余人们才会追求精神享受。旅游正是人们工作之余放松身心的一个选择，是人们在解决了温饱之后对于自然景物、人文知识的精神诉求。

国外旅游业因更早进入工业化进程早在19世纪80年代就开始盛行，我国旅游业发展起步较晚，直到20世纪70年代才开始发展起来，改革开放加快中国经济和科技的发展步伐，受到国外文化的影响，中国在解决了温饱问题之后开始利用闲暇到外面进行旅游活动。改革开放解决了人们的温饱问题，随着经济的发展人们可用的余钱越来越多，家庭开始重视教育、文化、娱乐方面的消费。为了促进旅游业消费除了双休制度外，1999年10月1日起，我国又开始实行"五一""十一"黄金周休假制度，加上其他的法定节假日，在单位工作的城市居民每年有134天的休闲时间。收入的增加加上空余时间的增多，越来越多的居民开始进行外出旅游。我国人口基数巨大，旅游人数与日俱增下中国旅游行业发展势头迅猛。中国旅游行业需求急剧增加，而因为旅游带动交通基础建设、产品销售、运输、医疗、安全等相关产业链的发展，最终形成规模庞大的旅游行业。20世纪90年代末，也正是我国人均国内生产总值跨越800美元关口的时期，城市居民的现实旅游需求不断释放出来，到1999年10月开始的第一个国庆节黄金周时，国人的旅游需求得到了一次大释放，全国各地的旅游景区景点上都是人山人海，旅游基础设施和旅游供给方面存在的问题和不足也充分地暴露出来，因而，有人称其井喷式的国内旅游大爆发。

中国的乡村旅游起步于20世纪80年代末，在20世纪90年代中期以后，随着国内大众旅游时代的到来而蓬勃发展起来。改革开放以来的经济快速发展和城市居民收入水平的提高，以及休闲时间的增长，促进了城市居民的乡村旅游市场需求的增长。我国大众旅游时代开始的时期与乡村旅游大发展的时期是一致的，乡村旅游是大众旅游时代的产物。

（四）城市居民的乡村旅游需求特点

旅游业因需求而生，在经济快速化和需求不断增长要求下旅游业不断改进和优化，最终形成完整的第三产业结构链，为全国经济总收入提供更多数据，解决了当地就业、经济增收、产品销售、餐饮等一系列问题。旅游作为一种娱乐消费体验，符合市场化需求，在管理规划上需要做综合调查，如此才能更好地服务于游客，给游客提供更加全面的服务体验。乡村旅游在开发规划上需要紧抓城市居民旅游需求，不论是从客观还是内在需求都应该满足，根据城市居民的乡村旅游需求意愿调查研究得出的结果却表明，城市居民期望的乡村旅游不是高消费的旅游项目，而是充满乡村自然风景和乡村生活体验的低消费可持续旅游，城市不缺乏修饰整齐、庄严肃穆的景观和建筑，在看惯了城市的井然有序和工业化产品，城市居民开始更加向往乡村古朴自然的基础设施和带有乡村特色的生活体验。以此与城市生活区别开来，达到真正的放松。除此之外，城市居民的乡村旅游需求还有如下突出的特点。

乡村性与现代性的相互统一。乡村旅游既要保证其乡土特色，也就是在自然风景和人文民俗上建设鲜明的特色化旅游景点，展示当地资源优势和地域特色，让游客有全新的体验，既能欣赏优美的田园风光，也能进行有趣的乡村体验。但是在公共卫生比如餐饮、住宿方面要求保持城市化整洁和卫生。在交通和基础设施上要求便利和实用，在服务水平上也需要做到文明礼貌，最终形成乡村性与现代化的相互统一。乡村旅游的地域性决定了其发展过程中只能依托乡村特色风景进行改造和升级，城市居民既有对乡村自然风景的向往也有城市化高标准服务体系的要求。所以需要乡村旅游在管理和规划上做到生态自然，深入挖掘当地特色，形成主题化旅游产业，在经营和管理上需要科学化管理模式，提高全体人员的服务意识和文化素养。保障基础设施完善和卫生整洁自然环境要求。

娱乐性与功利性的统一。乡村旅游既是消费娱乐性质，需要提供具有一定乐趣的项目，不论是自然风光的欣赏还是娱乐项目的开发都需要满足游客精神需求，加深其体验价值。比如在乡村采摘过程中既要保证自主动手的乐趣也要保证其经济效益，所以一般采摘园需要保证产品的新鲜健康卫生，让游客自己动手，满足游客自主体验，但是在价格上需要做调整，其采摘农产品可以带回家但是其价格要远高于市场价格，这就是娱乐性与功利性的统一。乡村旅游在很多体验项目上都需要结合娱乐与经济效益，毕竟乡村旅游的主要目的就是带来经济效益，娱乐性则是满足游客消费需求。

广泛的参与性。乡村旅游不仅仅是对自然田园风光的欣赏，还有很多乡村体验项目的建设，目的就是创造一个让游客参与进来的娱乐体验。很多文化民俗和传统体验同样借助乡村旅游进行推广和参与，比如耕地的农事体验活动，既让人们了解了农业生活过程又增加游客参与性，还有传统非遗文化表演等，既宣传了文化又让游客学习体验到了文化的魅力。

（五）乡村旅游需求的驱动力因子

乡村旅游需要从需求出发，做好足够的市场调查满足游客需求，城市居民对乡村旅游的客观需求是城市噪声污染，工业化造成环境污染，还有快节奏生活下紧张的生活状态。人们的主观需求是为了消除身心疲惫感，缓解紧张情绪，换一种环境来满足精神娱乐需求。在城市居民的需求中乡村旅游资源最吸引他们的就是其自然环境能够满足他们对于身心的需求，是主观推动下做出的消费娱乐选择。城市周边乡村旅游成为城市居民首选，特别是以家庭为单位的旅游形式在选择乡村旅游上以地理位置因素驱动游客做出选择，在周边乡村旅游中进行消费。

乡村旅游需求的驱动力是客观和主观的需求，促进居民进行乡村旅游的是驱动因子的推动作用，不管是客观还是主观因素，都将推动城市居民进行乡村旅游，满足其旅游的愿望。乡村旅游正是在为了满足城市居民休闲娱乐需求而产生的新型旅游模式。乡村旅游以城市居民为旅游主体客源，在开放需要满足城镇居民的需求，如此才能吸引更多游客前来观光旅游。在乡村旅游市场需求的推动下，乡村旅游系统将会更快发展起来，运转起来。

二、乡村旅游供给系统

（一）乡村旅游产品的主动性供给

乡村旅游产品是乡村旅游中不可缺少的一部分，以乡村旅游产品丰富乡村旅游功能性，也是促进乡村经济的一种方式。在乡村旅游过程中有根据旅游项目种类后续加上地称之为被动性产品供给，而有些乡村旅游产品则是在旅游需求的推动下，乡村居民主动开发的旅游资源，自主提供给旅游相关农产品,满足游客消费需求。中国自改革开放之后经济发展迅速的同时旅游业也随之兴起,旅游业的发展促进中国旅游市场需求得到进一步扩大。城市旅游业发展的同时城市周边郊区因为环境优美,交通便利且旅游资源开始不断被开发,逐渐形成一种新的旅游形式,乡村旅游的逐渐兴起带动乡村旅游资源的开发和农产品供给需求增长。城市周边郊区既满足乡村自然田园风光也有着便利的交通,因此最快得到发展,随着乡村旅游的深入发展更多乡村开始进行资源的整合与开发,乡村旅游产业结构也在不断地调整,以适应新的市场化需求。不论是乡村旅游还是旅游产品都将推动乡村旅游实现资源优势利用和经济转型,商品经济也将随着乡村旅游的发展而逐步转移到乡村商品上面,通过主动性供给将旅游与旅游第三产业进行结合发展,从而获取经济利益。

(二) 乡村旅游产品的被动性供给

乡村旅游产品既有主动性供给以满足乡村旅游市场需求,也有被动性供给,特别是一些远离城市的偏远乡村,这些较偏远地区由于交通不够便利,地理环境比较闭塞,经济信息都不够及时,人们生活水平处于温饱尚未得到解决或者仅解决温饱问题上。这些地区商品经济不够发达,与外界缺少联系,当地村民文化水平低,经济处于相对落后状态。这种情况之下发展的乡村旅游资源具有鲜明的特色,能够满足城市居民的旅游需求,但是在乡村旅游产品上这些偏远乡村无法主动提供乡村旅游产品的供给,一个是经济相对落后没有过多剩余产品,一个是村民文化水平低不能很好地提供旅游农产品供给,他们对于外来信息的接受度比较低,这时候就需要当地政府解决参与进来,一方面各级政府需要解决当地的贫困问题,促进当地经济的发展,积极推动乡村旅游的发展;另一方面可以借助旅游市场和机构为乡村旅游提供相关旅游产品丰富旅游资源。

(三) 旅游资源是乡村旅游供给的基础条件

乡村旅游因地制宜,每个地区拥有不同的旅游资源,这些旅游资源能够对游客产生吸引力，因而是乡村旅游供给的依托条件和基础。乡村旅游并不适合每个乡村地区，而是根据当地是否拥有鲜明的地理自然环境、是否有可以挖掘的人文民俗、能否为旅游市场提供旅游产品、能否满足旅游市场需求等方面综合考虑的。乡村旅游的主体是当地旅游资源，一个地方旅游资源越是丰富，独立性越强，其可以开发的范围也就越广，越能满足市场化需求，在旅游产品供给上也拥有更多选择，提供的产品质量也就越高。而旅游资源相对贫乏的乡村地区则因为旅游资源相对较差而缺乏旅游开发条件，不能很好地向旅游市场提供具有吸引力的旅游产品，这时候需要政府提供支持或者放弃乡村旅游开发方案，通过其他方式来加快当地经济发展。

乡村旅游具有其特殊性，除了自然和人文旅游资源之外，其他乡村相关资源能否作为旅游资源都具有很大的灵活性，在旅游资源和旅游资源上并没有严格的分界线，也许在有些地方可以作为旅游资源加以开发，有些地方又不适用，比如水田，在很多乡村水田不作为旅游资源加以开发，而有些山区梯田则成为具有鲜明特色的旅游资源，像云南哀牢山的哈尼梯田和广西龙胜的龙脊梯田，在国内外都享有盛名，被作为中国农耕文明的一大特色景观，规模之巨大让人惊叹。乡村旅游的不同之处就在于其不是一成不变的旅游开发模式，而是可以进行多种组合，不同地区拥有不同的开发模式，并没有统一的标准，而是需要因地制宜，不断创新和摸索，在旅游产品开发上同样如此，是否能够成为资源，怎样形成资源完全就是通过合理规划和情景结合来得以实现。比如江西婺源，就是将几十万亩油菜花田组成一幅壮丽的花海，初春时节漫山遍野油菜花加上特色村庄房屋点缀其中，俨然就是一幅优美的水墨画卷，吸引大批游客前来观赏。

乡村旅游资源的开发除了依靠旅游资源的丰富多样性，旅游资源的有效组合和旅游分布的整合之外，还与旅游产品的供给有关。旅游产品也是旅游资源的一种，一般情况下传统的劳作方式，传统农产品、食品和传统手工艺品都能作为旅游资源。丰富的旅游产品能够满足游客消费购物需求，在为乡村旅游增加经济效益的同时还能留住游客，加大旅游发展潜力。中国不同地区自然资源各有特点，并不是每个地方都具有天然的自然优势，有些地方没有丰富的自然资源却也能形成独具特色的旅游资源，像资源不够丰富但是单一资源面积巨大的沙漠、平原地区，完全可以发展具有地区特色的旅游景区。还有一些具有特殊风俗的偏远山寨乡村同样具有鲜明的特点，比如云南宁蒗县永宁乡，永宁乡的下落水村和瓦拉比村都是以母系制大家庭为特征的乡村，完整地保留了摩梭人的传统文化。这些都可以作为鲜明的旅游资源，通过科学合理的规范将其发展成完善的旅游资源，这些地区因其特色的自然地理特色和人文民俗对城镇居民有着巨大的吸引力。

旅游资源在乡村旅游供给中具有非常重要的地位，而且资源的丰富性和组合情况都会对乡村旅游的发展起到重要的作用，它们影响旅游供给的丰富性和旅游地的发展。因此，在乡村旅游的开发中，必须将旅游资源的保护和合理开发置于中心地位。

（四）旅游产品的个性和特色是旅游供给能否符合市场需求的关键

乡村旅游中的旅游供给具有乡村特性的产品，需要符合市场化需求，也需要具有独特的个性，当地旅游资源是乡村旅游供给的基础和依托条件。乡村旅游产品供给对乡村旅游发展具有重大影响，乡村旅游资源丰富地区有着先天的旅游产品供给优势，鲜明特殊的资源产品有着很强的独立性和辨识度，对游客有着巨大的吸引力，但是这种具有独立性的旅游资源产品毕竟不是每个乡村地区都具有的，甚至可以说只有很少一部分地区有着这种天然的优势产品。大部分地区的旅游产品需要经过设计和包装，需要结合乡村旅游的主题进行宣传和推广，因此乡村旅游产品的创新显得尤为重要。乡村旅游产品需要根据乡村旅游的自然和文化内涵进行具有创意的设计，同时也需要符合市场化需求，在产品创新中既要保证其乡村鲜明的特征也需要满足市场化需求，如此才能满足广大游客的需求，促进乡村旅游的发展。

(五) 乡村旅游供给的特点

乡村旅游产品是乡村旅游发展的一个重要环节，乡村旅游产品的供给与乡村旅游主题特征相吻合，对其发展有着促进作用，在乡村旅游供给上，与其他旅游供给相比，乡村旅游供给有着自己的特点，主要有以下几个方面。

第一个方面是乡村旅游的供给者主体是当地社区的农民。乡村旅游以乡村为主体进行的旅游资源开发，乡村居民作为乡村旅游的参与者，在旅游产品的供给上作为主人为游客提供旅游相关的农产品供给服务。当地村民既是自然资源的守护者、文化传统的承载者，也是乡村旅游资源开发的受益者之一。乡村旅游资源为乡村居民共同拥有，乡村旅游资源开发带动当地经济流通，除了吸引游客前来观赏，还需要解决游客住宿、吃饭、购物等生活消费需求，村民作为主人为游客提供住宿的地方、吃饭的地方，以及农产品销售，从而获得经济利益。旅游产品销售有利于促进带动当地乡村经济发展，扩大农民就业的同时为农民增收，也激励当地村民保护当地自然环境，从而实现乡村旅游的可持续发展。

第二个方面是乡村旅游供给以旅游市场需求为导向，同时适度引导旅游消费。旅游产品经过游客消费由此产生经济价值，带动乡村经济发展。乡村旅游产品作为销售商品就需要满足市场商品的特征，那就是需要符合市场化需求，以及满足游客食、行、住、游、购、娱六个方面，不论是在品质还是实用性上都需要符合市场价值，任何一个方面的产品缺乏或存在问题，都会影响到游客的体验质量。乡村旅游供给需要兼顾旅游六要素。乡村旅游的供给是服务于游客的，这一点与其他旅游业并无不同，那就是在卫生、安全上把好关，旅游供给需要为游客提供符合安全卫生标准的旅游产品。乡村旅游产品不仅需要在质量上做好，还需要一定程度引导游客消费，这就需要旅游产品具有鲜明的乡村特性，与乡村旅游主题相互呼应，既加深了旅游体验也满足游客消费需求。在保证独特性的情况下兼顾舒适、方便等游客需求。

第三个方面乡村旅游供给具有浓厚的地方和民族特色。乡村旅游供给是以当地农村社区的旅游资源为基础，在自然地理资源优势下提供的农产品取自自然，比如餐饮的蔬菜谷物都是村民种植的农产品，建筑材料取自大自然木材、竹子等，观光娱乐都是展示当地乡村风貌，除了瓜果蔬菜等农产品还有传统手工艺品等都是具有浓厚地方特色的产品，这些带有地方特色和民族特色的产品能够吸引游客消费。

第四个方面乡村旅游具有乡野趣味。乡村旅游不同于其他旅游方式，在产品供给上具有体验感和参与感，比如乡村休闲钓鱼、果蔬采摘、野味采摘等都是以游客体验为主的产品供给，还有一些传统食品和工艺品的旅游产品供给，都是具有独特性的产品，在其他地方很少能够看到的乡野趣味，给游客以不同的体验感。

最后一个方面是乡村旅游产品供给的开放性。乡村旅游的一个特征是其互动性和参与体验感，旅游是人与自然、人与乡村相互接触的一个过程。在旅游过程中游客不仅能够参与到体验项目中，了解其乡村特性参与农事活动，还会与当地村民一起吃饭、聊天、劳动等过程，浓厚的乡土风情正是通过这种相互交流中促进和发展的，这种开放性让城乡进行相互融合与影响，城市与乡村人们在价值观、思想上进行相互交流，互相借鉴学习，互相理解和包容，这也是城乡一体化进程中重要的一步。

乡村旅游供给中的许多产品是多用途和多功能的，作为乡村旅游产品既要具有乡村特色也需要具有一定的实用性、观赏性或者体验感，乡村旅游产品丰富了乡村旅游的旅游体验，增加了游客消费方式，乡村旅游产品的供给大都是当地村民，这样既增加了居民收入也为游客提供更多服务项目，可以说是相互有利的服务项目。

（六）乡村旅游供给的产品类型

乡村旅游供给的产品类型因地域资源不同而产生不同形式的产品类型。

中国地理环境南北差异巨大，乡村旅游依托地域自然环境形成独具特色的旅游模式，乡村因地貌差异产生的自然景观和农业生产方式也不尽相同，即便是在同一区域内也存在不同品种特色的产品类型，加上我国是统一的多民族国家，不同民族之间的生活方式和民俗文化也各有特点，这就造成在农产品种类上各有特点。乡村旅游产品既要符合商品市场的销售要求，也要具有乡村特色，通过旅游六要素食、行、住、游、购、娱六个方面可以将旅游产品分为六个类型，即饮食产品、交通旅游产品、住宿旅游产品、游览旅游产品、购物旅游产品和娱乐旅游产品。其中住宿、餐饮、购物、娱乐产品比较丰富，在选择上多种多样，能够充分满足游客的休闲娱乐、放松身心的旅游需求，而交通旅游产品相对占比比较少，比如骑马、观光车等属于部分乡村旅游才具有的旅游产品，而大部分乡村旅游因为乡村自然风景规模不够大，没有足够的旅游资源等，在交通产品上会投入比较少，而吃住玩旅游产品则成为旅游必须产品。

在乡村旅游产品中，很多产品并不是单一的产品供给，很多都是综合性的旅游产品，尤其是观光旅游产品更是如此，既满足观光需求也具备体验娱乐，而餐饮住宿往往是一体的，购物娱乐可以同步进行。乡村旅游既有满足所有旅游需求的产品也会在侧重和占比上进行规划，根据环境来规划旅游产品的比例，达到满足不同游客需求的目的。

（七）乡村旅游供给的驱动力因子

乡村旅游市场需求拉动了乡村旅游供给，推动了乡村旅游系统的运行和发展。乡村旅游市场需求的存在是推动乡村旅游经济发展的外部原因，而乡村旅游供给则是在内部加快经济发展的动力作用下出现的，乡村旅游市场需求为乡村地区提供了加速经济发展的市场机会。中国的改革开放后经济发展迅猛，城市经济作为经济主体进入快速工业化时代，工业化进程推动城市经济发展，进一步扩大城乡经济之间的差距。在城市经济发展的同时乡村经济也在不断发展，只是相对于城市而言显得滞后，造成这种滞后的原因是农村产业结构的不合理,农村经济主要以农作物农产品为主,是比较单一的经济结构,缺乏竞争力和高效率生产。第二是农村劳动力普遍涌入城市造成劳动力不足以及农村经济相对落后。第三是农村经济生产链条短,以农产品为主的经济既依赖于自然环境,也不能很快看到成效,收入增长缓慢的同时又面临商品经济的增长,这种入不敷出进一步加速农村经济滞后问题。第四是农村可供选择的机会不多甚至没有,农村缺乏信息交流和有效的学习机会,导致除了农产品之外并没有其他可供选择的就业机会,要升级农产品也缺乏技术知识,最终导致农村经济滞后。

面对乡村经济与城市经济之间的落差问题,农村经济迫切需要突破发展局限,寻找到新的经济增长点,加速经济发展,为农民提供更多就业岗位,为农民创收,为农产品找到销售出口。乡村旅游正是利用旅游市场的机遇,以乡村为主体进行旅游资源的开发,打开农村封闭的大门,让市场经济带动农村经济快速发展。乡村旅游向中国广大的旅游市场提供旅游产品,从中获取收益回报,实现乡村经济的增长,有助于实现产业结构的调整和解决乡村居民就业问题。

由此可以看出乡村旅游是解决乡村经济的一个窗口,是一次实现乡村经济转型、带动乡村产品销售、为农民创收的一次机会。不管是农民主动向旅游市场提供的旅游产品还是政府扶持引导向旅游市场提供旅游产品,驱动乡村旅游供给的动力因子都是经济利益,经济利益是推动旅游供给系统发展的原动力。农村社区居民在经济利益的驱动下,开发旅游资源,向旅游市场提供乡村旅游产品,吸引游客到乡村旅游,获得经济利益。一些乡村社区通过发展旅游获得了良好的经济回报,不少贫困乡村通过发展旅游迅速脱贫致富。

第三节　外生动力系统

　　乡村旅游的内在驱动因子是为乡村带来经济效益。在乡村旅游的发展过程中仅仅依靠内在驱动是远远不够的，还需要外在的支持和参与，也就是外生动力系统得到推动，如此才能形成强有力的产业机制，真正做到促进乡村经济的可持续发展。乡村旅游外生发展动力主要包含了市场、政府、专家学者、城市辐射这几个方面的外在推动力。

　　首先是市场拉动力。我国旅游市场是在经济发展的推动下形成壮大的，市场经济扩大市场需求范围，旅游业满足游客衣食住行之外更高层次的精神需求，正是这种巨大的市场需求促进了旅游业的发展，乡村旅游同样是在市场需求下应运而生，市场需求给乡村旅游提供更多开发依据，催生了乡村旅游的发展。

　　其次是政府引导力。我国乡村旅游是建立在乡村振兴战略的目标下，旨在解决我国"三农"问题提供更多途径。乡村旅游正是在政府主导下开展的以乡村为主体的资源开发，政府在乡村旅游前期规划开发和后续经营管理上都起着至关重要的作用。不论是乡村旅游需要的政策支持还是乡村旅游可持续发展中的各项规章制度都需要政府监督指导，在旅游产品销售、道路交通建设等方面同样需要政府参与。

　　乡村旅游不仅需要市场和政府的支持引导，还需要有企业的推动力。乡村旅游开发需要企业参与，以提供更多资金支持，在建设基础设施设备以及旅游项目开发上需要企业参与进来，用其市场化管理模式加以运作，确保乡村旅游能够完成小投资高回报的目标。

　　企业参与使乡村旅游更加完善，除了资金支持乡村旅游发展还需要社会专家学者对其进行研究，结合乡村当地特色资源进行深入挖掘，特别是一些文化旅游资源，文化的传承有着漫长的发展过程，在寻根溯源和展现历史人文特色上需要专家学者进行深入研究，这些旅游资源不仅能带动当地经济发展也是对文化的一种继承和发扬，具有一定的社会意义。

最后乡村旅游的展开最开始以城市周边乡村开始向更远地区辐射，城市周边地区拥有交通地理优势，在发展上更容易吸引周边城市游客。对于缩小城乡差距有着积极的意义。乡村旅游的主体游客是城市居民，所以城市化辐射也促进了乡村旅游的发展。

乡村旅游内生动力系统和外生动力系统是一种辩证统一的关系。二者相互区别又相互依赖。它们使得乡村旅游发展动力系统成为一个动态、全面且复杂的系统。此外，乡村旅游的内生与外生动力系统内的各个要素间也是相互作用与相互促进的关系。在这些发展动力系统中，乡村资源条件是基础，乡村谋求发展的驱动力是条件，城市辐射力是保障。总之，内生与外生动力系统是一个相互依存的共同体，二者相互配合才可以取得一定的联动效果。

一、乡村旅游支持系统

乡村旅游动力系统中，需求和供给是其主要的推动力量，没有需求和供给，就不可能有动力系统的运行和乡村旅游的发展。然而，有了需求和供给，还必须有良好的环境支持系统和媒介系统，才能实现乡村旅游系统的正常运转，使得市场需求得到满足，市场供给得以实现。乡村旅游的支持系统由基础设施条件、服务设施条件、旅游地环境和政府政策的引导扶持等方面组成，这些环境条件共同支撑乡村旅游的发展。

（一）乡村旅游的基础设施系统

1.道路交通设施

乡村旅游在基础设施配备上讲直接影响游客体验感，道路交通成为乡村旅游发展的基础条件，交通便利与否将直接决定乡村旅游人数，城市周边地区之所以能够迅速发展乡村旅游很大一个优势就是交通的便利。在偏远乡村地区经济滞后也跟交通不通畅有关，交通直接阻断了乡村与外界的联系，加强道路交通建设将会为乡村旅游提供更加便捷的旅游环境，让更多游客前来旅游。

（1）对外交通

道路交通包括对外连接乡村旅游景点和游客目的地之间的交通，还有乡村旅游景区内部景点与景点之间的交通方式。对外交通常常是跨区域跨省市的长途旅行交通，其中就包括海陆空三种交通方式，一般会设计航空为主的空中交通，以船运为主的水上交通，还有陆地上的火车汽车等交通方式。根据一般的原则，游客花在旅行上的时间较短，花在游览上的时间较长，其旅游效益就高。在追求效率、便捷、舒适的当代，交通是否便捷也成为游客旅游景点选择上的一大决定因素，所以乡村旅游对于外部交通需要尽可能缩短游客在途时间，在外部交通上尽可能提高舒适性。

对外交通建设中水路交通只有特定的地区才能提供，飞机航线建设和铁路公路建设都需要国家道路建设与规划，公路交通舒适性与公路等级有关，对外交通建设需要政府部门进行投资和建设，且投入多少公路的建设等级直接决定其舒适性和便利性。旅游交通路线不仅可以满足游客前来旅游，还能促进城乡人员之间的交流和当地农产品的销售，交通建设是促进经济发展的重要举措。

（2）内部交通

内部交通是指乡村旅游地内部连接各景点之间的道路，即游览道路。游览道路一般有步行道路和车行道路，步行道以舒适整洁为主，在步行道路两侧会修建整洁优美的自然景观，增加步行的观赏性，道路与道路之间连接不同的景点，增加景点的协调统一。一般的步行道用鹅卵石、木质、石料铺成，既可以就地取材也可以规划设计，营造良好的乡村氛围，步行道的建造需要与景点相互呼应，形成特色。步行道有长有短，中间需要设置垃圾桶、休闲椅、卫生间、小卖部等便利服务项目，满足游客中途休息，能量补给需求。步行道的要求就是符合景点特色，以舒适、便利、平整为主，景区内车行道一般需要配置相应的旅游观光车、自行车等，可以走自驾车的景区还需要设置停车场，在道路上需要与步行道区别开来，确保旅游安全，山区还会设置缆车等交通路线，以方便游客进行观光。

2. 网络通信设施

科技发展促进人们生活方式发生改变，网络信息时代通信设施成为人们工作生活必不可少的一部分。网络让信息更加便捷迅速，也为乡村旅游提供更多营销推广机会。乡村旅游在通信网络方面需要确保其通信顺畅，对于通信网络线路建设需要同步进行，在乡村旅游景区需要确保通信的顺畅、便利，满足游客和当地居民对于网络通信的要求。网络通信既是人们相互沟通了解世界的一个窗口也是信息整合、学习的一个机会，乡村居民需要借助网络了解更广阔的世界，开放思想，以适应乡村旅游市场化需求。

3. 水电设施

水电是人们生活的基本保障，水电设施是指乡村旅游地的供排水设施和供电设施，是发展乡村旅游必须具备的设施条件。供水设施建设包括了取水地的选择和建设，蓄水池、供水管道建设等。一般大的乡村旅游地应采用集中供水的方式供水，而小的旅游地特别是由一家一户开办农家旅馆接待游客的乡村旅游地，多采用分散式的一家一户供水方式。排水设施由排水管道、化粪池和污水处理设施组成。乡村旅游地的排水设施的建设主要关注生活污水的汇集和污水处理。一个乡村旅游地以建设一个统一的排污管网系统为好，这样可以集中处理污水，以防止造成水体污染。乡村旅游地的供电设施包括变压器、电杆、电线等。这些供电设施为当地居民的生活和发展旅游提供电力。供电设施的建设主要考虑设施对电力的供给容量，一般都要为未来的发展留有供电能力。

（二）乡村旅游服务设施系统

旅游作为服务业的一种，硬件设施服务是环境的整洁、基础设施的配备和满足游客需求的服务项目，比如住宿餐饮、旅游产品、休息场所等基本服务设施。软服务是景区员工是否文明礼貌、旅游线路是否便利、旅游服务是否到位的人为因素，软服务与乡村旅游管理培训有关，需要培训符合服务专业素养的工作人员，确保旅游景区干净整洁，热情周到为游客提供服务，增加游客满意度体验。乡村旅游以独特的乡村风景人文为主要宣传点，以此吸引游客前来观光消费，虽然城市游客欣赏乡村特色但是在基础设施服务上需要符合市场化经营目标，即卫生干净的居住和餐饮环境，旅游景区需要保持整洁，大多数乡村旅游地都是新建房屋用来接待游客还有一些当地居民建设的民宿以供游客选择。以乡村集体经济体为开发主体开发的乡村旅游地，在住宿餐饮上比较注重品质，会有较大规模的住宿旅馆，这种旅馆的特色就是装饰极具特色，服务专业标准，更趋向于城市宾馆的风格。而乡村民宿则具有浓厚的乡土特色，可以与村民进行交流，体验比较地道的乡村生活。

乡村旅游服务除了住宿、餐饮等基本生活需求，还有旅游产品的销售，旅游产品大都是具有当地特色，由当地居民提供，在产品定价还有安全卫生上需要景区进行管理，统一市场，在居民增收的同时确保游客利益。

（三）乡村旅游地的环境条件

1. 安全环境

乡村旅游地的安全环境直接关系到对游客心理的影响，也关系到旅游地的口碑和声誉。安全环境好，旅游地口碑和声誉好，游客能够放心来旅游；相反，如果安全环境差，则会在游客的心目中产生阴影和压力。游客不会到没有安全感的旅游地旅游。安全环境包括了乡村旅游地的治安环境和游览娱乐项目的安全性两方面。

乡村旅游地良好的治安环境是发展旅游的必要条件。相反，如果一个旅游地治安环境差，犯罪分子活动猖獗，偷盗、抢劫等犯罪时常发生，甚至还有凶杀、强奸等恶性案件发生。则这个地方的当地居民的生命财产安全都存在危险，人心惶惶，更不用说游客了。这种治安环境恶劣的坏名声也比较容易传播，游客对这种治安环境差的地方避之唯恐不及，当然不会来旅游；旅行社也因为治安风险的存在，不敢贸然组团到这里来旅游。因此，乡村旅游地必须实现良好的治安环境。

游览娱乐项目的安全性也是乡村旅游地最重要的安全环境之一，它涉及游客的人身安全。乡村旅游地的游览娱乐项目有良好的安全保障，游客就可以尽情游玩，不用担心人身安全问题；相反，如果安全保障条件不好，事故频发，则游客的生命安全没有保障，事实也表明，旅游安全事故特别是恶性安全事故对旅游地的发展会产生长远的不利影响。影响游览娱乐项目安全性主要因素有以下几方面：一是游览娱乐设施的安全性，除了在设施的购买、安装、调试过程中要严把质量关，做到安全可靠外，还要定期进行设备的检修和维护，消除事故隐患，确保设施设备的安全运营。二是安全管理，在一些有安全风险的旅游项目所在地，必须有安全警示牌，并配备有安全救助人员。严格执行安全管理制度，一切严格按照操作规程办事，通过各个环节的安全保障，将安全风险降到最低程度。三是加强安全教育，对游览项目的管理人员定期进行安全教育和安全督查，强化他们的安全意识；对游客的安全教育则主要是提醒游客注意安全，防范安全风险。

除了上述两个主要的安全环境问题以外，在一些地方还有影响旅游地安全的自然灾害，如地质灾害的滑坡和泥石流，会对旅游地的建筑造成危害，直接威胁游客的生命财产安全。因此，在乡村旅游地建筑的选址过程中，必须对此给予高度重视，选择不易发生地质灾害的地带进行建设。

2. 卫生环境

随着人们生活水平的提高，人们对于健康更加关注，卫生安全成为人们最为在意的条件之一，旅游业同样以卫生作为旅游供给中的重要条件之一，乡村旅游同样如此。卫生直接关系到游客对于旅游景点的直观印象，在乡村旅游中卫生主要包括环境卫生、餐饮卫生和住宿卫生三个方面。

环境卫生是指乡村旅游区的景点、道路以及各种体验娱乐项目整体环境的卫生情况。由于乡村居民对环境要求比较低，其环境保护意识比较差，加上文化水平不高，普遍具有卫生意识不够强的情况。乡村旅游景区需要接待大量游客，产生的生活垃圾、废水等需要进行处理，在环境保护上需要设置关门的环卫人员更需要居民共同维护景区环境卫生。乡村旅游景区自然环境需要持续维护，不然脏乱差的环境下再好的风景也会索然无味，毫无美感，而杂乱的环境从心理学上也不利于人们提高积极向上的生活态度，在建设生态乡村上需要提高乡村居民的整体素质，卫生则是环境治理、环境有序的必要条件。

餐饮卫生包括了餐厅卫生、用餐设备卫生和厨房卫生等几个方面。餐饮卫生的第一要求是工作人员和服务人员必须身体健康，没有传染疾病；第二个是餐饮原材料需要符合食品安全规范；第三个则是在烹饪加工过程中必须按照要求进行加工处理；最后就是就餐环境的干净整洁，不管是餐厅桌椅、墙壁、窗户还是餐具、杯碟都需要干净和消毒，确保食物和餐饮环境干净卫生。住宿卫生主要是居住房间、卫生间保持整洁卫生，保障游客舒适居住环境。

3. 商业环境

乡村旅游中的旅游产品主要商户是乡村居民，在向游客销售产品的时候作为商品需要符合市场经营环境，总体要求公平竞争，诚信销售。在产品质量上做到严格把关，特别是饮食类产品，确保卫生健康，而其他实用性产品则需要具有消费价值，不管在定价还是品质上需要保证其价值。旅游产品代表旅游整体形象的一部分，一些乡村旅游的商业环境存在恶意竞争，相互争抢游客，销售产品掺假，以次充好等问题，这是商业环境缺乏有效管理造成的不当结果，这种商业销售容易给游客留下不好印象，影响景区整体形象和口碑。景区在经营管理上需要营造良好的商业环境，确保旅游产品销售公平公正。

4. 居民态度

乡村旅游的参与者是当地居民，不管是在乡村环境维护上还是旅游产品供给上，乡村居民都是乡村旅游的最大参与者。乡村旅游中餐饮、住宿、交通很大一部分都是当地居民在参与，乡村居民对游客的态度是乡村风土人情的直观展示。当地居民拥有正向的积极态度，他们会热情地欢迎游客到来，自觉保护环境资源卫生，主动给予游客帮助，在宣传旅游文化上不遗余力地给予游客反馈，提供的服务也是周到细致的。而居民如果文化素养不高，集体意识不强则会对游客冷漠处之，不愿与游客交流，对环境没有保护意识，缺乏参与感。好的口碑需要不断积累，乡村旅游发展过程中不仅需要好的发展策略把握市场方向，也需要提高居民意识，鼓励居民参与进来，将乡村作为大家庭共同来完善建设事业，打造生态宜居的居住环境，加快经济增长，改善生活状态。

乡村旅游地区的环境与多种因素有关，这些因素都是乡村旅游发展中比较重要的因素。

安全卫生环境通过与医疗、消防部门合作，确保景区突发安全情况，对于景区设施设备定期检修和维护，对于可能存在的危险早预防早消除，在危险地段设置安全防护措施，确保景区安全环境。在卫生方面需要加强管理，提高居民环境卫生意识，有关部门需要加强环境监管力度，景区废水垃圾需要进行有效处理。餐饮住宿卫生需要进行严格监督管理，确保其卫生状态良好。

乡村旅游商业环境需要景区在经营管理上制定有效的管理制度，旅游产品作为乡村旅游必不可少的一部分需要严格把控，将所有商户联合起来进行宣传教育，加强内部监管机制，形成合理的商业环境。针对乡村旅游居民对游客态度不佳的情况，需要认识到根本原因，乡村原本处于较为封闭状态，信息相对闭塞，乡村旅游带来新机遇的同时也会带来环境污染、物价上涨、旅游产权等问题，这些问题都会成为影响居民思想行为的因素。需要认识到乡村旅游资源的合理分配，在旅游产权上做到公平合理，确保当地居民的利益。也要多做宣传，让居民认识到乡村旅游所带来的积极作用，只有明确问题所在，了解居民所思所想，才能从根本上解决居民对游客态度问题。乡村旅游地的环境条件是促进其发展还是制约其发展最终都是看其规划管理是否合理，合理利用环境因素，将环境因素解决好，乡村旅游的发展进程将会不断加快，最终实现经济利益。

（四）政府的有关政策、战略对乡村旅游的引导和扶持

中国地大物博，物产资源丰富，农耕民族形成的日出而作、日落而息的文化，人与自然更多是一种和谐共处的状态。总的来说几千年的文化造就比较安逸的居住环境，直到近现代工业革命的冲击，外来文化逐渐影响中国人的思想，特别是改革开放之后不仅经济得以迅速发展，而且人们的生活发生天翻地覆的变化，旅游这一新兴产业获得越来越多的人参与。国外旅游业远早于中国，中国旅游业随着经济发展起来，并逐步形成稳定体系，经过几十年的发展，旅游业遍布全国各地，很多地方成为旅游大省，以旅游带动当地经济实现了经济的巨大成果。旅游满足了人们更高层次的精神追求，旅游逐渐形成一条庞大的产业链，旅游市场正在逐步扩大，旅游市场需求进一步促进旅游业的发展。1985年国务院决定把"旅游业作为国家重点支持发展的一项事业，正式纳入国民经济和社会发展计划"；1998年中央经济工作会议将旅游业与房地产业、信息业一起确定为国民经济新的增长点；2001年国务院又发布了《关于进一步加快旅游业发展的通知》。许多省份把旅游产业作为了本省的主要支柱产业之一，并提出了建设旅游强省的目标。同时，国家也鼓励人们进行旅游消费，并为此逐步增加了节假日休假时间，1995年国务院公布实施了双休日休假制度；1999年又公布实施了"五一""十一"黄金周休假制度。这些制度的实施，为广大的城市

居民实现出门旅游的愿望提供了时间保障。

　　乡村旅游的提出正是乡村振兴战略下的有力举措，旨在解决"三农"问题，加快乡村经济进程。中国城市化经济发展迅速的同时乡村经济相对滞后，由此带来城乡发展不均衡的社会矛盾，为了解决这一矛盾，自党的十九大开始提出乡村振兴战略目标以来，乡村旅游开始在全国各地积极推进，一开始是城市周边地区开始实施，以城市化开始辐射全国各地乡村。很多乡村因地制宜开始了乡村旅游的发展规划。国家旅游局（2018年文化部、国家旅游局合并为"文化和旅游部"）大力支持和推动了乡村旅游发展。作为全国旅游业的行政管理部门，国家旅游局大力支持和推动了中国乡村旅游的发展。20世纪90年代初，以贵州省旅游局为代表的省级旅游行政管理部门在国家旅游局的支持下，开始在农村贫困地区进行旅游扶贫试点。在取得成功的经验以后，于90年代中期在全国推广，掀起了全国农村旅游扶贫的高潮。随后，国家旅游局将1998年确定为"华夏城乡旅游年"，进一步推动了全国乡村旅游的蓬勃发展。21世纪之初，国家旅游局又推动了全国工业、农业旅游示范点的建设工作，并于2004年和2005年分别评审公布了全国农业旅游示范点156家和203家；各省（市、区）旅游局也大力推动了所在行政区内的省级农业旅游示范点的建设。2006年被国家旅游局确定为"中国乡村旅游年"。中国的乡村旅游在国家旅游局的大力推动下不断向前发展。

　　乡村旅游发展正是基于政府引导和支持下，企业和当地居民参与，在乡村旅游发展过程中政府起着主导作用，在乡村旅游资源规划、经营管理、市场推广上都起着积极的推动作用。乡村旅游依托当地自然环境，在基础设施比如交通、公共卫生服务等方面都需要政府在背后支持，从政策制定上帮助乡村完成可持续化生态旅游发展目标。

二、乡村旅游媒介系统

乡村旅游既需要满足旅游业市场需求，也需要根据需求提供供给产品，而将乡村旅游需求与供给联系起来称之为旅游媒介系统。旅游媒介系统将消费者通过相关企业输送到乡村旅游供给地进行消费活动，其中需要相应的交通运输企业来进行输送服务，也需要产品供应销售来满足旅游地的基础设施需求和旅游产品售出，旅游产品供给需要根据游客需求来制定，也需要将旅游产品信息提供给游客，形成稳定的商业经济氛围。总之，乡村旅游媒介系统是连接旅游需求和供给之间的纽带，旅游媒介系统促进乡村旅游顺利将游客送到旅游地进行消费并最终送回游客居住地。

（一）旅游企业

旅游相关企业主要以旅行社为主，旅行社以盈利为目的，通过宣传与旅游相关产品寻找潜在客户，为客户提供咨询服务，从接待游客开始到完成旅游预定，开始规划一条完整的旅游路线，其中包括旅游地介绍信息，交通、住宿、餐饮、消费、景点介绍、返程等一条龙服务，旅行社涵盖游客旅游期间的所有相关事宜。旅行社业务正是为游客在旅游需求和供给之间架起一座桥梁，完成游客旅游期间所有旅行需求。旅行社通过全面安排规划完整的旅游路线来完成旅游过程，游客在其中主要扮演消费角色，各种旅游安排都按照旅行社规范化的路线进行，每个环节都有专人进行服务，区别是多人团体还是单人团体，不同服务收费方式不同。

旅行社只能为一部分游客提供服务，不是所有人都喜欢听从安排，有些主观意识比较强烈，个性比较自由的人不喜欢旅行社的约束，更喜欢自主旅游，还有自驾游、背包客等自助旅游方式，随着社会进步旅游成为一种生活方式，更多人以更多方式参与旅游，参加旅行社人数在逐渐减少，面对这一情况旅行社同样需要做到创新和调整，以适应新的社会模式，旅行社可以根据自身优势，推出专门为自助旅游者设计的旅游路线，可以是半自助或者只提供技术支持等旅游新方式。

不管是旅行社还是自助旅游都需要设计交通运输，交通运输企业在旅游业中起着至关重要的作用。旅行者从居住地经过各种不同的交通方式到达旅游地，完成旅游活动之后又通过交通返回居住地，这一过程需要便利舒适的交通，便利的交通设施很大程度上决定了旅游人数，毕竟大部分人都不会对交通不便的地区感兴趣，交通不便会直接影响旅游体验。在旅游过程中会产生相关旅游产品供给问题，不管是住宿餐饮还是旅游产品都需要交通运输的参与，特别是如今物流行业的便捷，很多乡村旅游地区农产品都支持快递邮寄方式。交通运输的便利与否制约着乡村旅游的开发和发展。旅游中交通运输企业不仅仅起到满足自助旅游模式还应该尽可能争取建设更多旅游公共交通，比如旅游专线列车，开通公共客运汽车等，将游客从火车站、飞机场等直接送到旅游景区，极大提高旅游效率，让游客更快到达景区。

（二）广告和口碑

乡村旅游作为第三产业促进当地经济发展，经济需要满足市场化需求，在经济市场不论是推广产品还是服务少不了营销推广，一个景区的名气主要依靠广告和口碑。广告是乡村旅游推广的重要手段，旅游景点建设得再好也需要好的营销策略，通过对旅游景区鲜明的特色和人文内涵进行深入挖掘，然后通过互联网、新媒体等多种手段进行宣传活动，让更多人了解这个地方，有想来旅游的想法。广告是让游客认识旅游景区的有效方式，通过有效的宣传达到广而告之的结果。特别是如今互联网时代，各种信息资讯层出不穷，更好通过广告对景区进行宣传活动。

广告是介绍商品和服务的一种方式，旅游产品也是一种商品需要对游客进行宣传，通过宣传加深影响力，吸引游客前来观光消费。在宣传上需要注重旅游的特点，广告的发布也需要面对特定的人群，比如以休闲度假方式则适用于所有人群，冒险挑战类则更适合年轻人，还有亲子主题的景区则更适合面向家庭进行大力宣传。除了通过广告方式对乡村旅游进行宣传，还有一种方式就是通过提升旅游景区品质升级，在服务上不断提升专业能力，在产品打造上增加创新，总之是通过提升旅游景区品质和服务提高游客满意度，形成好的口碑，让游客间相互宣传，这种形式的宣传效果要远远大于广告效果，缺点是辐射范围较小，不能进行全面覆盖宣传。

广告宣传是一种很好的营销方式，但是广告费用也是巨大的，毕竟广告也同样属于经济商品，是以盈利为目的服务。一般乡村旅游资金方面都不足以进行大量广告宣传，这时候需要当地政府支持，通过当地报纸、杂志等媒体进行报道宣传，或者跟旅行社进行合作，在旅行线路上做广告宣传。

不管是广告还是口碑核心都是景区需要在环境、服务、卫生等方面让游客满意，唯有将旅游景观特色合理开发、科学布局，加上有效的经营和管理才能提升景区的品质，让更多游客满意，从而提升乡村旅游的品牌价值，真正发挥乡村旅游的经济意义。

（三）专题新闻介绍

乡村旅游是地方性旅游，实施乡村旅游不仅有利于乡村建设对于整个区域的经济发展都有着推动作用，加上乡村旅游需要政府支持，当地新闻是宣传乡村旅游的一个很好的窗口。专题新闻对乡村旅游的宣传有着极大的推动作用。一方面专题新闻毕竟是免费宣传，节约了广告成本；另一方面新闻的报道一般比较全面、公正和客观，在大众心里新闻的可信度还是很高的，通过专题新闻宣传，让更多人知道乡村旅游景点，提高其知名度，吸引更多游客前来观光消费。

第四章 乡村振兴战略下江苏乡村旅游创新发展模式

第一节 乡村旅游创新发展概述

乡村旅游以富有乡村性的自然和人文客体为旅游吸引物，依托广大农村无尽的优美景观、自然环境、古朴建筑和民俗文化等资源，在以往农村休闲游和农业体验游的基础上，拓展开发形式多样的新兴旅游业态。我国乡村旅游从20世纪80年代开始进入发展阶段，到90年代已经拥有一定的成功案例，全国各地都纷纷开展乡村旅游项目，随后乡村旅游进入快速发展阶段。乡村旅游在我国的发展起步比较晚，在发展过程中也遇到一系列问题，比如乡村旅游规模小，不能形成区域模式、服务不够专业等方面的问题。乡村旅游在全国展开，旨在解决"三农"问题，在发展农村统筹经济和发展区域旅游方面作出重要贡献，乡村旅游模式也随着时代发展在不断创新，产业结构也在不断调整以适应更加多变的经济市场，满足城镇居民更加多元化的旅游需求。

党的十八届五中全会确定了全面建成小康社会新的目标要求，脱贫攻坚成为完成目标的关键，充分利用农村、农业资源发展乡村旅游业，可谓是全面拓展农业功能和领域，积极促进农民增收致富，破解脱贫攻坚难题的有效途径。"十三五"期间,按国家规划提出的目标要求,就是要运用创新、协调、绿色、开放、共享的新发展理念,推进乡村旅游发展上台阶,基本形成种类丰富、形式多样、档次适宜的乡村旅游产品体系和特色突出、发展规范的乡村旅游格局,在满足人民日益增长的旅游消费需求的同时,通过大力发展乡村旅游,达到快速增加农民收入,加快城乡统筹发展,改变农村落后面貌,实现全面建成小康社会目标。

一、乡村振兴战略下乡村旅游发展理念

党的十八大提出乡村振兴战略以解决城乡巨大差距、城乡发展不平衡的社会问题,解决乡村经济滞后问题,乡村旅游发展正是乡村振兴下的重要战略举措,乡村旅游发展是一项涉及脱贫攻坚,助力全面建成小康社会目标的抓手,在乡村旅游发展中需要以"新发展理念"为指导,以此统一思想,协调行动,推进乡村旅游发展迈上新台阶。

(一)坚持创新发展,引领乡村旅游迈入科学高效发展轨道

乡村旅游经过几十年的发展,已经从单一的乡村田园风光向着更加多元的方向发展,其中包括休闲观光、娱乐体验、养生医疗、文化民俗、文化传承、农业宣传等多功能复合型旅游形态。各地乡村根据自身优势结合市场经济需求开展一系列乡村旅游项目。乡村旅游是以农村自然资源和乡村产业为基础的,在此基础上通过对农业、居民、市场、企业等多方利益共同经营,带动旅游相关产业发展,起到助推乡村经济的目的,不论是交通运输还是餐饮住宿、旅游产品等都是为了吸引城镇游客前来消费。随着城镇化进程推进,经济发展需求,乡村旅游需要不断与时俱进,满足游客更加多元化需求,乡村旅游在发展中需要更加大胆的创新,以新的理念引领和驱动其高效发展。

首先,乡村旅游发展需要理念创新。乡村旅游从最开始满足游客休闲

观光、放松身心的需求，到如今养生、娱乐、冒险等更加多元化需求，正是旅游业不断扩大的市场需求。游客在社会进步的同时也有了更高层次的精神追求，不仅需要满足游客审美需求，还有体验、娱乐、养生等需求。乡村旅游的客源主体是游客，游客的需求正是乡村旅游需要满足的，发展乡村旅游必须树立新的理念以满足更加多元化的精神需求。在发展乡村旅游时不再仅限于农家乐形式的旅游模式，而是需要根据地域特色展开深入挖掘，发展具有更多体验的项目，比如健身项目、生态区域、水上运动、竞赛区域等。也可以结合主题活动进行区域宣传，营造更加舒适、更具趣味的旅游方式。

其次，乡村旅游需要在模式上创新。乡村旅游建立在绿色生态田园风光之上的观光产业旅游方式，在旅游开发上要注重生态保护，促进乡村建设生态宜居生态环境。乡村旅游也打开了封闭的乡村经济，融入更多现代化科技和管理模式，乡村旅游在模式上需要突出乡村特色，也需要考虑现代科技的植入，让现代化与原生态相互融合，产生更加多元化的产业模式。在旅游环境、文化内涵和旅游产品上进行深入挖掘和创新设计，从而提升旅游档次和品质。

最后，乡村旅游需要做到品牌创新。乡村旅游品牌是鲜明独特的乡村资源，不论是在开发、宣传、旅游供给上都需要围绕其主体进行品牌打造，品牌是乡村旅游应对激烈市场经济和不断多元需求的基石，塑造高品质乡村旅游品牌有利于乡村旅游产业转型和可持续发展。

（二）坚持协调发展，处理好乡村旅游开发面临的各种矛盾

乡村旅游涉及旅游相关产业链，其中有多方面利益相互融入，是涉及面极广的综合性开发事业，在发展过程中遇到的矛盾和问题相当复杂，所以需要兼顾发展条件和环境影响，合理开发和科学经营管理，不然容易陷入困境停滞不前甚至半途而废。乡村旅游发展需要运用协调发展理念来化解各种矛盾。

一是必须坚持政府主导与农民主体相结合。乡村旅游最终目的是助力解决"三农"问题，乡村旅游以乡村为基础发展，带动乡村经济，这就决定了政府在开发规划中占的主导地位，政府需要根据政策要求给予乡村旅游开发上一定的支持，在招商引资、交通运输、基础设施建设等方面发挥主导作用，协作乡村旅游开发的顺利完成。乡村旅游建设在乡村，其主体是当地农民，政府需要调动农民积极性，让农民可以积极参与进来，协助农民发挥自主作用，为农民提供岗位需求和旅游产品供给。

二是必须坚持统一规划与因地制宜相结合。乡村旅游不能盲目开发，中国地形复杂，每个地区具有各自不同的风景民俗和文化传承，不论是地理环境还是人文特色都不相同，乡村旅游没有统一的标准，也不能将城市旅游方案套用，这就需要开发和规划的时候因地制宜，根据当地特色旅游资源和旅游市场需求相互结合，协调发展，科学有效规划。遵循"先规划、后开发，无规划、不开发"的观念。按照"因地制宜、合理布局、突出特色"的原则，制定切合实际的乡村旅游发展规划。

三是必须坚持开拓创新与保持本色相结合。乡村旅游的特色就是其乡村本土性，乡村旅游需要依托丰厚的乡村旅游文化资源，在此基础上挖掘当地文化、民俗、历史等特色差异性资源，从而形成具有乡村自然古朴、绿色野趣的乡村文化魅力。在开发上既要注重环境保护，也需要不断创新，保持本土特色的同时融入创新元素，增加乡村旅游品牌的影响力，吸引更多游客前来旅游消费。

（三）坚持绿色发展，确保乡村旅游在生态文明建设中持续健康发展

乡村旅游的特点是具有综合性与生态文明建设具有极高的一致性，乡村旅游迈上新的台阶，实现更加多元化发展需要以生态发展理念为基础，推进乡村旅游持续绿色健康发展，带动乡村经济发展。

要实现乡村旅游可持续生态发展，需要重视生态文明教育。乡村旅游发展有利于促进生态宜居乡村建设，在应对乡村脏乱差的环境需要提高村

民环保意识,从思想上认识到环境保护的重要性,通过乡村旅游活动鼓励村民积极参与乡村生态建设,促进人与自然和谐发展。村民一般受教育程度不高,环境保护意识相对较差,需要通过加强生态文明教育提高村民思想意识,促进环境资源保护。

乡村旅游可持续发展除了合理开发和保护之外,还需要加强资源的循环利用,建设生态文化乡村需要对已有资源进行维护,在垃圾废水处理上采用现代科学技术进行有效治理,在资源上进行合理配备和可持续利用,特别是当地的水资源、风力资源等都可以通过建设科学有效的可循环利用设备进行可持续资源利用。

乡村旅游的发展需要良好的生态环境,随着乡村旅游产业生态化发展模式和循环经济的推行,因环境污染、自然资源退化等因素引起的经济损失成本相对其他产业会越来越低。因此,乡村旅游地更需要以绿色 GDP 考核当地经济发展,考核标准的"生态化"会促进乡村旅游地的环境保护和资源可持续利用。

(四)坚持开放发展,拓展乡村旅游合作共赢发展空间

乡村旅游能够促进城乡互动,增进城乡之间互相理解相互包容。乡村旅游的发展不仅能促进乡村经济对外开放,呈现多种经济发展模式,是开放的发展理念,在乡村经济发展中增加经济实力,也为乡村教育、文化等活动带来新的机遇和学习机会。乡村旅游主题活动的升级是参与竞争互动的结果,也是有效拓展乡村旅游合作共赢的机遇。

乡村旅游坚持开放发展,以此来拓展乡村旅游合作共赢的发展空间,在实施坚持开放发展过程中需要借助各方力量来完成乡村区域经济发展。通过外引内联的方式进行资金的融入与合作。乡村旅游在开发过程中最大的难题是缺乏足够的资金支持,政府需要整合财政,开展扶贫资金投入,通过项目资金投入来发展农村基础设施建设,为乡村旅游提供更好的基础设施设备资源。政府在整合资金的同时也需要积极引进企业投资,通过各

项优惠政策推动乡村旅游有序开发，可以通过项目换土地和土地使用等方式鼓励农民参与乡村旅游建设中来。

乡村旅游开发需要有科学合理的开发和项目引导，在发展中利用大项目来扩大影响，将小的旅游资源进行整合，形成区域经济开发联动效应，发挥主体旅游资源的优势，以此来促进乡村旅游发展形成品牌优势。最后在宣传和推广上需要进行品牌营销推广。乡村旅游营销推广需要利用好网络媒体等现代传媒资源，借助旅行社的资源优势和当地新闻报纸等免费资源进行大力宣传，在旅游资源上进行深入挖掘，宣传其特色乡村旅游品牌优势，也可以借助传统节日或者主题活动来扩大影响力，在绿色生态旅游、乡村野趣上进行宣传，满足旅游市场需求，吸引游客前来观光游玩。

（五）坚持共享发展，让乡村旅游为农民创造更多福祉

乡村旅游的主体是具有乡村特色的旅游资源，乡村旅游资源是属于乡村农民共有的资源，依托于乡村的自然景观和人文民俗资源的创造者是当地农民，而资源产生经济效益最终的受益者也是当地农民。乡村旅游的目的是复苏乡村经济，这就需要让农民积极参与进来，为农民提供工作岗位，让农民成为旅游产品的提供者，在旅游住宿餐饮上成为参与经营管理，以此为农民增收，这是乡村旅游的利益基础。

要实现乡村旅游的发展需要明确利益基础，在坚持资源共享的同时需要树立宏观效益观念，政府支持主动乡村旅游发展，改善基础设施建设的同时引导农民积极参与乡村旅游发展，为农民提供更多增收渠道。乡村旅游的发展始终要维护农民利益，在资源开发中利用好农业产品，调整农业产业结构、拓宽农业功能、延长农业产业链等方式促进农民增收。旅游作为第三产业具有带动相关产业链发展的作用，与旅游相关的交通、餐饮、住宿、旅游产品等都能成为农民增收的渠道，乡村旅游在发展过程中需要扩展旅游空间，通过旅游将消费市场从城市逐步引向乡村，给农民提供更多增收渠道，为乡村经济注入新的活力。

乡村旅游发展需要完善乡村旅游的利益分配机制，争取农民利益最大化。乡村需要根据自身发展特点在经营管理上做到科学化、合理化，控制好外部运营机制和内部管理机制，内部管理需要明确利益分配，让农民真正获得实惠。乡村旅游具有整体化特点，与之相配合的是各个不同的环节，开发旅游资源是村镇社区集体资源，主要经营方式还是以农民为经营主体，以农民所拥有的土地、庭院、经济作物和地方资源为依托，以为游客提供优质服务为经营手段。只有确保农民利益分配机制，让农民真正获得实惠才能调动农民积极性和参与感，确保乡村旅游实现可持续健康发展。

乡村旅游发展需要国家政府支持，特别是那些贫困的偏远乡村，人们尚且只能解决温饱问题，在发展经济的同时需要实施精准扶贫政策扶持。乡村旅游对于交通、住宿等基础设施有着一定的要求，在道路修建上需要政府给予支持，同时在旅游产品上也需要通过引导让农民积极参与进来，最终让乡村旅游可以全面实施健康发展。

二、国外乡村旅游发展创新理论与实践

（一）乡村旅游发展的提出

乡村旅游在国外已经实施了一百多年，其模式不断调整，乡村旅游可持续发展已经进入多元化模式。乡村旅游理念和发展紧随时代进行不断探索，众多国外学者们开始对更多模式进行探索研究，通过研究给予乡村旅游更多发展的可能，并取得了不俗的结果。生态旅游成为乡村旅游最为关注的问题。学者 Cater 认为，乡村旅游在发展的过程中环境保护与旅游业发展息息相关，乡村旅游通过对环境的有效保护达到可持续发展目的，环境保护与旅游发展之间的关系可以是双赢、双输，也可能是一赢一输，关键看怎么平衡环境保护与经济发展之间的关系。Hunter 认为，乡村旅游发展过程中环境保护占有优势地位，旅游的发展离不开良好的生态环境，在发

展中也需要将环境保护放在优先考虑位置，以确保生态旅游发展。Godfrey 则提出，旅游需要正向发展就必须保证其可持续性，推动生态环境建设以达到可持续发展目的。Kozak&Martin 则另辟蹊径，认为在经过多年的发展之后，乡村旅游发展模式出现了同质化的问题，并用消费者金字塔理论进行了说明。

乡村旅游的发展注重可持续性发展，在如何实现可持续发展上 Weaver 总结出了三种不同的模式，分别是市场驱动、治理驱动以及综合路径，并认为这三种路径模式基本可以概括出乡村旅游发展的基本态势。而 Peeters 通过研究则给出了不同的观点，Peeters 认为 Weaver 过于理想化，需要综合考虑影响可持续发展的动态性和不确定性因素，如此才能真正适用于乡村旅游发展。Peeters 和 Weaver 的观点在学术界引起广泛关注，并对其进行深入讨论，正是因为有着这些优秀的学者进行深入研究才有了乡村旅游可持续发展理论的不断创新和完善。

（二）乡村旅游的基本认识

国外乡村旅游在 20 世纪七八十年代开始发展起来，因为工业化进程推动城市经济快速发展，政府为了解决乡村经济萧条而提出的乡村旅游方案，并在实施中取得不错成果。乡村旅游的发展不仅可以缓解城市居民日益增长的精神需求，让游客暂时离开拥挤、压抑的城市生活，回归乡村放松身心，一开始乡村旅游在城市周边交通便利的区域开始发展，随后不断向更远乡村辐射发展，风景秀丽、淳朴自然的乡村成为游客的普遍选择。

1865 年意大利农业与旅游全国协会的成立，标志着有明确意识的乡村旅游的诞生。乡村旅游在各国的发展方式不尽相同，有依靠政府主导的乡村旅游，也有企业资本投入的商业模式，还有国家公园的建设事宜，各国根据自身的国情制定能够助力乡村经济发展的项目。美国通过乡村度假旅游模式开展乡村旅游的发展过程；法国借助双休推动田园式乡村旅游模式；西班牙通过建造乡村旅游度假社区，带动农户参与组织，并制定相关法律确保乡村旅游发展的合理性；日本则通过体验式乡村旅游模式唤醒人们对于环境的保护意识。各个国家虽然在开发模式上有所侧重，但是在最终都是完善对乡村经济和环境的有效治理工作，提高农民收入，促进乡村发展进程。

乡村旅游在国外盛行过程中也会遇到诸多问题，对于这些问题的研究能够确保乡村旅游的不断进步，完善乡村旅游可持续的发展。美国学者帕森斯等通过对苏格兰观鲸旅游的研究发现，在观鲸旅游人数上虽然逐年在上升，也能给当地村民带来不少收益，但是在可持续发展上还是需要加强管理措施，研究发现观鲸旅游没有适当规划，加上质量控制不够造成鲸鱼产量不高，因为管理不当造成对动物的伤害，死亡率不断升高。学者们通过对问题的研究明确乡村发展的理论措施，从问题出发探讨发展，通过不停地实践，最终不断完善乡村旅游开发、经营、管理模式，以达到可持续发展目的。

国外乡村旅游发展虽然已经有一百多年的发展历史，但是因为乡村旅游的复杂性和多样性导致其旅游定义一直都没有统一的界定，学术界普遍的观点是一个是基于环境的概念来定义的，一个是基于旅游活动来定义的概念，还有从地域来定义乡村旅游的概念。

从环境出发者认为乡村旅游是依托在乡村特殊自然环境基础之上的，而生态旅游概念的提出更加明确了环境的重要性，不管是在环境治理和保护上，还是提升乡村保护环境意识上，将乡村旅游所涵盖的内容，自然风景、人文民俗、文化遗产、特色农产品等都归结于乡村背景下的旅游活动，也因此乡村旅游被定义为乡村环境下的旅游产业。

从旅游活动概念研究的学者则更加注重旅游活动这一行为动作，通过旅游资源、游客、旅游市场等相互连接的农业旅游活动作为主要研究对象，研究其中的关联性，旅游业具有娱乐和服务的特性，也是城市与乡村之间的互通和融合，从乡村旅游活动概念研究更加注重其经济价值。

从乡村地域出发的研究则更加关注旅游发生地，旅游资源集中地的环境、人文资源优势上，以区域来划分旅游项目的实施，旅游活动带有乡村性质和农业性质，是乡村土地上发生的经济互动和农业活动参与过程，随着乡村旅游的发展，其活动已经不仅仅只限于土地相关活动的模式了，更多创新模式在不断被开发出来，形成更加多样性的乡村旅游模式。

乡村旅游的概念有些学者对其单一模式进行研究，也有比较全面介绍乡村旅游的，比如比尔·布雷韦尔，他对乡村旅游的研究观念做了比较全面的介绍，他认为乡村旅游是发生在乡村地区，以乡村特色资源、环境、经济、历史文化等基于开放空间的本土综合模式。英国学者布斯比则认为乡村旅游的发生是一种乡村生活体验的商品化和模式化。西班牙学者珀罗里斯则是另辟蹊径运用经济学模式和逻辑二项模式对乡村旅游发展进行分析，通过对乡村旅游不同阶段进行对比研究，得出传统乡村旅游以回乡探亲式旅游模式为主，随后乡村旅游才开始逐渐步入旅游业发展模式，以休闲娱乐为主的真正意义上的旅游模式开启，而随着乡村旅游的发展对乡村经济、人文和社会发展具有积极意义。

中国乡村旅游在近十几年开始从城市周边郊区开始向更偏远地区开始发展，其旅游模式同样从单一的"农家乐"旅游模式开始向更加多元的模式发展，乡村旅游的商业化环境正在逐步建立，其产业链条开始具有一定的规模，乡村旅游的可持续发展中对乡村经济、文化、社会都有一定的促进作用。

（三）乡村旅游资源

乡村旅游在西方发达国家开始实施，乡村旅游资源成为其中重要的一环，乡村旅游满足市场化需求，从乡村自然人文风景出发开始注重体验和娱乐，提高游客参与度，在服务和项目类型上做不断升级，旅游资源的运用更加得心应手，在旅游发掘上通过对晚霞、炊烟、林荫小道等多种元素进行重组和整合，以满足游客日益多元的精神需求。

城市化进程推进造成城市自然环境遭到进一步破坏，巨大的人口压缩城市居民生存空间，人们在工作生活之余更加向往淳朴的自然环境。乡村因古朴自然的风景和文化成为独特的旅游资源，既可以满足游客向往自然的需求也可以给乡村带来巨大经济效益，乡村旅游中独特天然环境，地理地貌、文化艺术、生活活动，历史民俗等都是乡村旅游的资源。从广义上说乡村旅游资源包括自然旅游资源和农事相关资源，其中人文风俗同样是旅游资源的一种。在乡村旅游开发过程中不是所有资源都具有商业价值，能够成为开发项目，还需要根据旅游市场需求进行合理规划，最终达到既展示自身优势又符合市场需求，能够满足游客旅游愿望的旅游产业。从狭义上说乡村旅游资源仅仅只能够被用来开发的公共资源优势，这些资源有别于其他地区，具有本土特色，能够产生经济效益，实现乡村旅游的经济化进程。广义的资源不仅仅指环境和人文还包含思想意识、价值观念、思维方式、民族性格等无形资源，这些资源在旅游过程中都会对乡村旅游发展产生潜移默化的作用，游客在前来参观游玩的过程中也会接触各种不同价值观的冲击，乡村农民的生活状态、生活方式也将给旅游者留下深刻印象，而城市文化同样会影响乡村农民的思想。

乡村旅游健康发展离不开资源的合理开发和保护，通过科学化规划管理扩大资源范围，提高资源运用价值，农业生产活动具有固定的周期性和季节性，旅游同样如此，都有着各自的规律，对于资源资源也有其评判标准。

从需求出发去评价旅游资源，游客参与旅游有着多方面的需求，以农业资源为例，游客参与农事体验活动具有多种目的，一个是体验特色的农事，增长见识，学习本领，一个是回忆曾经的乡村生活，还有一个是娱乐性需求。乡村旅游让农业活动具有更大价值，游客的需求多元而复杂，乡村旅游的发展同样需要既满足市场也要满足于顾客。

乡村旅游需要因地制宜，并不是每个地区都适用于乡村旅游模式，有些地区交通不便、环境恶劣，所以在旅游产品和服务上也受到一定影响，乡村旅游为乡村资源重新评估提供了机会，也为乡村发展创造了条件。

乡村旅游的目的是带动乡村经济，促进乡村经济得到全面发展，旅游所产生的经济价值是改善落后地区的工具之一。乡村旅游是完成财富传递的媒体，乡村旅游资源的价值在于通过直接或者间接的方式助力乡村经济发展，带动乡村经济复苏，为农民提供更多岗位的同时将乡村资源转化为市场经济需求。乡村旅游是旅游的新的形式，是城市旅游向着乡村旅游转换的过程，而未来乡村旅游将会拥有更多的模式来实现可持续化发展。

自然环境与乡村资源是相互依赖的过程，城乡经济互通通过乡村旅游得以传递和实现，城市游客到乡村旅游促进乡村经济发展的同时有利于城乡融合，互通有无促进文化、思想、价值观等方面的互相学习和理解，乡村旅游开发需要考虑市场化需求，以满足游客需求来开发项目吸引更多游客前来观光消费。

（四）乡村旅游可持续发展

乡村旅游可持续发展是乡村旅游经过一段时间的实践之后提出的适应经济社会发展，具有竞争力的战略理念。外国学者通过分析研究发现乡村旅游与可持续发展之间并没有绝对的标准，从生态学角度来思考，其生态平衡并没有明确界限，而生态平衡并非乡村旅游可持续发展和发展持续性的唯一要求。在乡村旅游持续性发展过程中有企业的参与、居民的参与、资源的开发、人文的挖掘、市场定位、旅游产品供给等多种因素的影响，乡村旅游并非单一而是完整的经济体系。在可持续发展中需要尊重旅游资源合理开发，注重生态保护，需要企业支持、政府和农民积极参与，需要促进经济多样化等，注重多种因素影响，不断探索，发现问题解决问题才能真正实现可持续发展。

1. 矛盾的现实

为了保证最高程度的乡村旅游的可持续性，应该保护的区域范围足够大是个棘手的问题。如果仅仅为了达到生态上的可持续性，那么所有的地区都应该被保护起来。如果社会的可持续性考虑得多一点，则当地居民应当有机会延续传统的娱乐活动，随着人口的增长，社区的空间也应有所增长。而这又不总是与生态保护原则相一致，可能是供应链和目标管理的问题，既要教育旅游消费者可持续发展观念，又要弥合乡村旅游可持续发展供方与需方两者的差异。如何解决这种矛盾，是研究乡村旅游可持续发展的动力之一。

评估信息有助于决策的制定。但也要注意单项规划的评估可能会带来的缺陷，原因是对项目的相互作用或多项目的累积影响欠考虑。在监测方面，丁戈尔介绍了在英国普遍采用的环境监察手册。它包括能源、交通、采购、消耗、健康和当地环境分项监察的办法和指标，这样有利于企业或各级政府方便自行进行环境监控，并评价旅游容量可接受变化的限度。除加强环境保护和管理外，有学者注意到地方政策对特定的区域所产生的影响，强调本地乡村旅游的发展策略应适应现行（国家）政策、文化和经济的处境。当地的环境行动计划也能帮助旅游在连接当地文化与环境的关系中扮演角色引；有些地区只是考虑怎样把资源的不足与可持续发展相联系，很少从政策和策略上考虑问题。

2. 被忽视的问题

乡村旅游可持续发展中容易被人们忽视的一面是乡村旅游资源被长期置于不平等的地位，那里的生活条件和经济机遇被置于次要地位。它们大多数是城市现代生活的冲击带来的影响，并容易使乡村旅游的优势条件变得脆弱。除了资源处于不平等地位外，常常被低估的还有乡村社会、心理、文化发挥相关作用的先决条件，而与政策和经济因素并列，造成在经济过渡和乡村旅游发展时期常常将它们忽略的现象存在，而过多地注意无形资本"软"因素的作用。

乡村农民是乡村旅游可持续发展的主体之一，村民的参与度对乡村旅游的发展也有着至关重要的影响。以美国学者Juanita为代表的研究者在

1982年对夏威夷居民进行了最关注旅游抽样调查，其中高质量生活占第一位，其次分别是环境保护、经济利益、社会成本和文化收益。由此可见在乡村旅游发展中农民最为关心的并不是可持续发展，而是最为切实的问题，可持续发展也不是单一的结果，而是一系列因素的叠加。类似的观点和研究还有很多，其整体表明乡村旅游发展中乡村居民在经营管理上普遍缺乏可持续发展的思想意识和认识，在市场开发、经营方面乡村旅游管理人员和参与者还需要进一步提高其思想认识，增加培训学习机制，以此确保乡村旅游可持续发展能够得到更多支持，在发展中减少阻力。

乡村旅游可持续发展除了保护生态环境，加强培训宣传，提高村民思想觉悟，鼓励员工增强环保意识外，还需要对影响环境的设备进行技术改造，加强管理人员专业培训，将管理人员纳入旅游核心管理范畴，制定规章制度约束行为，制定时间和空间上的管理战略。在空间上扩大资源保护范围，对环境保护采取软硬兼施的方式进行保护，在时间上持之以恒，坚持不懈完善生态环境的打造工程。资源开发创造经济价值，但是这种经济不能以损害自然环境为代价，所以在乡村资源开发和规划上需要科学规范化开发资源，保持生态环境与经济利益之间的平衡，制定长远的发展目标，实施可持续发展战略。

在乡村旅游可持续发展的过程中，环境保护是较为一致的研究观点，为解决乡村旅游可持续发展中的诸多问题，国外学者研究提出了多种策略，主要有以下几种：

1. 发挥组织的协调作用

乡村旅游可持续发展不论是在时间还是空间上都是一项大工程，企业或者个人所能发挥的作用极其有限，这时候需要政府给予支持，以政府主导方式开展科学规划和经营管理。要确保乡村旅游可持续发展需要提升生态环境保护，需要加强基础设施建设，需要科学规范化开发，以政府为主体的社会组织能很好地评估社会与环境，资源与经济之间的协调发展，组织者既是顾问也是培训机构，能够整合旅游公司和资本市场运作，协调利益关系，达到一定的平衡。政府需要引进企业资金进行开发和管理工作，加大宣传力度，做好乡村旅游中各个主体之间的利益分配问题。从乡村旅游的区域优势出发，切实加强城乡之间、不同群体之间的沟通与合作。

2. 发挥小规划的作用

乡村旅游可持续发展需要长远的发展目标，是大规划的旅游项目，但是在大的前提下需要制定更加详细的小的规划，小的规划满足乡村旅游区域内每个具体的实施计划，可以是项目中的一个也可以是一个群体，小的规划是一定时期内的目标，需要认真对待，确定其发展顺利。

3. 加强管理

乡村旅游可持续发展不仅仅要创造经济价值，更重要的对当地环境的保护，在旅游产品的开发阶段就需要规划好，以保护生态环境为主体，加强市场经济的影响，制定符合本地发展的特色乡村旅游项目。经营管理是乡村旅游产生经济效益的实践阶段。所谓的管理工作不仅仅是确保乡村旅游产生经济价值还需要保护环境，对已经发生污染的环境需要进行有效的治理工作。

4. 以发展促发展

乡村旅游与强调保护文化的完整性领先于审美需要的观点侧重方向不同的是，可持续发展不是不发展，而是更具长远目标的发展过程。基于此点，英国学者布莱姆韦尔等提出了积极地减少游客、旅游业、接待地社区和环境间的冲突，但不是阻碍乡村旅游的发展而是根据管理需要，承认有极限地发展，也是乡村可持续发展的策略，即社会政策与地理（文化）资源在一个框架内整合，这种策略已经得到成功地运用和激发了广泛的实践研究。其典型做法是加强营销，如澳大利亚利用网络和宣传资料，强化乡村旅游主题销售，吸引潜在游客，提升乡村旅游区域的价值。

5. 加强和土地拥有者之间的合作

乡村旅游发生在乡村独特地理环境优势之下，乡村土地发展主要通过三种途径。第一种是乡村旅游中使用的农田还有牧场、草原等生产农业使用用地。乡村旅游农业生产使用的农田，这种土地具有浓厚的乡村风景，有利于政府助推农业生产活动和农产品供给情况。第二种土地是保护区，保护区范围内蕴含丰富珍贵资源，有些甚至是国家级保护区域，比如自然湿地保护区等。最后一种是发展用地，这些土地需要政府整体规划，确保其生态景区建设工作。国外研究学者通过对乡村旅游土地使用进行归纳和总结，通过理论与实践相结合的方式发现可持续性生态旅游的问题研究方式，那就是通过调查发现问题，通过分析归纳总结问题，通过理论证明提出的论点是否正确，最后就是将研究成果投入实践，学者需要对实践问题进行针对性分析，寻找解决的办法。乡村旅游可持续发展需要加强与土地之间的合作，促进共赢局面。

三、国内乡村旅游发展创新理论与实践

乡村旅游作为旅游发展的重要组成部分，已展现出强大的生命力和发展潜力。随着乡村旅游的蓬勃发展，国内外学者对乡村旅游的研究内容和关注议题越来越广泛，取得了较多有价值的研究成果。在中国共产党领导下，我国已经全面建成小康社会，党的十九大提出乡村振兴战略举措旨在解决城乡发展不均衡问题，党的二十大确立中国式现代化发展战略目标。作为农业大国党和国家一直重视乡村的发展，也因此制定了"产业兴旺、生态宜居、乡风文明、治理有效、生活富裕"五大总体目标，要求建立健全城乡融合发展体制和政策体系，加快实现农业农村的现代化建设事业。

"三农"问题一直是国家重点关注和致力解决的问题。乡村不论是在经济、教育还是医疗、政策上都远远落后于城市，在农业产业调整上需要政

府加大政策力度，彻底解决乡村农业问题，利用乡村自然优势打造符合乡村发展的主体路线，以经济带动乡村集体发展的策略推出了具有实践意义的乡村旅游模式，乡村旅游合理开发和利用乡村自然风景和人文风景，打造乡村新的经济业态，乡村旅游是适应社会化发展趋势，通过乡村主体资源优势，对乡村自然环境进行有效治理，通过对环境的有效保护和治理恢复乡村绿色生态环境资源，促进乡村社会治理和乡村文化建设的发展。乡村旅游融入市场经济营销体制，将产品创新运用于旅游供给，运用新的创新理念、创业魄力、创意方式重新审视促进中国新农村新阶段的"五位一体"发展目标。面临的新问题、新挑战、新机遇需要发挥理论指导实践作用，乡村旅游是乡村进入新时代的发展阶段，面对问题需要更加科学的态度和更加专业理论，从实际出发促进其健康发展。

乡村旅游作为新时代农村经济发展模式转换、产业结构升级换代的有效方式，是促进乡村社会进步、实现乡村振兴的重要支撑产业，实践中乡村旅游迫切需要转型升级，其理论研究也将面临诸多更加复杂的科学问题。实践是检验真理的唯一标准，在乡村旅游发展过程中同样如此，针对发展中面临的新问题，既需要科学理论的支持也需要通过该实践去寻找解决问题的可行方法，理论研究是创新的突破口，通过理论研究可以清楚发现问题，也能从中找到发展的方向。我国乡村旅游的研究虽然进行了大量探索也取得了不错的成果，但是也面临着重复的研究和创新探索较少等问题，在科学化、创新化趋势上需要进一步探索，凝聚和提炼深挖中国乡村的特殊性和不可复制性。对于乡村旅游的研究学术界有必要对新时代大背景下的乡村旅游研究做深刻反思，将科学问题的提炼和问题深度研究，与研究方法系统融合进行有序统一的集成研究，将理论研究与实践相互结合，指导乡村旅游解决问题突破困境，实现可持续发展目标。

（一）国内乡村旅游发展的形式

相较于外国乡村旅游的实施和研究，我国乡村旅游研究起步较晚，在研究成果和方法上存在一定的差距，但是在乡村旅游的发展模式研究上我国学者通过努力取得了比较丰硕的成果。比如吴必虎在发展乡村旅游上通过借鉴博物馆的开馆思想，将乡村旅游通过生态博物馆的形式展现出来，这样既让人耳目一新也能很好地展示乡村生态的发展意义，让人印象深刻，文军等学者则从旅游开发和经营方面进行对比研究，总结了乡村旅游的五种发展模式，这五种开发模式分别是政府主导、企业投资、集体资金注入、农户自主和综合型发展模式，其中政府主导的就有政府与农户公共参与开发的集体模式，也有政府主导企业注资参与的项目开发，通过不同的模式开发为乡村旅游发展提供更多的选择机会和可实施方案。

我国乡村旅游因地形特色、南北差异、生活习俗等方面有所不同外，其实发展模式也各有特色。肖光明以案例研究的方式，通过对肇庆广新农业生态园的分析，认为生态园的开发涉及多方面的内容，并且管理过程复杂，据此他提出了综合性开发模式；刘得谦依据乡村旅游发展的依赖主体进行分类，将乡村旅游的发展模式分为客源地依托型、目的地依托型和复合型，并对这几种类型的特点进行了说明；谭豹从乡村旅游形成原因和乡村旅游的资源基础观的角度出发，提出了五种发展模式，即观光型、休闲型、民俗风情型、度假型和景区配套型。通过整合，就乡村旅游的主要形式来进行划分，可分为以下几种类型：

1. 观光型乡村旅游

乡村观光型旅游模式是乡村旅游中最为常见的一种旅游开发模式，主要旅游内容为参观一些特色农业生产景观与乡村自然及人文景观，在该种模式下，旅游者主要通过参观游览的方式，可以饱览乡村传统居民建筑，并对当地风俗习惯有所了解。

2. 品尝型乡村旅游

品尝体验型乡村旅游方式则更注重旅游产品的消费和体验娱乐，这种模式融合了农业生产、农产品消费和休闲旅游等多方面内容，实现了彼此之间的有益结合。品尝型乡村旅游更加注重产品的品质和游客体验活动。观光旅游型更注重乡村自然风景打造，品尝体验型乡村旅游则更注重乡村趣味的体验活动，像很多乡村旅游会采用采摘果蔬、参与农事劳动、河边垂钓等更注重其旅游产品消费价值、采摘体验活动。

3. 休闲体验型乡村旅游

休闲体验型则可以根据土地资源开展特色农事体验活动，让游客积极参与其中，乡村土地和其他资源暂时提供给游客使用，比如垂钓、农业种植、耕地体验、农产品加工等体验项目，不仅能够学习新的知识丰富自己的阅历还能让游客参与进来，增加旅游趣味性。很多城市长大的孩子对于农业缺乏基础的认识，休闲体验型乡村旅游为其了解农事生产、农民生活方式等有了一个学习的机会，休闲体验型对于研学、教育等消费团体有着一定的吸引力，能够满足他们的需求。

4. 综合型乡村旅游

综合型乡村旅游则不是单一的类型而是将多种旅游模式进行综合开发，使之形成完整的旅游项目，可以满足不同游客的旅游需求。比如可以将自然风景与人文风俗相互结合进行休闲观光资源，同时也有参与体验的游玩项目，让游客可以积极参与进来，还有旅游产品体验等综合型发展方向。综合型乡村旅游往往集文化、娱乐、交流、互动、消费等多功能一体的原则，这种综合型模式可以一站式满足不同游客观光体验，降低了旅游的季节性影响，满足游客更加多元化精神需求，游客在景区停留时间越长，其产生的消费也越来越高，毕竟旅游还涉及住宿、餐饮、游玩等活动，综合型旅游模式具有更强的市场竞争力，是实施可持续生态旅游的有效途径。

（二）乡村旅游研究的关键问题

1. 数字经济下乡村旅游运营模式问题

数字经济是互联网大数据下诞生的新的经济形态，其内容是通过大数据进行识别、过滤、运用等方式实现资源的优配、再生，是人类高质量发展下的新经济形态。2017年3月，数字经济首次写入政府工作报告，从此数字经济受到社会广泛关注。国内外不少学者对其进行研究，数字经济的出现，标志着新的经济消费模式出现，人们的生活方式变得更加效率，通过大数据进行经济分配，促进消费，数字经济推动全球产业整合与升级，催生出新的生产模式。崔晓静、赵州等在2016年对数字经济背景下的税收管制问题进行研究；逄健、朱欣民等则从国家发展战略分析数字经济的运用；张雪玲、焦月霞等学者则从数字经济指数对数字经济进行系统研究。众多学者对数字经济的研究大都停留在国家社会宏观层面，而对于数字经济对中产企业和小企业的影响和促进则研究较少，这从一方面说明数字经济对经济的全面影响，另一方面也说明数字经济研究的局限性，随着社会的发展，数字经济在各行各业的运用也将变得更加普遍，而其研究也将更加专业化和具体化。

互联网的普及和发展是数字经济形成的基础，数字经济不仅在市场经济中占有重要地位，对于各种经济形态都是一种挑战。乡村旅游产业也将迎来数字经济的机遇与挑战，这就要求乡村旅游在发展中其运营模式需要进行变革和创新。一方面我国乡村旅游在互联网上面的营销和运用不够积极，很多地区对于新媒体的运用只停留在基础阶段，不能很好地发挥互联网的影响力。另一方面是互联网平台消费促进乡村旅游网络化平台的出现，线上线下整体消费成为主流，乡村旅游缺乏专业的网络运营人才，在网络化使用中需要结合新的经济形态进行创新改革。国家颁布的《"旅游+互联网"行动计划》正是为了推动智慧旅游乡村建设，其目的正是通过互联网提升乡村旅游管理、服务和营销水平，实现新的"互联网+乡村旅游"模式，进一步促进乡村旅游的产业升级。

（1）主体数字脱贫与运营模式

数字经济的研究诞生出一系列数字化概念，数字鸿沟的提出正是运用大数据来揭示社会经济之间的差距，数字鸿沟是指在全球数字化进程中，不同国家、地区、行业之间由于信息技术的程度不同,在创新和应用上产生巨大的贫富差距,这种差距还在进一步两极分化。最早关于数字鸿沟的定义来源于美国国家通讯与信息管理局(NTIA)在1995年发布的报告。经济合作与发展组织(OECD)把数字鸿沟定义为在不同的社会经济层面上,接触并获取信息与通信技术的机会和在活动中使用互联网的频率,在个体、家庭、商业组织、地区和国家之间存在着差距。我国学者李昭晖在2010年发布的报告中称数字鸿沟是不同主体在使用信息通信技术获取和利用信息资源上存在差距所造成的信息贫富分化问题。尹静、吴荣、朱静等人则认为数字鸿沟从本质上来说,是因为信息获取和利用不公平导致,获得信息效率低的主体则是数字贫困者,我国城乡之间就存在明显的数字鸿沟。这些数字鸿沟已经严重影响数字经济的发展,在发展乡村旅游中数字贫困问题不容忽视。

数字贫困的概念源自数字鸿沟。我国大部分农村地区都处于数字贫困状态,这严重阻碍了农民的增收,制约着农业增效和农业的产业创新,在数字经济时代背景下,乡村需要获取更多信息和网络技术摆脱数字贫困状态。我国乡村在数字鸿沟方面主要包括基础设施接入层面与城市存在巨大差距,数字鸿沟会带来互联网红利和互联网资本的差异,这些差异将进一步增大城乡经济之间的发展不均衡局面。

在应对数字鸿沟上乡村旅游需要在产业上进行升级改造,旅游数字扶贫需要加强数字化基础设施建设,加强农民获取信息渠道的教育工作。在政府的支持和帮助下大力发展乡村旅游主体数字化方面的介入、网络化升级和普及以及培养网络化人才参与基础设施建设和管理工作,同时还需要对乡村居民进行网络信息方面的宣传学习工作,加强信息素养教育,解决数字贫困问题。

我国已有学者针对数字鸿沟和数字贫困进行研究,旨在对新农村建设中数字贫困的现状提出解决思路和探索方法。但是乡村旅游下的数字脱贫还未有研究。2017年周向红和王琳从教育投入指数、宽带连接指数、大学生指数、移动手机指数等指标来进行数字贫困监测和定义。乡村旅游作为乡村经济发展中的重要环节，发展主体中的数字素养具体有哪些，如何摆脱数字贫困，需要进一步研究。

（2）运营模式数字化管理与创新

数字经济的本质在于信息化，它要求乡村旅游数字化运营模式在关注发展主体数字脱贫的问题之外，还应当考虑整个数字化运营模式的管理和创新。传统上，乡村旅游采取的运营模式有政府主导型、社区参与型、合作组织引领型，抑或是"政府+社区+农户+合作组织"的模式。李杨认为在数字经济下，互联网技术为乡村旅游运营模式提供了便捷、高效的发展机会。已有研究对旅游业数字化运营问题的讨论聚焦于数字化平台建设，学者探讨了遗产旅游、红色旅游、星级酒店、旅行社等的数字化平台运营模式与路径，研究表明，旅游业中数字平台建设亟待整合与创新。但学者对乡村旅游的数字化运营平台建设问题较少涉及，实践中，乡村旅游的数字化建设情况不容乐观，乡村旅游的数字化运营平台亟须建设。那么，与其他旅游业态相比，乡村旅游的数字化平台建设有何独特性？这一平台如何发挥作用？怎样创新其运行模式和机制？乡村旅游数字化运营模式中各方利益主体如何发挥作用？他们之间的作用关系如何？制约各方主体作用关系的因素有哪些？如何对数字化运营模式进行预测和管理以构建动态的运营模式？影响运营模式创新的因素有哪些？如何为乡村旅游数字化运营平台提供政策扶持、制度创新？对此类问题的回答，将有助于突破乡村旅游发展的现实困境，并促进乡村旅游理论研究的进步。

2. 休闲经济下乡村旅游市场开发问题

休闲经济着眼于人的休闲消费、休闲心理、休闲需求和休闲行为，以满足人们多样化和多元化的发展为目的，体现了新时代人们意识、心理、行为等一系列特征的变化。在这一经济形态下，人们的消费理念开始从注重物质消费向注重文化和精神消费转变，从追逐于城市生活向体验乡村休闲、度假转变，由此，带来了乡村旅游开发的热潮。2016年的中央一号文件指出"大力发展休闲农业和乡村旅游"，2017年的中央一号文件进一步强调"大力发展乡村休闲旅游产业"。

乡村旅游正是休闲经济下诞生的新的旅游模式，休闲是经济发展下的精神需求，是游客旅游需求的多元化升级体现，游客不再仅仅满足观光更多的需求是体验、互动和探险模式，强调其参与感和娱乐性。游客对于乡村旅游开发的创新需求进一步增强，这对乡村旅游来说既是机遇也是新的挑战，乡村旅游需要提高主体经济的开发和管理水平，将乡村风景融入文化元素，突出乡村特色和休闲体验，从休闲经济发展上重新审视乡村旅游市场的开发和管理问题。

（1）乡村旅游产品创新

为了满足旅游市场日益多元的旅游市场经济需求，乡村旅游在开发模式和产品提供时需要做产业升级，如此才能满足休闲时代下游客对旅游的更高需求。对于乡村旅游的创新化升级国内外学者对其进行了广泛深入的研究。早在2003年就有人通过对创造包价旅游的托马斯·库克旅行社进行研究，托马斯·库克旅行社与集电影与主体乐园结合的华特迪士尼公司合作，共同推出具有消费价值的旅游产品，将迪士尼主体人物融入产品中进行销售，这一创新具有划时代的意义，也为以后的旅游综合性产品提供了更多理论与实践的支持。此后更多旅游产品创新研究从企业层面到多种旅游产品模式，比如Enz&Siguaw对定制化服务的研究，Clydesdale从目的地层面探讨旅游项目创新模式。相对于传统经济学来说，休闲经济更加注重以人为主的核心经济消费观念，游客成为旅游消费的主体，生产者和消费者之间需要更多的互动和参与，乡村旅游在创造旅游产业的同时既需要满足乡村性和本土化，也需要寻找差异化，实现创新旅游产品设计，以满足休闲经济的需求。

乡村旅游在旅游产品创新上，一个是基于价值共创的乡村旅游产品创新研究，一个是基于慢生活理念的乡村旅游服务供给研究。Vargo 认为基于价值共创的乡村旅游产品创新价值是由游客和企业共同创造，将价值共创作为理想命题来进行探讨。钟振东和唐守廉也同样肯定了价值共创的重要性但是对于如何实现价值共创却很少有站在价值共创角度去研究具体的方式方法，在城乡经济大融合背景下乡村旅游发展需要更多的创新以实现游客与企业之间的价值共创，同时通过价值共创达到双赢的局面。

而基于慢生活理念的乡村旅游服务供给研究，闫红霞和琳霞则先后提出将慢生活理念融入乡村旅游发展模式中，以此来吸引游客，她们也表示慢生活理论的研究和实现需要更深入的研究。乡村旅游产品如何服务慢生活，如何将慢生活融入乡村旅游开发模式中，这些具体实践需要进一步深入研究。

（2）乡村旅游市场细分

在休闲经济时代背景下游客更加注重自我体验、欣赏价值、情感表达等更高层次精神需求，旅游市场需求进一步扩大，旅游市场根据游客需求需要进一步细分，从创新上更新产品、升级服务，特别是针对特殊人群的需求需要得到重视。于艳、黄震方、伍海琳等先后提出针对儿童的旅游市场产品需要进行创新开发和营销推广，以促进旅游市场进一步细化。舒伯阳、陈德广、许峰、梁江川等学者则分别从消费者行为、游戏动机、旅游态度、活动偏好等角度进行市场化旅游的细分研究。

旅游业作为第三经济产业，涵盖面积广，旅游人群包含社会各个阶层，人们的生活方式和生活环境千差万别，通过游客资源进行市场细分，需求细分则可以分为不同的市场。在休闲经济时代下，学者和业界需要通过更多的市场细分标准来研究乡村旅游模式，为不同游客提供更有价值更细化和个性化的旅游产品和服务。要对不同生活方式、不同地区、不同游客的需求进行细分，需要结合社会学、心理学、人类学等方面的专业进行研究作为理论依据，根据游客需要开发更加多元更加细化和具有创新的旅游产品。

3. 创新经济下有关乡村旅游创业问题

戚文海在2007年提出创新经济是以技术创新、人力资本、高新技术和信息技术为重点的经济发展的新形态；2012年邢国繁、徐从才、张迎红等学者对创新经济的研究聚焦在国家与地区创新经济发展进行研究；崔维军、陈凤、罗玉等学者在2014年从崔维军、陈凤、罗玉角度进行研究。此后研究从宏观到微观都进行了创新研究和探讨，普遍认为市场需求与技术进步双轮驱动的创新经济时代已经到来。2015年，"大众创业，万众创新"被写入《政府工作报告》，成为国民经济改革的重要战略手段之一。目前，乡村旅游创业从内容和过程上都呈现出新的发展特点，在创业主体、创业形式与效果、创业制度与政策等方面的内容得到延伸，需要学界对乡村旅游创业的理论研究做出新思考。

（1）创业主体

在创新经济下，乡村旅游创业鼓励普通民众发挥能动性和创造力，自愿地参与创业活动，实现个人价值。创新时代背景下的乡村旅游具有多元化优势，乡村村民具有极大的参与感，在发展乡村主体经济上具有更多的优势和经验，通过创新发展来满足游客更高市场需求。研究表明：乡村旅游返乡人员中女性成为乡村旅游创业的主体，女性在乡村旅游管理与服务上参与度更高，在旅游产品供给上占有主导地位，乡村旅游村民作为创业主体需要如何突破对于整体发展有着促进作用。对于乡村旅游而言，在科学经营管理、市场创新、制度创新驱动下，创业者需要积极配合整体调整，形成有效的产业升级机制，更换新的旅游模式，满足创新积极发展需求。

（2）创业形式与效果

创新经济不仅要求创业过程中实现技术创新、资源创新、市场创新，还强调创业形式、创业效果的创新。乡村旅游创业不能局限于经济绩效，更应该重新审视乡村旅游创业的社会价值，重视乡村旅游社会创业及其社会效应，因此，乡村旅游社会创业成为一个重要的研究领域。2011年国外学者 Ratten&Welpe 提出从创业动机和目的出发，社会创业是一个创新地利用身边的资源以满足社会需求、解决被忽略的社会问题的过程。Austin、Stevenson&Wei-Skillern 则强调经济利益和社会福利的均衡。从创业绩效构成来看，社会创业是利用商业手段创造社会价值和经济利益的机制。关于乡村游经济利益和社会福利的实现目标问题，创业企业和利益相关者发挥的作用都需要进一步深入探讨，以明确乡村旅游创新经济的形式和效果。

（3）创业制度与政策

创新经济形态要求旅游产业随着时代背景、经济环境、市场需求的变化进行制度变革和创新，乡村旅游创业更是如此。近年来，各级政府针对乡村旅游创业出台了各种规章制度、优惠政策，以期带动乡村经济和社会的进步，实现乡村振兴。实践表明，相关制度保障已取得显著成效，推动了一批乡村旅游创业活动，但在土地、资金、人才等方面仍需要制度与政策环境支持。一方面，乡村地区的旅游创业离不开政策扶持、制度创新。在新时代下乡村旅游创业所需的土地、资金、人才等如何落实和变通，乡村旅游创业受哪些制度性因素的制约，政府需要在哪些方面进行政策倾斜和制度变革，制度环境对乡村旅游社会创业的作用机制是什么，制度感知对社会创业行为有哪些影响等问题都有待深入分析。另一方面，乡村旅游创业者如何适应、改变现行制度或创造新制度为个人创业提供有力的环境支持，决定着旅游创业能否顺利进行，从此角度看，乡村旅游制度创业将成为一个必要的研究课题。已有研究对制度创业过程的划分可归纳为建立变革基础阶段、理论化新制度阶段及推广新制度阶段。在乡村旅游发展中，制度创业的过程与机理是什么？有何特殊性？制度创业的驱动因素与机制是什么？各利益相关者之间是如何互动、博弈的？乡村非正式制度对创业过程产生怎样的影响？这些问题迄今较少涉及，未来可以深入探究。

4. 绿色经济下有关乡村旅游可持续发展问题

绿色生态发展是乡村旅游的主体理念，在发展绿色经济的可持续发展思想中需要确立新的经济发展理念。国内学者们从实施绿色发展路径和策略上进行研究，确定驱动和制约绿色发展的主要因素，以及如何推动绿色经济发展的改革、政策和金融服务。绿色经济发展的评估具有一定的指标体系，如何实现绿色经济发展模式，需要通过各种因素多种维度进行深入研究。通过对绿色经济和绿色生态发展进行分析和比较，寻找到和谐发展的方式方法，以促进经济、生态和社会三方面的全面可持续发展。在新的经济形势下，乡村旅游发展需要注入更多活力以满足市场化需求，在平衡经济发展和环境保护上需要更加有力的内在机制，在乡村旅游发展过程中会遇到很多急需解决的问题，比如乡村生态环境的污染问题，经济发展缓慢问题等，都需要切实可行的方案促进发展。因此，在绿色经济背景下如何协调乡村旅游与生态环境的发展，推动乡村旅游与乡村社会、生态的融合发展，将绿色生产和绿色消费相结合，显得迫切而必要。

（1）绿色生产与乡村旅游可持续发展

在绿色经济形态下，绿色生产成为农业供给侧结构性改革的关键。2017年的中央农村工作会议强调：坚持绿色生态导向，推动农业农村可持续发展；坚持遵循乡村发展规律，扎实推进美丽宜居乡村建设。由此，乡村旅游事业的发展需要树立"绿水青山就是金山银山"的理念，力求寻找与乡村生态文明、绿色发展、美丽乡村的契合点，实现乡村生产、生活、生态、生命的共赢，才能实现乡村旅游的可持续发展。

2017年颜文华研究分析了乡村旅游景区绿色发展指数，张中奎、唐静、祝小林、王婷婷、王迎涛等国内学者先后研究了绿色生产的制约因素、如何驱动内在机制、如何实现绿色经济发展模式等问题。虽然对于绿色生产与乡村旅游的可持续发展上国内专家学者通过经济学、生态学、社会学对其进行过研究和分类，但是在绿色生产方式、生产效率等具体问题上缺乏理论支持，在如何构建绿色乡村旅游产品体系上缺乏具体研究，针对乡村旅游中的绿色资源保护、绿色产品营销推广、绿色生产的品牌建设等都缺乏细致全面的研究。乡村旅游的可持续发展正处于发展阶段，很多地区都需要做产业升级调整，乡村旅游的可持续发展问题需要切实可行的理论体系，需要对其做更加深入的研究和分析。以推动绿色生态发展为目的展开深入研究有助于实现乡村旅游可持续提供更多理论依据。

（2）绿色消费与乡村旅游可持续发展

要实现绿色经济下的乡村旅游可持续发展，除了供给侧发力之外，作为需求方的旅游者应当践行绿色消费观，做负责任的乡村旅游者。吴波在2014年发表的研究中表示绿色生产的基础是如何培养和引导游客进行绿色消费，对此在绿色消费方面需要选择能够满足游客绿色消费的产品，绿色消费具有什么样的特征需要进行研究，影响绿色消费的原因和消费者的心理同样值得关注。对于乡村旅游情景下的绿色消费则很少研究，一方面是乡村旅游本身具有绿色生态特征，其产品涵盖了绿色消费内容；一方面乡村旅游在绿色产品方面缺乏创意和营销渠道。绿色消费行为受经济、教育、需求、心理因素等影响，是较为复杂的消费过程，各种因素对于消费者具体影响缺乏相关具体研究，绿色消费与旅游体验有着怎样的关系？绿色消费行为的内外在因素又是什么？对于这些问题在未来需要更加量化、细化分析，通过调查用实例来做对比研究，以明确其中的影响，最终确保乡村旅游可持续发展。

（三）乡村旅游研究的新趋势

乡村旅游研究通过不同角度，运用不同学科背景以不同理论研究为根据，对乡村旅游发展中遇到的问题、乡村旅游发展规律、影响乡村旅游因素等进行实践考察、分析研究。不同学者从不同视角上进行探索，有从实际问题出发研究，有从理论体系构建开始研究，也有从具体实例进行分析和总结。乡村旅游是对乡村资源的整合发展，是乡村经济赖以发展的基础，

第四章 乡村振兴战略下江苏乡村旅游创新发展模式

乡村旅游受到经济、环境、人文、社会等多种因素影响。中国乡村旅游起步较晚，其发展过程中会遇到各种问题，未来乡村旅游的发展将会在以人为本，生态发展的同时兼顾文化、制度、社会等方面的发展，乡村旅游在可持续发展上需要更多的理论基础作为支持，以探索更多可行的发展模式，最大限度助力乡村振兴的实施。

1.乡村旅游主客观的转变与共融

乡村旅游的发展是围绕旅游市场需求展开的。随着经济的迅猛发展大众游客对于乡村旅游有了更高的要求。乡村旅游不再仅仅作为一种文化资源消费，而是将成为一种生活方式的升级，是满足游客精神需求的一种途径。在过去乡村旅游一直作为一种旅游产业，将乡村资源经过科学规划和整合形成具有审美价值和乡村特色的乡村体验模式，游客作为消费主体，是被动消费的一方，所以初期的乡村旅游模式以传统农家饭、农家乐为主题的旅游模式被很多乡村地区模仿实行，虽然也有区域民宿的出现，但是其模式都偏向大众化消费观念，往往追求服务的标准化，追求设施尽可能高级，满足游客对于舒适的需求却忽略了乡村旅游的特色，不能满足游客更高需求消费。

新一时代背景下的乡村旅游模式需要转变主客观观念，乡村旅游需要在产业上做升级换代，让游客参与到旅游产品的创新设计和服务中去，充分发挥多元主体和共建优势，让游客从被动消费转向主动消费，真正为游客提供给乡村农家体验和农家乐趣项目。未来乡村旅游将会让游客共同体验和分享乡村旅游的生产和消费价值，消费主体与客体进行转换，从根本上改变旅游市场开发和规划管理问题。旅游市场需求由游客生活方式改变而形成新的消费观以及向往更高层次精神需求导致。游客作为旅游市场主体，乡村旅游作为一种特色化旅游模式，在满足游客吃、住、行、游、购、娱的需求体验外，还需要保持乡村本色，与游客互动共融，向着"文、商、养、学、闲、情、奇"的更高目标转变。乡村旅游的产业结构根据目标进行调整，以实现乡村旅游的可持续向着更加广泛多元化发展。

2. 乡村旅游资源观的转变与整合

我国乡村旅游发展到目前为止，大部分地区乡村旅游模式是依托于自然景观和人文景观上的资源开发项目，对于更多形式缺乏尝试和实践，开发模式和产业转型不够多元和丰富，在可持续发展上需要更多开发和认识。新时代下的乡村旅游需要坚持农业农村优先发展战略要求。农业发展不仅仅限于农业生活还有农业产业融合的思想建设和经济建设。在发展经济的同时需要包含以人为主、城乡融合的内在乡村社会发展和进步。乡村旅游要完成环境、经济、社会、人文等多个方面的发展需要树立产业融合、多元主体共创的大资源观，在未来的可持续发展中一方面需要对乡村资源进行整合，大力促进经济产业融合发展，对乡村资源进行创意开发，提供综合性的乡村旅游产业和服务。乡村旅游开发中对于核心资源，比如自然环境、人文民俗等需要将其特色融入旅游产品开发中去，旅游产品供给上满足游客更多元消费需求。另一方面是对于城乡资源的融合发展，城市经济作为社会主体经济具有科学技术、人力资源、资金充足等优势，乡村旅游发展需要充分利用城市建设中科学发展、人才、资源等因素与乡村绿水青山资源进行高效结合发展，通过互相借鉴和学习将乡村旅游乡村资源融入科学发展规划和管理中，为城市客户群体提供更加专业化的服务，最终实现现代化乡村经济创新发展模式。尤其是近两年来，旅游特色小镇建设热潮的兴起，在更大范围内为乡村旅游资源整合提供了强有力的依托。旅游特色小镇在一定地域空间内融合了城乡人口、资本、企业、产业，将为乡村旅游未来的发展提供更大的发展空间和发展机遇。

3. 乡村旅游制度观的转变与创新

乡村旅游的发展是以人为本的资源延续和乡村产业整合。乡村旅游主观上是满足旅游市场需求，促进乡村经济发展，而客观上需要遵循各种开发经营制度，以保障其科学规范化发展。国家从大局出发制定乡村振兴战略，以解决乡村经济滞后问题，各地区政府部门需要根据地区资源优势和环境特色制定合理的发展规划，出台相应的政策保障，在对生态环境保护、基础设施建设、规范化经营管理上需要对乡村旅游活动进行引导和支持。乡村旅游开发因地制宜，全国各地乡村因地域、环境、产业、资源等各不相同，各有优势也各有局限性，乡村旅游发展中普遍面临资金、土地、人才紧缺问题，还有产业单一的问题，都是乡村旅游发展中亟待解决的问题。造成这些问题的原因第一方面是土地作为资源开发载体，在使用上受到限制无法按照规划进行建设，导致很多乡村旅游规模小不能形成产业规模。第二方面是资金是乡村旅游发展的动力，乡村旅游项目受到交通、人口、资源等因素的影响收益缓慢，不能很好地引进投资，政府在扶持项目资金上需要加强力度，同时需要注重吸引企业投资，避免乡村旅游发展后续力不足问题出现。第三方面是乡村旅游开发、规划、经营、管理等方面临人才稀缺问题，人才是乡村旅游发展的核心竞争力，旅游作为产业链，各个环节都需要专业人才进行合理开发，资源挖掘，在管理上要有制度和机制，在发展中需要了解市场具有战略思维的人才，乡村由于经济滞后不能很好地吸引人才前来发展，加上乡村主体相关人员整体素养比较低，对后续发展有着极大的影响，国家和政府需要大力培养相关人才，当地政府需要放宽政策吸引人才返乡加入乡村旅游发展行列以满足乡村旅游发展需求。

乡村旅游在发展中需要国家制度的保障和支持，以形成规范化经营管理机制，法律法规保障其核心利益。要实现可持续发展还需乡村社区和企业内部制定管理制度，以约束行为保障旅游景区有序发展，同时也需要激励内部自主机制，形成自治的内在驱动，激发乡村居民自觉爱护环境、热情接待游客等道德层面的约束和规范，真正实现法制、德治和自治互相融合，有效治理。

（四）乡村旅游研究的整合框架

在新的百年发展开始之际，我国进入中国式现代化进程。社会经济领域不断涌现出数字经济、休闲经济、创新经济、包容性经济、绿色经济等新经济形态。在乡村旅游实践中，经济学规律决定了产业发展必须依赖供需双方共同发力、相互推进，同时，在理论研究上，新时代乡村旅游在供需层面也面临着新的研究问题。乡村旅游实践中休闲经济逐渐占消费经济主体地位，在满足游客需求的市场研究中需要做更加细致的分析，以创新多元旅游产品满足游客新的精神需求。而数字经济则为乡村旅游发展带来更多可能性，数字经济有助于乡村旅游实现产业转型，更新运营模式，提高产业效能，运用大数据精准定位游客需求，制定更具市场竞争力的产业形态和旅游产品。在创新经济推动下乡村旅游在发展中需要进行创新主体资源和创业制度等方面做新的调整，以更加符合旅游市场需求的产业来服务大众。新的经济形态将会推动乡村旅游更具包容性，在绿色发展和脱贫攻坚上乡村旅游的实践需要更多理论依据和实践总结。也因此国内学者在研究新时代背景下乡村旅游可持续发展上需要通过更加科学的方式从不同维度对乡村旅游发展中遇到的新问题，绿色生态旅游发展展开新的讨论，对影响其发展的因素进行深入探讨，在资源开发和规划制度建设上提供正确的方向，助力乡村旅游发展主体、制度、要素发挥应有的作用，从客观与主体上寻找到解决问题的办法，以适应新的经济市场需求。

第二节　江苏乡村旅游创新模式

一、江苏乡村旅游特色与品牌

随着现代旅游的发展，乡村旅游成为游客心中回归自然、放松身心、感受乡村野趣、进行休闲娱乐的主要方式，我国乡村旅游经过几十年的发展已经取得不错的成效。党和国家高度重视乡村旅游工作，乡村旅游开始从向着更加多元模式发展。江苏省作为旅游大省，在乡村旅游实践上依托成熟的旅游经验在城市周边乡村展开，部分地区已经取得卓越成效，乡村旅游带动乡村产业经济形成特色品牌优势。更多乡村旅游特色村镇和乡村旅游主题区域打造完成，形成具有休闲娱乐、科研教育、特色文化和文化传承的集观赏性和空间性为一体的旅游特色村镇，并具备优势突出的品牌号召力和品牌特色。

（一）江苏省旅游特色村镇发展现状

1. 旅游特色村镇资源丰富

乡村旅游在环境保护方面具有主体优势，乡村旅游的开发其中一个目的就是为了保护环境，在开发上通过对自然环境的合理开发，形成特色产业结构村镇。乡村特色村镇的打造依托乡村独特的自然环境、传统文化基础上开发的休闲体验旅游模式、促进城乡共同发展，为农民增收，促进农村经济全面协调发展和社会进步。2009年我国开始着手打造特色村镇项目，各地具有民族特色的村镇陆续加入项目开发中来，经过发展到2010年全国各省已经发展打造了400多个具有现代化意识的新农村典型案例。其中具有代表性的"全国特色景观旅游名镇（村）"一共有105个。江苏省因旅游资源丰富，在发展乡村旅游中更是具有积极带头作用，江苏省占了9个名额，包括江南水乡周庄、同里、江阴市徐霞客镇、姜堰区溱潼等国内外知名特色旅游村镇，这些景点无一不是具有丰富的天然资源和江苏悠久的历史文化背景，江苏省得天独厚的水乡景观和历史建筑资源为乡村旅游村镇增添了更多可供取材的资源优势。

2. 旅游特色村镇类型多样

（1）历史文化名镇（村）

江苏省不仅具有得天独厚的水资源环境，还有几千年的历史文化沉淀，江苏省历史文化名镇（村）指的正是拥有丰富文化历史建筑和人文价值的地方特色村镇。江苏省对于历史文化名镇的建设通过深入挖掘，在尊重历史的基础上发展其特色文化资源，形成具有广泛传播性和观赏性的历史文化名镇旅游景观。

（2）新农村建设示范型

乡村旅游特色村镇是乡村旅游发展的更深层次发展，不管是在自然景观和人文景观的深入挖掘上还是其旅游产业规模上都有着质的提升，乡村旅游名镇具有更大的市场竞争力和品牌优势，不管是在宣传推广还是功能性上都有着丰富多元优势地位。许多村镇在政府规划指导下积极参与到乡村旅游建设发展中，打造集乡村美景和优质服务为一体的乡村改造升级中去。乡村旅游村镇的打造对于建设新农村有着积极示范作用，通过乡村旅游逐步形成整洁干净的乡村环境，人文素养和教育水平也相应提高，切实满足乡村农民更多需求，人们生活水平提高过上富裕的生活，形成新时代乡村代表，比如苏州旺山村成为新农村建设的典型村，短短五年间先后斩获了"全国农业旅游示范点""全国创建文明村工作先进村""全国特色景观旅游村"和"全国生态文明村"等多种荣誉称号。旺山村则通过对于土地环境种植改造，有效利用现有资源进行科学规划，充分利用自身优势资源经过几年发展，完成生态农业、观光农业的发展道路，不仅改变村庄的整体生态环境，还为农民提供更多经济渠道，让农民实现了致富之路。

（3）景区依托型

乡村旅游景区依托型是特色村镇中最为常见的类型，其特点是利用村镇将旅游景点与古迹遗址等进行优势结合，通过对环境升级改造加上人文的烘托形成特色资源优势，吸引游客前来观光消费。景区依托型的乡村旅游模式面向客户群体广泛，能够满足游客观光需求，其缺点也比较明显，那就是观光旅游同类产业比较多，游客回头率会比较低，毕竟观光型旅游其特色资源不够丰富，不能满足所有游客需求。江苏省宜兴市湖父镇的竹海风景区正是通过丘陵山区特色竹海打造的生态旅游景区，在保护环境的同时发展乡村旅游产业，带动地方经济，通过准确定位发展休闲农业，以此吸引大批国内外游客前来观光旅游。

（4）名人效应带动型

除了依托自然风景和历史人文资源的景区建设，还有通过名人效应来建设相关景物资源相互结合的旅游模式。名人，早已具有极高的关注度和知名度，能够满足人们对于知识的探索和名人古迹的寻根溯源，满足人们的好奇心和猎奇心理。以探访名人带动的旅游模式在开发上需要深挖名人逸事和名人所带来的社会效应，在宣传上会更有号召力和知名度。我国拥有几千年的历史，其中出现的历史名人数不胜数，很多都成为历史长河中的符号文字，但是其名人精神却被代代相传，寻访名人足迹和名人精神成为游客所热衷的旅游方式之一。江苏省作为具有悠久历史的文化名省，其中不乏名人历史，这是历史的瑰宝，比如徐霞客名镇，正是通过历史名人徐霞客打造徐霞客文化博览馆，丰富徐霞客独特的内涵，在景点打造上增加其名人品牌效应，也成为旅游亮点之一。

3. 旅游特色村镇价值较高

江苏省的特色水乡古镇资源是我国旅游特色村镇中最为丰富的资源之一。最具代表性的是周庄、木渎和同里。它们都拥有美丽的自然景观和独特的水乡生活特质，虽然这些年已被过度地进行旅游资源开发，影响了它们最真实的本来面目，但人文环境中的民风民俗依然保留，并通过一些传统习俗的特点能够揭示其真正的文化底蕴，所以这些水乡村镇仍然具有极大的观光价值。

4. 旅游特色村镇整体发展较不平衡

江苏省虽然具有丰富的物产资源和悠久的历史文化资源，但是在旅游特色村镇的开发中存在参差不齐的发展态势，旅游特色村镇整体发展较为不平衡。主要表现在有些乡村地区对历史和自然优势开发比较全面，能够很好地利用自身优势形成品牌效应并取得了不错的成果，有些则还处于起步阶段，开发形式也比较单一，不能满足游客需求。比如开发比较早的周庄古镇和同里古筝,被政府全力打造独特的民俗文化而在国内外拥有很高知名度,每年接待大量游客。而其他一些乡村旅游景点则发展缓慢,比如常熟市蒋巷村旅游特色发展缓慢,且开发水平不高,只能吸引短途游客单次体验,很难吸引游客重复旅游。江苏省旅游特色村镇整体发展不平衡,需要从根本上解决协调统一和可持续发展之间的矛盾,特别是在不知名特色村镇的打造上需要增加竞争力,扩大旅游路线范围,增强旅游宣传和市场营销力度,突出自身优势,创新产品来吸引游客注意。

5. 部分旅游特色村镇"特色"较不明显

旅游特色乡村的打造重在突出其特色,特色作为乡村旅游的核心竞争力,需要在开发、宣传和经营上不断提升其市场竞争力,打造独一无二的特色资源优势。江苏省在特色村镇打造上具有领先优势,有部分特色村镇已经取得比较优秀的成绩,但是还有一些特色村镇因为"特色"不明显而缺乏品牌宣传力,阻碍了其可持续发展。江苏省拥有丰富的水资源,在水乡古镇打造上难免有市场定位和产品功能上的重合问题,很多地区打造的特色水镇不能展现其独特的优势地位,很难与知名特色村镇相比较,这时候需要重新定位市场需求,不能从环境上建设就从文化角度进行深入研究或者打造主题旅游项目、功能型旅游项目,旅游村镇必须从实际出发,制定长远的发展目标,找到符合自身发展的道路。

(二) 江苏沿海与苏北地区特色旅游发展

江苏省拥有绝佳的水资源体系,江苏依托丰富的旅游产业大力发展特色旅游,如今旅游已经成为江苏省主要经济产业之一。跟国内很多省份一样,江苏省南北因为地理因素差异其发展有很大差异,江苏南部依托丰富湖河资源优先发展,江苏省沿海拥有一千多公里海岸线和苏北地区成为江苏省欠发达地区。江苏省要在发展上迈向更高发展之路,必须均衡区域发展,发展沿海、苏北地区成为急需解决的问题。

发展沿海经济有利于提升长三角洲区域整体实力,促进苏北地区发展和带动皖北地区发展，实现长三角洲经济一体化发展战略。江苏省在实现区域均衡发展上需要准确把握国家经济发展大方向，从整体经济大环境出发去打造江苏特色旅游业的发展思路，乡村旅游在实施上有利于打造沿海旅游经济和苏北特色乡村旅游产业，实现南北经济相互融合、相互促进、共同发展，通过打造区域旅游经济产业链形成特色旅游资源整体发展。

1. 绿色旅游

经济发展带来环境污染、噪声污染等一系列工业化问题，这些因素将直接影响人类居住环境，旅游产业发展对于环境恶化、生态失衡、能源危机等生态环境有着缓解作用。城市化进程加速产业发展，旅游市场带动更多消费群体，在新的旅游市场需求上绿色生态环境需求成为未来旅游市场主要精神需求。提倡健康、环保生活方式的人们更加向往大自然，生态旅游将成为未来旅游发展的重点内容。

江苏省沿海地区具有独特的海洋、森林和湿地环境，旅游将促进其海洋环境的保护机制，与此同时丹顶鹤和麋鹿国家级自然保护区的落成也为其旅游提供资源优势，加上周围河网密布，湖泊遍布，形成丰富而又独特的湿地环境，这些都是环境资源优势，在打造特色旅游景区上具有重要意义。

江苏省具有其他地区所无法比拟的天然优势，在发展旅游产业，规划国家生态公园建设上需要整体布局，利用自身环境优势打造天然湿地、海洋景观，合理规划，向优秀景区学习经验，招商引资加大投入，对资源进行深入挖掘和综合开发，提升服务品质，打造具有市场竞争力的独特旅游产业。

旅游产业是一项复杂的产业组合，旅游产业的发展不仅有助于生态环境的治理和保护，对于经济、人文和社会同样具有重要意义。旅游产业在时间和空间上具有极大的现实意义，旅游在时间上能够加速经济发展形成新的消费模式，促进产业之间的合作交流，从空间上看具有升华精神，满足游客精神需求的社会作用。旅游开发对于区域资源打造有着重大促进作用，立体化绿色空间发展系统将带动地区森林、草地、树木、渔业等进行绿色产业转型和可持续发展。

2. 银色旅游

江苏省不仅拥有丰富的自然资源和悠久的历史文化还有丰富的盐资源，历史上江苏沿海的盐业生产以淮河为界，分为淮南和淮北两个盐场。这个两个盐场在古代统称淮盐或吴盐，两淮盐业赋税曾是国家经济的重要来源，李白有诗"吴盐如花皎白雪"和杜甫所说的"蜀麻吴盐自古通"，正是指江苏的盐场。盐城是全国唯一一个以盐来命名的城市，可见其盐产业的历史悠久，这种以盐为代表的银色资源成为海盐文化的代表，盐城的中国海盐博物馆和4A级的海盐历史文化风貌区相继开放，为这座散发着浓郁盐文化的古城注入深厚的文化内涵。盐作为生活必需品之一，其海盐文化作为独特旅游产业对游客具有极大吸引力。

除了海盐，江苏省另一个银色旅游产业是以长寿为主要宣传品牌的旅游景区。随着生活水平的提高，健康长寿成为人们对于生命的极致追求，各种养生行业也随之蓬勃发展。各国地区先后出现人口老龄化问题，面对老龄化问题既是一种社会问题也是一个新的机遇，经过多年旅游发展，南通市如皋、如东、启东已先后获得了"中国长寿之乡"的称号，以长寿作为品牌切入点打造的旅游产业具有极大的市场竞争力，也能够吸引更多游客前来观光旅游。

3. 红色旅游

红色对于我国来说有着重要的革命意义，红色旅游景区特指中国共产党在革命和建设新中国期间留下的大量珍贵历史资源和精神文化传承。红色旅游以纪念红色革命人物故事和传播红色革命精神为旅游主题，是进行爱国教育的重要场所，具有历史、教育、社会等多种综合价值。比如淮安的周恩来纪念馆、宿迁的彭雪枫陵园、徐州的淮海战役纪念馆等都是典型的红色旅游特色资源。江苏作为红色革命发展地之一，拥有很多值得纪念和开发的红色旅游资源，比如溧阳的水西村、连云港的抗日山、泰州的黄桥战役遗址、盐城的泰山庙、阜宁停翅港新四军军部旧址、大丰的邹韬奋演讲地等很多红色遗址地。在发展红色旅游路线的同时可以将区域内红色旅游资源进行串联，打造一条独特的红色旅游精品线路，在发展旅游的同时宣传红色革命精神，让红色精神在人们心中延续下去，也为下一代种下革命精神的种子，这对于实现伟大民族复兴有着积极的推动作用。

4. 蓝色旅游

蓝色一般代表天空、海洋等无比广博的存在，是深邃神秘自然力量的代表。随着时代的进步海洋资源成为各国发展的重点，我国三百多平方公里的海域作为国家领土重要组成部分，在国际竞争中具有重要战略意义，海洋经济成为全球经济新的增长点。随着工业化进程推进，海洋同样面临巨大的污染，江苏省拥有约1000公里海岸线，伴随着长三角一体化和江苏沿海发展上升为国家战略的形势，发展海洋旅游大有文章可做。江苏沿海三市各具特色，南通江海风情、盐城湖海风韵、连云港山海风光。在沿海旅游资源开发过程中可以连通三市进行沿海旅游项目的打造，海洋资源具有独特的资源优势，海洋旅游不同于其他地区旅游方式，海洋可以提供坐船、观景、登岛、海鲜等多种海洋文化和休闲旅游服务。通过对海洋文化的深入挖掘形成具有旅游价值的休闲旅游产品，联合像大丰港等国家一类口岸旅游线和南通丰富的水资源体系形成独具特色的水上休闲旅游文化产业。

海洋文化不仅对内陆游客具有极大的吸引力，其丰富的海产品同样具备消费价值，能够为当地渔民提供更多经济来源。海洋资源在开发上具有多元模式，可以开发建设以渔文化为主的民俗旅游业也可以打造观赏海洋植物的开发基地，还能对出海登岛等体验项目进行开发。从内陆经济转向海洋经济成为国际经济新的形态，在蓝色旅游上需要转变观念、更新理念、通过合作建立蓝色旅游经济区。

5. 金色旅游

金色在我国传统文化里代表丰收、富裕、朝气的颜色，以黄金颜色为主的旅游资源主要包括具有财富和历史文化底蕴的主题公园、博物馆等旅游项目。博物馆具有文化、历史、学术、经济等多种价值，对当地历史文化和社会有着极大的传承作用，博物馆作为城市的历史宝库、文化地标具有极高的含金量，各地博物馆的开发大都是政府投资建设具有城市宣传意义，在旅游文化产业上具有极大的带动作用，博物馆作为城市地区的名片已经成为一种极具价值的旅游资源，乡村旅游在开发上同样可以借鉴博物馆的开发理念打造具有地域特色的文化展览宝库。比如南通就拥有众多博物馆资源，像乾隆行宫、淮安市吴承恩故里等都可以打造博物馆旅游模式。四大名著在我国具有很大影响力，盐城是施耐庵故居，梁山好汉举的是"替天行道"的杏黄旗，是金色旅游的又一可挖掘点。可以通过挖掘水浒传精神进行旅游资源的重建，打造一批具有影响力的旅游文化路线，比如连接施耐庵陵园、连云港宋江好汉堂等水浒文化旅游精品线路。

黄金旅游的另一个主题是主题公园旅游项目，主题公园以特定的旅游主题项目作为旅游核心，围绕主题项目打造别具一格的旅游景区，比如杭州的宋城以还原宋代百姓生活方式打造的具有古典意境的旅游景区，其中所有节目、体验和观赏均是围绕宋朝民俗展开，让游客体验穿越之感。比如2013西游记文化节暨丝绸之路经济带合作论坛就是在连云港举办。此次节会包括推介连云港市经贸、文化合作项目，第五届连云港文化产品博览会开幕，连云港港口博物馆、铁路博物馆开馆等一系列活动，而学术界将徐州西汉彩绘汉兵马俑、南京六朝石刻、苏州明清园林并称为"江苏三宝"，建议徐州在构建粤苏皖赣四省物流大通道"桥头堡"的同时，融入文化元素，将物流与人流、信息流一起运作。还有汽车作为江苏的支持产业，可以打造以汽车文化主题公园，开发建成以汽车展示、商业服务、科普教育、文化交流、休闲娱乐等为一体的全方位汽车主题公园，为江苏省旅游发展提供更多模式。江苏省在打造旅游经济带的同时需要实现长江经济带、促进珠三角地区经济发展。

当然，此外还有黑色旅游。比如基督教徒们早就作为朝圣者去了耶稣殉难处，古罗马也早就存在了角斗士，"9·11"事件后，美国世贸中心废墟也成了许多旅游者行程路线必不可少的部分。河北理工学院保留着唐山地震最原始的新建图书馆风貌，成为旅游的景点。可以预见，黑色旅游在江苏将不再是一个边缘化的旅游形式。反思 2013 年国庆黄金周旅游市场，昆山市周庄镇日接待高峰达 23 万人，景点景区不堪重负，不少明智的旅行者选择了江苏沿海和苏北地区自驾游，沿着江苏省农委、省旅游局首次联合公布的 100 条江苏休闲农业与乡村旅游精品线路。这方面淮安市是值得学习借鉴的先进地区，他们的"盱眙县乡村休闲两日游"等 8 条精品线路获得省推荐。目前淮安已建成休闲农业经营企业 577 个，现代农业科技示范园 132 个，国家级、省级森林公园和湿地公园 5 个，获批的国家级农业旅游示范点 5 个，江苏最具魅力乡村 2 个，全市年接待游客 400 余万人次，实现农业旅游收入 4.29 亿元。希冀江苏休闲农业与乡村旅游线路成为以上海为中心的长三角地区新一轮旅游目的地新的热点。

（三）江苏省海安县墩头镇旅游特色规划

经济和科技的发展带动人们生活方式发生巨大变化，收入的增加促进旅游业蓬勃发展。特别是在国家实施了双休和节假日政策之后，人们拥有更多休闲时间进行旅游消费活动，特别是交通的便利和汽车的普及为旅游提供更多有利条件，旅游成为人们休闲的重要组成部分。随着旅游业的发展游客需求也在不断变化，从相对单一的观光旅游到如今复杂多样的旅游方式，未来旅游行业将会需要更多个性化的定制旅游方式和更加细化的旅游模式。

长期以来城市旅游成为旅游重点，随着城市进程加速，环境污染、噪声污染等问题出现，人们的旅游开始逐渐转移到空气清新、水质干净、风景优美的乡村田园旅游上，乡村旅游的发展随着城乡经济融合而拥有更多优势，乡村旅游通过对自然资源的开发研究，通过对乡村风土人情和文化传统的深入挖掘，开发出具有乡村特色的旅游产业，以健康绿色的环境和浓厚的文化民俗氛围吸引广大游客前来观光消费。乡村旅游的发展不是一成不变的，而是随着产业的发展不断升级，提高消费需求，不断扩大消费群体和旅游影响力，在旅游模式上逐渐呈现多元化、综合性、多层次的品牌资源优势，乡村旅游成为旅游产业的一大亮点，具有极大的市场潜力和带动作用。当然乡村旅游也有着自身的发展局限，在产业调整和可持续发展中仍然需要合理规划、科学管理。

1. 墩头镇旅游资源概况

（1）基本概况

墩头镇地处江苏省东部，紧邻多个大中城市，交通便利，属长江三角洲经济区，面积约为115km^2，人口只有6.6万。墩头镇虽然面积不大，人口也不多，但是自然资源十分丰富，首先是优质的自然资源，墩头镇雨量充沛、气候宜人、四季分明，加上土地肥沃素有"渔民之乡"的美誉。因水量充沛，盛产优质大米，墩头镇遍布多个水稻生产科技园，墩头镇境内水道纵横河网密布，丰沛的水资源孕育出优质的水产品。除了自然资源外，墩头镇还有种类丰富的人文资源，其中具有悠久历史的人文民俗、神话传说和历史遗迹，还有红色革命遗址，文艺创作等人文资源，比如神话传说白牛变白龙的传说，古代皇帝的传说，民俗有农历三月十九传统庙会、舞龙、水乡杂技等都是具有深厚历史价值的人文资源，值得深入挖掘和推广，以历史人文作为切入点进行开发和宣传，能够很好地吸引游客前来观光，且可开发模式更加多元和丰富。

（2）旅游资源

墩头镇地处长三角经济区，交通方便，辐射诸多大中城市。墩头镇常年气温适度，生态环境优美，乡村田园风光独具特色，基本全年适宜旅游，相对于其他地区旅游分淡旺季来说具有极大的旅游资源优势。墩头镇水网密布造就良好的水资源生态系统，在绿色旅游和生态旅游方面具有极大的发展空间，在开发旅游的同时还能促进水产品进行销售，这也是墩头镇的一大特色资源优势。优美的生态环境加上丰富的地域文化资源，在打造生态与人文资源结合发展乡村旅游具有极大的资源优势，交通便利可辐射范围巨大，周边连接多个城市都可以为其乡村旅游提供大量客户群体和消费潜力游客。水资源造就良好的生态环境，生态环境需要有效的保护措施以促进其可持续发展，另外对于水系资源分布不均，河道不通畅等问题也需要做统一的规划调整，充分整合资源优势发挥其旅游价值。

在综合分析墩头镇旅游资源优劣势的基础上得出"墩头镇旅游规划应充分利用其区位、气候及资源优势，重点开发田园生态旅游，打造水乡特质。同时弥补不足，丰富现有景点文化内涵，整合资源优势，综合发展历史、民俗文化。并规划、疏通水系，利用水系连接各个规划景点，同时注重滨河植物景观的营造，创造亲水空间。

2.墩头镇旅游规划思路

（1）突出"田园风光、水乡风情"的文化主题

墩头镇虽然拥有丰富的旅游资源，但是在乡村旅游规划发展过程中仍然要注重旅游市场需求。城市居民普遍向往回归乡村，体验田园式乡村生活。墩头镇位于长三角地区，周围分布着南京、上海、常州等城市经济发展地区，便利的交通为城市游客提供便利的交通服务，面对城市游客旅游需求，墩头镇的旅游规划应该整合自身优秀生态资源，将水资源和田园风光进行整合，规划旅游路线，通过对生态资源的合理开发，联合分布的资源，充分利用发达的农业和水产养殖等田园景观和迷人水上风情，打造主题文化旅游特色公园，充分发挥区域资源优势。

（2）水上旅游为主，水陆旅游交织

墩头镇乡村旅游开发需要发挥自身优势，在旅游开发上需要将优质的水资源体系进行更大程度的开发和运用，不仅建设绿色生态景观，打造乡村特色田园风光，在项目模式上需要结合水上交通和旅游进行更加多元化全面发展。墩头镇境内拥有多条通航河道，在水上交通建设上需要科学规划交通组织，充分利用境内水系系统，用独特的水系系统连接各个规划景区景点，开辟水上旅游航线，打造精品水上旅游路线。旅游路线以水上旅游为主，同时也需要对陆上交通进行建设，由此形成水路交织的旅游线路，陆上交通主要由镇区道路、县道、乡道以及自行车等道路组成，满足游客公共交通和自助旅游需求。

（3）多样的活动内容，满足不同需求

墩头镇旅游活动策划以优美的大地田园风光以及婉约的水乡风情为特色，以优良的生态环境为亮点，利用水产资源、农业资源开发绿色生态小吃，通过水系及道路将分散的景点连成整体，结合各社区资源开展不同旅游主题，挖掘现有景点，丰富景点文化内涵，综合发展历史、红色、民俗文化旅游，使旅游者游丰富田园风光、赏水乡风情、品健康食品、知历史、悼先烈、参与民俗活动，用丰富而独特的景观和活动内容吸引游客。

3. 墩头镇旅游规划方案

（1）交通

旅游地区离不开便利的交通支持，满足游客快捷出行的需求。墩头镇不仅拥有丰富的旅游资源，周边多个城市拥有便利的交通都将促进其旅游产业发展。墩头镇因镇内水资源丰富，在建设旅游线路上以水上交通为主，陆上交通为辅建立水陆交融、相互促进的旅游线路。水上交通主要利用墩北河、串场河、墩白河、胡墩河、官扬河5条主水系作为水上交通的基础，梳理旅游景区路线打造一级水上交通，同时疏通部分支流水系成为二级水上交通，也就是宽度在10米以上的交通航道。由此完成各旅游景区之间的上下水上交通贯通，沿着水上交通线路建设水上植物造景、水产养殖、水上休闲等旅游体验项目，丰富其旅游路线。根据水上交通的特色，利用滨河植物景观打造"翠柳金丝""金果银实""荷香百里"等主题旅游景观，营造欢乐有趣的绿色生态旅游经济带。陆上交通作为水上交通的辅助，加强其基础设施建设，完善其交通体系，最终形成与水上交通环环相扣，相辅相成的交通优势，通过便利的交通连接各个景区，形成区域旅游链。

（2）功能分区

墩头镇旅游规划需要整体规划，科学合理地整合分散旅游景点，将生态旅游景区与人文民俗和传统古迹遗址结合起来，形成具有田园风光、水域特色和历史价值的特色乡镇。墩头镇需要充分发挥其资源优势，建设开发具有田园、生态、文化、红色旅游文化的综合旅游休闲景区。通过不同的旅游功能分区，满足更多游客旅游需求，墩头镇在发展过程中分别建立了湿地游览区、特色水产区、农业生态体验区、民俗娱乐区、历史文化区、烈士凭吊区、田园休憩区、综合活动区八大功能区，通过不断丰富八大功能区活动内容，形成具有市场竞争力的旅游产业，其中重点建设综合活动区、生态农业体验区和特色水产区。

综合活动区位于墩头镇中心，该区主要为满足当地居民日常生活和外来游客体验当地文化之所。生活活动区规划有满足购物，饮食需求的墩头路商业街、白龙湖憩区、水墨广场等商业街和广场，在白龙湖设置各种消费娱乐活动，比如水上打球、赛龙舟等活动。水墨广场则作为文化艺术交流体验的场所，里面建有文化馆、艺术交流中心等文学艺术赏析交流场所。生态农业体验区作为乡村生态绿色资源的主体资源，在环境保护上具有积极意义，这个区域对湿地生态修复和保护，同时合理利用生态环境等方面有着积极的促进作用。以生态农业体验为主的乡村旅游模式铜鼓开展趣味农事活动，举行特色农业项目比赛等增加游客游玩体验。除了加快创意的农业体验活动发展外还应建设集休闲、度假、养老、航务、养生、娱乐、运动、竞技、教育、研学等为一体的中高端旅游产品。

墩头镇同样拥有不少历史文化区，其中就有纪念吉庆在抗日战争时期成为苏中水乡红色首府和纪念红色革命的纪念广场，多种红色文化资源加上海安墩头镇的石器文化遗址、文化展览馆，能让游客深刻感受墩头镇的悠久人文历史。在文化资源开发上通过主题文化资源开发建设具有地域特色的红色文化游览景区。在开发上深挖其历史文化背后的故事、精神和传承，通过展示其文化内涵、传播红色文化、悼念英雄人物、科普文化知识等方面进行策划和宣传活动，通过历史人文与墩头镇自然景观进行结合，达到情景交融、互相促进的作用，让游客在梅林之中感悟历史人文气息，在举人故居里畅享书香文化、在田园风光里体验传统民俗、在田间道路上能自由翱翔，通过对沿途景物和人文进行串联的方式，打造属于墩头镇的旅游风景线。

综上所述，墩头镇旅游利用其位于长三角经济区的区位优势和良好的交通可达性，紧紧依托其丰富的物产、优美的田园景观和发达的水网，确立了田园风光、水乡风情的主题文化，将原有单一的农业生产景观转变为富有教育展示、休憩游乐功能的现代观光农业景观，疏通和整合水系，连通各个景点，并注重滨河植物景观营造，大力发展田园生态旅游和水上旅游。同时在现有景点的基础上，进行遗址的复建与扩建，综合发展历史、红色文化旅游，并深入挖掘具有地方特色的风俗习惯，发展民俗旅游。墩头镇旅游规划因地制宜，充分挖掘地区资源优势，弥补不足，将墩头镇建设成田园风光自然、水乡风情浓郁、食品绿色安全、民俗文化鲜明的生态旅游城镇。

（四）江苏同里镇特色旅游品牌的打造

江苏省拥有很多历史悠久的古典村镇，这些村镇经过千年发展已经逐渐形成独具特色的自然风景和引人入胜的人文民俗。对于那些爱好寻根溯源、欣赏历史、喜爱古朴气息的游客古典村镇有着巨大的吸引力。这些历史悠久的古镇同样拥有巨大的市场潜力和品牌效应。江苏同里镇正是一座历史悠久，充满生机又充满活力的旅游名镇。

同里镇位于吴江区城区的东部，建于1200多年前的宋代，同里镇不仅历史悠久地理位置更是极具优势，同里镇北离苏州18公里，东距上海80公里，镇域面积100多平方公里，其中古镇保护区约1平方公里。同里镇具有丰富的旅游资源，通过对各类旅游资源的整合，同里镇经过多年发展，正在全力打造面向国际社会的"千年古镇，世界同里"旅游品牌。同里镇在特色品牌打造上充分利用其资源优势，同里镇资源优势主要体现在以下四个方面。

一是同里镇拥有世界级生态园林。生态资源是旅游发展的主体资源，同里镇位于江苏吴江区东部，具有独特的绿色园林优势，从清光绪年间开始，园林结构经过多次改造和精巧设计，整个园林布局巧妙、山水相依，郁郁葱葱的植物间点缀典雅建筑，虽然园林总面积只有九亩八分但可谓一步一景，园林不仅设计巧妙精致还引入水资源，整座园林仿佛置身于水上，可谓独一无二的水上园林景致。2000年，退思园被列入"世界文化遗产"名录，同里因此成为江南水乡古镇中唯一的世界文化遗产所在地。2007年，退思园又被住房和城乡建设部列为"首批20个国家重点公园"。独具一格的水乡园林成为同里镇的品牌优势，以此宣传推广将大大提升其品牌效应。

二是同里镇属江苏省文保单位。古建筑遗存在同里存在较多，著名园林学家陈从周教授称"同里是一座古代建筑的博物馆"。从公元十三世纪中期至20世纪初，同里先后建成私家宅院38处，寺、观、祠、宇47座，其中明清两代建筑约占古镇区建筑总面积的70%。考古发掘表明，同里还是崧泽文化的中心，古镇之下还有6000年前的古城。1982年，同里镇被江苏省人民政府列为江苏省文物保护单位。一个乡镇被列为一个单体的文物保护单位，这在国内也是罕见的。

三是同里的水乡风貌绝无仅有。同里镇具有江苏水乡资源优势，同里约有一半是处于水上，周围5个大湖环绕，总面积达到三千亩，五湖环抱同里置于水上，这种丰富的水上资源环境造就了同里得天独厚的自然风光。同里古镇内由于河流贯穿其中，小桥置身其中，形成小桥流水般的诗情画意，49座古桥将古镇装点得美轮美奂，古镇犹如置身水上岛屿，可见其水资源富饶。这种独特的水乡风貌在全国都是绝无仅有的，这就造就同里独有的自然资源优势。

四是同里的生态资源非常丰富。同里古镇由于富饶的湖河水资源，产生大量水产资源，周边除了湖泊之外还有大片肥沃良田，农耕文明贯穿其中，农业生产和农产品供给同样丰富，可谓鱼米之乡。加上镇东约有四千亩肖甸湖森林公园是长三角地区唯一的平原森林。2009年，肖甸湖森林公园被江苏省列为省级湿地公园，成为华东地区首个集"湿地"与"森林"为一体的公园。镇北的同里科技农业示范园，万亩连片农田，蔚为壮观，是苏州市乃至江苏省农业和农业旅游的新亮点。

同里古镇正是依托其丰富的湖泊资源和镇内水资源打造独一无二的水乡古镇，加上丰富的物产资源，肥沃的良田和森林湿地资源，绿色生态资源加上历史悠久沉淀的人文特色资源共同形成得天独厚的水乡古镇特色旅游景区，通过对古镇整体规划和合理开发，发挥资源优势，打造独具特色的世界品牌。

1. 彰显厚实的文化同里

同里古镇具有悠久历史和丰富资源优势，同里人一直非常注重对生态资源的保护，自20世纪80年代以来，同里人秉承"上看一千年，下顾一千年"的可持续发展理念，在开发中注重对环境的保护，不断修复传统景点，使其焕发新的活力，同里人在发展现代化经济的同时也不忘将传统历史文化融入其中，形成独具一格的同里人文民俗特色。同里古镇在开发上非常注重生态环境与历史人文的保护，经过多年发展一直注重对传统古建筑遗迹的保护和修复工作，建于清朝康熙年间的留耕堂是爱国民主人士王绍鏊先生的故居，同时在2008对其进行修建工作，并将其改成王绍鏊故居纪念馆，以宣传其爱国精神，成为同里一景。还有建于清朝道光年间的务本堂同样作为古建筑被保留下来并多次进行修复工作，同里古镇在对历史古建筑和人文景观方面做到了最限度的保护，这也为后代保留了很多珍贵的历史资源，其深厚的文化影响着同里人的思想，对前来参观旅游的游客也是具有一定的教育、社会意义。

2. 展示经典的水乡同里

同里古镇在环境治理方面同样不遗余力，古镇中贯穿多条街河，为了保护其水资源环境的清洁，每年同里都会投入一百多万进行水环境治理工作。水与人们的生活息息相关，同里不仅治理水环境，还先后投入2000多万元，修建了7座景观水闸，将年平均水位从2.8米提高到3.3米，极大地提高了水质。同里不仅保护水资源环境，也非常善于利用水资源，因为古镇内外布满水域，所以在原有手摇木船的基础上投资1100多万修建了连通湖泊的水上交通路线，游客可以通过坐船游览古镇，从古镇中一直游览到同里湖中，全长2公里，沿途设置烟波浩渺、优美宜人的水上人家水乡风景。同里对于水资源治理的同时也在不断摸索新的发展之路，目前同里古镇东南南星湖的旅游开发也正蓄势待发，计划在南星湖西岸和北岸建设"同里南星湖湖滨文化博览园"，总规划面积约1232亩，其中陆地约810亩，水面约422亩，共分古桥博览园及游艇俱乐部、旅游度假区、湿地公园、民俗风情区等8个区域。项目总投资超10亿元。

同里古镇的丰富资源得益于其独特的地理位置，同里北依苏州工业园区，西临吴江经济开发区，东靠汾湖开发区，是嵌在三个工业园区中间的一个"生态绿肺"。同里良好的生态环境一直受到全省各级领导的高度重视，在发展过程中更是得到政府和群众大力支持。江苏在整体旅游规上一直将同里列为肖甸湖湿地公园地域范围。肖甸湖湿地公园作为江苏省大力打造的旅游生态主题公园，东至同里、昆山交界线，西以横港河为界，南至同周公路，北含澄湖部分水面，包含现有的肖甸湖森林公园，总面积690公顷。在发展规划上包含生态湿地景观、休闲度假项目、生态农庄等多种旅游项目的综合产业。政府投入5000万进行交通、生态休闲农庄、公共服务等基础设施建设工作，下一步将继续进行社会融资，完善其配套设施和休闲项目打造工作，继续提升公园档次和扩大面积，打造品牌湿地公园，在进一步涵养水源、保持土壤、净化空气的作用，同时也将成为同里发展生态旅游的主战场，未来的同里将在生态可持续发展中具有极大的优势。

4. 打造鲜明的品牌同里

政府坚持把品牌建设作为同里发展的生命线，景点出新，品牌创新，新世纪以来实现了年年拿奖牌的目标。继2000年退思园被列入世界文化遗产名录后，2002年同里被评为国家卫生镇；2003年被评为中国十大历史文化名镇；2004年被评为全国环境优美镇；2005年被评为中国十大魅力名镇；2006年被评为中国十大影视摄影基地；2007年获得中国人居环境范例奖、中国自驾车旅游品牌百强景区称号，创国家5A级旅游景区工作通过省级考评；2008年同里镇又获得了"中国最佳规划城市（镇）"称号。在活动组织上，与新闻媒体和著名文化传播机构结盟，共成功举办12届"同里之春"旅游文化节、9届中国同里"天元杯"围棋赛和7届中国同里"水乡丽人"评选活动、9届"暮鼓晨钟"活动，有力提升了同里古镇的国内外知名度。

5. 发展美好的世界同里

同里古镇经过多年旅游发展和治理工作，已经具备成熟的旅游市场和经营管理经验，目前同里正在以国际标准，不断完善休闲度假旅游配套设施，全力打造"千年古镇，世界同里"的旅游品牌。同里充分注重生态资源保护，在水资源治理和传统古建筑修复上花费大量人力物力财力进行资源保护工作，基础设施和公共服务也在不断加强。在旅游产品方面，同里同样注重其乡村特色性和旅游市场需求相互结合的方式，在同里古镇不仅有百家商品供应同里特色农产品和土特产，比如茶叶、古玩等商品，也有具有现代化气息的新时代产品,以满足年轻人的需求。在住宿餐饮方面体现多元化消费优势,不仅有古镇特色的传统民宿,还有现代化星级酒店以满足不同层次游客需求,真正将服务做到多元化和个性化相结合的模式。在娱乐休闲方面不仅有古韵古色的手摇船可以乘坐,同样还有促进消费的商业街提供商业会所等现代化娱乐项目。同里古镇经过多年发展,在旅游各个环节不断升级改造,旅游产业链不断完善,对于旅游市场的把握也越来越准确,充分满足游客旅游消费食、住、行、购、娱等各个层次的消费需求。在产业升级上不断向着国际化标准进行发展,形成具有独特品牌特色的水乡古镇。

同里镇以此次争创全国特色景观旅游名镇示范为契机,着力营造人文景观,创新旅游品牌建设,全力展示江南水乡古镇的独特个性和艺术魅力,对照创建标准,将继续努力把创建工作做得更深更细更扎实,推动同里旅游业的全面升级,谱写同里旅游业更加美好的明天。

(五)江苏徐州文化旅游品牌的树立

1. 文化旅游开发研究进展

徐州地处江苏省西北部,是一座具有两千多年的历史文化名城,徐州自然景色秀丽,水资源富饶,不仅拥有得天独厚的自然旅游资源,还拥有其他城市不可比拟的两汉文化、红色革命文化和彭祖文化。徐州在文化旅游方面具有其独特的优势,江苏省一直致力于发展长三角洲区域文化经济发展,对于西北部包括徐州在内的苏北地区缺乏足够的重视,导致其经济跟苏南地区有着很大差距,区域发展不均衡问题成为江苏省迫切需要解决的问题。徐州虽然拥有独立特色的旅游文化资源,但是与其他知名旅游城市仍然存在较大差距,根本原因是徐州没有整合旅游资源,形成品牌效应,在徐州旅游发展中需要进一步挖掘徐州的旅游资源,进行科学化规划和管理,形成适合自身发展的旅游品牌和旅游形象,增加旅游业在徐州市经济发展中的比重。

2. 徐州文化旅游发展背景

江苏省徐州市古称"彭城",徐州东临连云港,西连宿州,南接骆马湖,北依微山湖,是我国国家级历史文化名城。在我国历史上,与青州、扬州、豫州、冀州、兖州、梁州、荆州、雍州合称为"华夏九州",在我国悠久浩瀚的历史长河中占据着极为重要的历史位置。

徐州作为拥有2500多年的历史名城,经过漫长的发展不论是人文还是社会形态、思想意识、历史古迹等都有着其他地方所不具有的独特资源优势。随着经济的发展历史渐渐开始变成一道道醒目的符号,很多古迹渐渐淡出人们的视野,但是旅游让这些古迹人文重新出现在大众视野,通过对旅游资源的开发和规划,让情景交融,让历史焕发新的活力,也让文化名城渐渐走向新的台阶,实现更加多层次的文化内涵,传递属于中国人的智慧和精神。徐州的旅游发展与其他历史名城一样需要结合自身资源优势,树立文化旅游品牌,形成独具特色又鲜明的文化旅游形象,让旅游推动徐州文化经济全面发展。

3. 徐州文化旅游发展SWOT分析

文化旅游发展一般由SWOT来决定,SWOT也就是指S(优势)、W(劣势)、O(机遇)、T(挑战),通过对文化旅游SWOT来进行综合分析,找到徐州文化旅游的长短板和发展契机,从而有针对性、客观合理地提出徐州文化旅游品牌树立的对策,给江苏徐州的文化旅游品牌的发展带来和谐、健康、可持续的发展之路。

(1)徐州文化旅游发展优势条件

①文化旅游资源丰富。江苏省徐州市作为有着2500多年历史的历史文化名城,其中诞生了众多历史名人轶事,还有鲜明的城市文化特色和古建筑遗迹,其文化旅游资源丰富多彩。徐州既有称之为"汉代三绝"的两汉文化,也有以烹饪养生享誉海内外的彭祖文化,亦有徐州会战、淮海战役遗存的红色旅游文化等。通过从文化内涵进行挖掘可以打造特色品牌旅游

形象，将整个文化旅游进行有效串联，形成文化旅游产业模式，更具市场竞争力。

②交通便利。徐州地处江苏、山东、河南、安徽四省交界处，作为淮海经济区中心城市，其各路交通都相对便捷通达，自古以来便有"五省通衢"的美誉，是我国重要的交通枢纽城市。徐州市区内拥有5条国道，11条省道和5条高速公路，且陇海线和京沪线两大铁路干线在江苏徐州交会陆上交通可谓便捷迅速，这为旅游资源提供很好的交通基础设施配备。不仅是陆上交通，水上交通同样便捷，全国闻名的京杭大运河横穿徐州市，为水上观景提供便利，再加上徐州观音国际机场也是淮海经济区最大的机场。徐州的交通齐聚水陆空三种模式，多方位满足不同游客需求，为游客提供便捷舒适的旅游交通方式。

③客源广泛。徐州市面积11258平方公里，常住人口976万人，不仅居住人口众多，还紧邻多个地级市，比如连云港、济宁、宿州等，这些市区都属于人口较多的城市，加上城市经济发达，游客基础庞大，加上徐州旅游资源丰富，交通便利，成为游客选择旅游的最佳城市之一，庞大的旅游市场资源优势同样有利于徐州发展文化旅游产业。

（2）徐州文化旅游发展劣势因素

①旅游品牌形象缺失。徐州虽然拥有丰富的自然和人文优势，但是在旅游品牌打造上缺乏合理规划，未能将其自身的优势进行整合，形成特色鲜明的旅游品牌。徐州在文化旅游方面并未进行良好的品牌形象塑造，在宣传推广上也未能找准品牌优势进行大力宣传，导致其知名度不够高。反倒是一些旅游产品的知名度要远高于旅游品牌形象，比如汉兵马俑等几乎大家都知晓，但是徐州的旅游特色却并不鲜明。

②产业发展不均衡。徐州之前的发展重心一直是集中在第二产业发展上，将重工业和能源产业作为徐州经济的支柱产业，对于旅游等相关第三产业发展不够重视，由此造成旅游业发展未能跟上其他产业发展步伐，在

经历能量相对枯竭的经济衰退后开始重视旅游业的发展。徐州产业转型太快导致其品牌形象开发和旅游特色挖掘都不够充分，加上资金不到位等情况，造成徐州虽然拥有丰富的旅游资源却并未能很好形成旅游产业链，品牌和知名度更是远不如其他历史文化名城。

③旅游产品营销方式单一。徐州在旅游产品和旅游模式上缺乏创新和市场调查，所建设的旅游产业模式依旧延续单一的休闲观光，不能满足游客更加多元化的旅游消费需求，旅游产品也缺乏创新，不能满足旅游市场需求。在对旅游模式开发和旅游产品供给上还需要结合自身优势进行更加多元丰富的发展，在旅游品牌和旅游形象上树立更加鲜明的品牌和形象，以吸引更多游客前来观光。

（3）徐州文化旅游开发机遇分析

①融入江苏省大力发展旅游业战略之中。江苏省在旅游业发展战略中提到要打造全区域链旅游一条龙服务项目，打造海岸线、湿地主题公园、历史文化等相互连接的精品旅游路线。将江苏省建设成为旅游强省的战略目标。徐州作为旅游三大都市圈中的徐州都市圈，需要抓紧机遇，全面贯彻江苏省发展目标，当地政府需要全力支持徐州旅游业的发展，结合自身发展打造符合旅游市场需求的文化旅游名城，建立鲜明的旅游品牌，不断提升旅游产品和服务，进一步扩大旅游影响力，吸引更多游客前来旅游消费。

②促进徐州经济发展。江苏省作为旅游大省，旅游经济占有很大比重，旅游的发展带动其他相关产业链发展，助推当地经济迅猛发展。徐州同样需要借鉴和学习其他地区优秀旅游经验，通过发展旅游带动其他产业经济发展，形成稳定的经济基础。

（4）徐州文化旅游发展威胁分析

①周边旅游城市竞争压力。徐州虽然有着优越的地理位置和便利的交通，以及庞大的旅游客源，但是其他相邻地区，比如连云港、宿州、盐城

等地区同样拥有丰富且特色鲜明的旅游资源,连云港的港口优势和海洋资源、盐城的海盐文化资源等都具有鲜明独特的品牌优势且发展旅游较早发展更加迅速,在国内外享有更高知名度。徐州在文化旅游发展上势必会遇到周边旅游城市的竞争压力。

②城市化进程对文化保存的威胁。工业革命推动经济发展,经济迅猛发展改变了人们的生活方式,我国城市化发展是迅速且效率的,而传统历史则以厚重缓慢的发展屹立于城市的角落,城市化进程的推进进一步压缩传统文化和古建筑的生存空间。这对于文化的传承和古建筑的保护都是一项严峻的挑战。在城市化改造和翻新中,徐州作为历史名城将会处于进退两难的境地,如何发展特色文化资源与现代经济相互结合,是徐州文化旅游需要考虑的问题。

4.徐州文化旅游品牌树立对策

江苏徐州作为拥有2500多年人文历史的知名城市,在文化旅游开发中有着得天独厚的人文旅游资源,有着其他城市不可比拟的两汉文化、彭祖文化和红色革命文化。徐州既需要平衡城市化进程与历史文化之间的发展,也需要增强自身竞争力,打造独具特色的文化旅游方式,树立鲜明的文化旅游品牌,品牌的树立需要依托其自身的资源优势,需要加大宣传力度,而其发展则更多取决于其长远发展的战略目标。如何树立徐州文化旅游的品牌和形象,主要从三个文化入手。

(1)两汉文化

汉朝是我国历史上极其恢宏的时代,徐州是汉朝开国皇帝刘邦的故乡,作为两汉文化的发祥地,自古便有着"千古龙飞地,一代帝王乡"的美称。两汉期间,在徐州共产生了13位楚王和5位彭城王。其中,徐州的汉代三绝:汉兵马俑、汉墓、幻化石像,以其厚重的历史文化价值驰名中外,为两汉文化的传播和发展奠定了良好而又扎实的基础。以"两汉文化"作为徐州的旅游品牌,更易被海内外中华儿女所接受,也更容易将徐州这张城市名片传播至海内外对"汉文化"感兴趣的旅游者。所以将富有两汉文化内涵的旅游产品整合成为徐州的文化旅游品牌是可行的。

（2）彭祖文化

徐州之所以被称为"彭城"，是因为徐州是道家始祖彭祖的故乡，道家在我国具有悠久的历史，其天人合一的道家思想深深影响着一代代中华儿女，道教是我国本土化教派，历史上是当之无愧的"国教"。彭祖作为轩辕黄帝的第八代子孙，在道教众仙中以长寿闻名于世，不论是从现代人热衷的养生需求还是彭祖对道教人与自然和谐相处的生态理念进行宣传都具有较大的现实意义。在以彭祖文化为代表的文化旅游品牌上，不仅可以结合养生长寿还能推动生态旅游的可持续发展进程，是徐州文化旅游品牌的一大特色和亮点。

（3）红色革命文化

自古交通要塞或者地理条件优越地区都是兵家必争之地，徐州历来被作为军事要地，在2500多年的历史里先后发生了多达400多起的大规模战役，可见其军事战略地位。近代更是多次发生战役，抗日战争时期著名的"徐州会战"和解放战争时期的"淮海战役"，这些保家卫国、为人民而战的军事战争也为徐州留下了不少红色军事文化遗产。徐州作为红色革命文化名城在宣传红色革命文化上具有极大的资源优势，通过建立革命纪念馆等形式宣传红色文化，比如徐州淮海战役烈士纪念塔、运河支队抗日纪念馆、铁道游击队遗址等，都是很好的品牌宣传资源。

（4）徐州文化旅游品牌的树立对策

徐州文化旅游资源丰富，在品牌宣传上可以将三种文化进行归纳和连接，打造"一红一彭，两汉徐州"的品牌文化旅游线路。要树立徐州的文化旅游品牌首先需要提高品牌旅游的宣传和推广。互联网时代加速信息的传递速度，信息的获取渠道更加多元和便利，徐州文化旅游品牌需要通过传统媒体和新媒体平台进行大力宣传，增加其品牌效应和知名度，通过报纸、广告、网络平台等多种宣传方式进行广泛宣传,让更多游客了解徐州文化旅游信息。在推广过程中注重对品牌的挖掘和提炼,以其名人效应来加大宣传力度,比如刘邦作为汉朝开国皇帝的知名度能大大提高品牌效应。

其次,加强区域间合作,推广徐州旅游品牌。徐州地理位置优越,交通便利,与周边多个城市接壤,在旅游发展中可以与其他地区进行合作,比如安徽、济宁、河南等,通过区域合作打造区域品牌旅游方案,推动旅游联动发展,实现双赢发展。

最后,科学分析,合理定位。在旅游品牌的开发和树立中,需要对自身优势进行科学合理开发,通过调查进行市场分析,明确市场需求,旅游品牌需要符合市场规律和可持续发展战略需求,在发展中合理开发打造规律的旅游产品,文化旅游产品定位需要满足游客需求,全面分析游客对旅游品牌的认知和接受程度,站在游客角度思考经营和管理。旅游品牌的树立需要长远的目标和对未来市场的把握,品牌推广更不是一朝一夕的事,在文化旅游开发、品牌宣传、旅游产品供给、旅游服务升级等方面需要不断提升,以更高品质塑造文化旅游精品产业。徐州文化旅游品牌应该注重其可持续发展,在保护环境的基础上进行合理开发,保护生态人文资源的同时带动经济发展。

二、江苏乡村旅游创新模式

(一) 共享农庄模式

共享模式经济是现代经济发展的结果,共享模式就是指商家企业将场地、材料、工具、员工、服务等资源进行共享,以极少的成本创造经济价值,也为消费者节省时间和资金,可以说共享模式是商家与消费者达到双赢的一种经济模式。从滴滴打车到共享单车,再到共享农庄,共享经济犹如雨后春笋般在我国生根发芽,茁壮成长。由此可见共享经济是市场化需求的体现。据《2021年度中国共享经济发展报告》显示，我国共享经济市场规模约为33773亿元，同比增长约2.9%。生活服务、生产能力、知识技能三个领域共享经济市场规模位居前三，分别为16175亿元、10848亿元和4010亿元。乡村旅游经过几十年的发展其经济模式也在不断发生变化，共享农庄模式成为新的乡村旅游模式，在实现乡村现代化经济和信息方面有着极大的促进作用，在土地流转政策稳步推进过程中，共享农庄将成为乡村经济结构改革与精神文明建设的新动能。

共享农庄是在当前我国乡村振兴战略背景下，农村经济发展逆城镇化现象的表现，是农村三产融合与共享经济发展在乡村地区所产生的新业态。江苏省在共享农庄发展方面以农民合作社、农业龙头企业、农村集体经济、家庭农产等为共享载体，通过政府政策支持，企业运营为主体，发展具有乡村民宿、农耕体验、休闲观光、研学教育、美食体验等为一体的共享农庄乡村旅游模式，保障农民作为参与者、受益者进行综合发展，形成一种经济共同体。

1. 国内外共享农庄模式对我国乡村旅游的影响

（1）国外共享农庄发展模式

共享农庄农事起源于外国乡村旅游新的模式开发，其主要开发模式有农场与社区合作模式、观光度假模式、全开放模式和综合模式共享。其中农场与社区合作模式的代表是美国弗雷斯诺农业旅游区。美国弗雷斯诺市是加利福尼亚州第5大城市，每年依托国家公园和农业旅游年吸引游客超过300万人次。弗雷斯诺市拥有优越的自然条件，区位优势明显，市内的Sanger镇是去往国家公园和休闲农业景点的重要交通节点，商业服务配套设施完善，有26家餐厅和7处便利店，多家汽车旅馆和民宿。弗雷斯诺市内有4个农业特色镇，主要经营和种植花卉、水果。整个城市形成了"综合服务镇+农业特色镇+主题游线"的立体式农业旅游架构。

观光旅游模式主要是指以农庄及其周边的自然风光、生态景观、乡土风情等为依托，为游客提供美食、住宿、娱乐、运动等场所以及亲近自然的各种体验等，具有教育、游憩、文化等多种功能的生活空间。比如意大利农业观光旅游区。意大利是世界上旅游业发展最早的国家之一，近年来绿色农业旅游成为人们的一种生活方式。1865年意大利成立了"农业与旅游全国协会"，引导城市居民到乡村去体验自然野趣，与农民同吃住、同劳作。在欧盟国家中，意大利是首个将农业旅游纳入法律体系的国家。目前，意大利绿色农业旅游已不再是传统的旅游观光，而是在传统农业旅游的基础上，赋予新的内涵，提倡"以人为本"和"绿色环保"。还有法国普罗旺斯薰衣草庄园。法国最美的乡村度假胜地普罗旺斯位于地中海沿岸，气候条件好，阳光充足，最适合特色植物薰衣草的生长，每年都会吸引来自世界各地的游客欣赏花海，同时带动薰衣草相关产品的销售。人们在游览观光之余，还可以享受当地特色美食，如橄榄油、葡萄酒、松露等。其间还会不定期举行旅游节庆活动，为游客营造浓厚的节日氛围。

全开放模式是指农场即全天候开放的共享农场，这种模式要求农场主与参与共享的人群社会责任感要高，自觉性要强。比如美国艾米农场。美国大型农场的生产方式不可持续性日益凸显，以小型、多样化经营的生态农场替代大规模工业化农场已成趋势。美国南加利福尼亚州艾米农场是共享农庄的起源，成立于1997年，位于洛杉矶以东60多公里的安大略市郊区，占地约54亩，正式员工仅艾米和其父亲两人。农场饲养牛、马、猪、羊、鸡、鹅等畜禽，种植着几十种蔬菜，几十棵果树。以门随便进、活随便干、菜随便摘、钱随便给这四个随便为引爆点，在亲子教育、科普教育、自助商店等方面收取费用，年收益已达百万。

综合模式共享农庄的代表是日本Mafarm农场。Mafarm农场自创立至今已有十余年，最初建设理念是让更多的人们快乐参与、体验农耕。从收入来源上看，分为四个部分，第一部分是"都市小农园"，在距离市区较近的农地包装了120多个"都市小农园"，拥有会员10000多人，租赁者每年的续租率在70%以上；第二部分是专业农业学校，在东京、名古屋和大阪三个城市建立农业专科学校，学制一年半，设有务农技术、农业经营及蜜蜂养殖三个专业；第三部分是农场产品直营，以推动农产品的当地化生产和消费为理念，最大化实现产、供、销的"本地化"；第四个部分是"农园土地租赁经纪"，搭建了一个"农园土地租赁经纪"平台，拥有闲置农地的人在平台上登记信息，想租赁农地的人可以在平台上搜索。

（2）国内共享农庄发展模式

全开放式共享农庄。荔海共享农庄是海南省农垦首批12个重点共享农庄示范建设点之一，是以荔枝为主题的全开放式共享农庄，目前已建成350亩妃子笑荔枝核心示范园，可为游客提供儿童农耕地、儿童水乐园、农业知识科普基地、垂钓木屋等项目，是都市人到乡村田园游玩的旅游胜地，荔海共享农庄着力打造集生产、生活、体验、购物、餐饮、住宿等功能于一体的生态园。农庄内基础配套设施齐全，建有园区观赏凉亭、百香果长廊、荔枝文化长廊等，同时规划种植珍稀花木、共享菜园等，为广大市民生态旅游、休闲度假提供新去处。

民俗风情式共享农庄。目前，陕西咸阳袁家村是最受欢迎的乡村旅游胜地之一，享誉国内外。该村依托丰富的旅游资源，主要打造关中风情游、当地特色小吃、绿色农产品采摘、会议住宿接待、艺术文化传播、户外体验活动等特色项目，主张绿色环保、生态可持续的发展理念，全村大力发展第三产业，创建民俗、民风体验一条街，集中向游客展现了自明清以来关中地区农村生活的演变。袁家村充分将民俗旅游、休闲度假、农副产品加工三者有机结合，吸引广大游客的同时，又推动整条产业链的发展。

田地认领式共享农庄。北京西郊的小毛驴市民农园占地230亩，采取社区支持农业（CSA）的经营理念，在经营模式上灵活多样，消费者可以在农庄认领30平方米的"劳动份额"菜地，自耕自种，除了间作、轮作等有机种植方式外，农庄还引入发酵床养猪、自然养鸡等养殖方式，而秸秆、粪便等生产余料则用来堆肥等，形成了"种植——养殖——堆肥"的生态循环系统。消费者还可以与农庄订购"配送份额"，每周都会收到新鲜农产品，可以选择配送到家、配送到取菜点，或亲自到农园来取。目前小毛驴市民农园已成为北京市海淀区政府和中国人民大学共建的产学研基地。

参与教育式共享农庄。承德国郡百家共享农庄占地800余亩，着力打造以亲子活动、家庭团聚为主题的参与教育式共享农庄，目标客户群以孩子和家长为主，让孩子和家长在体验乡村旅游的同时，达到寓教于乐的效果。农庄规定每年1000元的土地租赁费包括农地的使用权、果树栽种、山羊与柴鸡放养，有效地拓展了土地之外的产品价值，此外农庄可以为游客提供举办百家宴会、歌会、舞会、聊天会、篝火晚会等活动场所。

（3）国内外共享农庄主要盈利模式

国外共享农庄已经拥有多种开发模式，不论是在规模还是效果上都具有独特的优势，而国内共享农庄作为乡村旅游产业转型的一种模式，主要通过售卖旅游乡相关产品、资源租赁、主题营销等农事进行盈利。

旅游产品售卖主要是出售乡村旅游相关农产品，比如天然蔬菜、水果、农作物、畜产品等旅游产品，通过向游客售卖旅游相关农产品丰富旅游产品供给和产生盈利。比如一些主题农作物产业园、主题生态公园等都是通过售卖农产品满足游客对绿色产品的需求，也能为农民个体户增收。我国的承德国郡百家共享农庄通过策划亲子采摘活动的方式，把农产品卖出去，形成一种互动营销。在销售农产品的时候不仅有现场交易还有邮寄、配送、加工等多种合作模式，共享农庄正是为了促进优质农产品提升价值，为农产品提供销售渠道，让优质农产品通过旅游走出去，带动乡村经济的发展。

资源租赁盈利模式作为共享农庄盈利模式之一，通过共享农庄模式将乡村资源和产业资源，比如土地、仓库、物流、农业机器、鱼塘等乡村资源通过租赁的方式提供给企业、个人、组织等使用以获取盈利。不仅仅是乡村可见资源，还有闲置资源、人文资源等都可以通过租赁的方式进行盈利，比如将田园租赁给研究院做试验田，将传统竹风筝作坊作为教学基地租赁给社团或者学校做现场教学活动。租赁方式是通过短期出借方式向其他社会组织或者个人团体提供乡村资源服务。

延伸价值盈利模式主要体现在人文、科学、社会等乡村旅游人文资源的延伸价值运用上。我国以农耕文明起源，几千年孕育丰富的人文资源和各具特色的民俗习惯，特别是我国众多的少数民族，在生活习惯、农业模式上有着极大区别，这些都是学校、社区、公益组织、艺术团体等进行科研教育、实践学习、家庭教育、文化科普活动的必要过程，企业、学校、个人等来到乡村进行瓜果蔬菜的采摘和农业实践操作或者文化生活体验活动，起到研学教育，寓教于乐的目的，让教学活动更加生动具体，也有利于传统文化的传播，以文化作为主体资源进行延伸价值盈利。

主题营销盈利模式通过打造主题文化旅游品牌，建立具有品牌影响力的共享农庄模式，以品牌带动消费，通过第三产业带动第一第二产业经济发展。我国乡村旅游具有乡村独特资源优势，在挖掘其特色资源的同时进行主体营销，打造旅游景区影响力，通过品牌和主题创新，到风格、运营、管理形成一个相对共生、互相补充、环环相扣的成熟商业体系。

（4）我国农业旅游发展情况

随着经济的快速发展，人们生活水平不断提高，旅游消费需求也不断提升，旅游业在我国发展迅速。我国作为世界第二大经济体，随着生产生活方式的转变，旅游模式也不断顺应时代变化，更多具有创意的旅游模式相继被开发出来。乡村旅游作为旅游业的延伸，旅游行业覆盖范围越来越广，而旅游惠及人群也越来越广泛。目前我国乡村旅游主要以休闲观光型、农事体验型、民俗文化型、教育科研型、娱乐消费型等多种旅游模式。乡村旅游在将特色乡村田园风光与人文民俗结合起来，在创新产品和改进模式、基础设施、公共服务方面上不断升级，以满足游客更多体验、猎奇、求知、学习的心理需求。

第四章 乡村振兴战略下江苏乡村旅游创新发展模式

我国乡村旅游以解决"三农"问题为出发点,在发展乡村旅游时注重农业旅游的发展特点。通过因地制宜的方式从不同角度对我国农业旅游进行全面开发和科学管理。农业旅游不同于城市旅游,具有巨大的市场发展潜力,农业旅游的主要特点一个是乡村性,一个是旅游市场空间大,还有一个是产品的农业性。乡村性是农业旅游的地域特色,我国各地乡村自然环境和资源各不相同,所体现的乡村资源也各有优势,但是都是以具有乡村性质,比如日出而作日落而息的农业生活方式、干净舒适的乡村风景、淳朴自然的民俗习惯等自然的乡村资源。农业旅游能够满足游客放松身心、体验生活、娱乐消费的旅游需求,乡村旅游能够满足新时代游客的更高精神需求,农村广袤的土地和特色资源在发展旅游上具有巨大的市场潜力。乡村旅游的一个特点是旅游产品具有乡村特色,以谷物、家畜家禽等特产品作为旅游产品,能够满足游客的购物消费需求。其乡村特色农产品不仅有农作物产品还有传统文化产品,比如剪纸、刺绣等都能够作为农业旅游产品,具有极大的自主性和产业价值。

农业旅游虽然具有极大的资源优势和市场潜力,但是在发展过程中也会遇到很多问题,这是任何行业发展的必经之路,通过问题反映其不足之处,通过对问题的研究找出其根本原因和解决问题的办法,是农业发展的必要过程。从我国农业旅游发展现状来看,主要存在五个方面的问题,第一个方面是共享理念并未得到普及,共享农庄在国内才刚开始执行,很多传统农业旅游在其发展模式上未能很快转变观念,在共享利益机制上还需要继续宣传和推广,从信息上为我国农业发展提供更加充实的理论基础和解决困境的方式。共享农庄作为共享经济旅游模式具有自身的优势地位需要不断推进发展。第二个方面是农业旅游在创新方面有所欠缺,创新是保持市场活力的有效方式,农业旅游发展相对缓慢,在创新上存在后续不足问题,不论是旅游产业模式还是旅游产品,包括宣传推广大部分都采用传统模式,而很少能够形成自身品牌优势,导致农业旅游模式相对单一,缺乏信息互通和利用价值，缺乏主题活动联动机制。第三个方面是安全食品未制定严格制度，食品安全卫生是农业旅游服务中关键一环，人们日常生活离不开吃饭住宿，安全和卫生是旅游的基本需求，需要建立严格监督管理制度，以确保其食品安全和卫生情况，乡村食品卫生等级有待提升，管理制度需要进一步加强，以符合旅游市场规范化管理模式。第四个方面是未能与其他相关企业组织进行合作，共享模式推出需要多方共同参与，比如体验、加工农产品等共享农庄需要交通、物流等方面的支持，以达到预期的效果，而现实是各方利益团体很难进行合理分配合作，第五个方面是乡村旅游同质化建设严重，我国乡村旅游虽然遍布各地，但是其开发模式过于单一和重复，很多项目存在创新不够，项目雷同的现象，需要制定更加科学合理的开发模式，融入创新理念，形成具有鲜明特色的独特优势品牌。

  我国以农耕文明起源，在城市化进程的今天依旧有很多农民，乡村经济发展成为我国未来发展的重点，"三农"问题也成为迫切需要解决的问题。在提升农业经济问题上，乡村振兴战略具有高瞻远瞩的战略意义，乡村振兴战略中以乡村旅游作为改变乡村经济的重要抓手，通过在乡村地区展开旅游，让旅游带动当地经济发展。自乡村旅游提出至今已经经过几十年的发展，到目前为止我国已经拥有超300万家的乡村旅游试点，其中已经形成品牌的乡村旅游项目多达400多个，中国美丽休闲乡村560个，全国乡村旅游收入达到7400亿元。我国乡村旅游已经进入蓬勃发展阶段，在未来旅游市场需求上，乡村旅游具有巨大潜力。未来乡村旅游在其开发模式上需要融入更多科学现代元素，而乡村旅游的产业模式也将面临着升级和转型以适应新的经济模式和旅游市场需求。

（5）启示与建议

  乡村旅游发展中至关重要的是其前期的规划，这将决定乡村旅游在未来市场上是否具有长远的发展优势和可持续发展能力，乡村旅游规划和开发需要政府加大支持力度，以更加科学的方式进行整体规划，在对乡村资源的调查上进行深入挖掘，以形成独具特色的品牌优势，与此同时，政府还需要对乡村旅游市场进行科学的评估，以更加先进的方式进行资源整合。鼓励乡村居民积极参与乡村旅游发展中来，在培训和学习上联合当地组织和企业进行培训，以提升乡村服务质量和村民文化素养。目前，我国农业旅游业仍然处于探索阶段，需要政府更多政策和资金支持，而且需要学者提供更多深入研究，为乡村旅游发展提供更多理论实践基础，在加强交通等基础设施建设的同时我国有关部门还应出台相关旅游政策管理措施，通过宏观调控，建立农业旅游行业标准，防止因市场机制的紊乱对生态资源无节制的开发，确保乡村旅游经营管理制度的完善和规范化。

江苏省在发展乡村旅游中需要打造区域旅游主题模式，通过一系列沿海、沿湖、湿地、历史等主题旅游地区进行共享和结合，进一步扩大其旅游范围和影响力，形成具有一定规模的乡村旅游品牌，不论是资源共享还是创新模式上都需要做产业调整，以丰富的自然资源进行合理开发，实现以共享农庄为代表的更多乡村旅游模式，促进探索的步伐。在国家实施乡村振兴战略背景下，大力发展乡村旅游产业，落实农业农村优先发展要求，培育和发展乡村新产业新业态，促进农业全面升级、农村全面进步、农民全面发展。

（1）三产融合实践中苏州共享农庄发展现状

在新的产业形势下，乡村旅游需要做到农业全面升级、农村全面进步、农民全面发展的三产融合实践，在三产融合实践中以苏州为例进行的共享农庄其发展不仅需要政府支持，也需要不断做产业调整以适应旅游市场需求。

共享农庄的发展首先需要政策支持。在新的理念发展之时需要当地政府给予政策上的支持，政策支持是苏州共享农庄发展的重要保障。早在2018年初，国务院公布了中央一号文件《中共中央国务院关于实施乡村振兴战略的意见》，党的十九大报告提出了"实施乡村振兴战略"的部署。2019年初江苏省委一号文件提出了对标硬任务，坚持农业农村优先发展的总方针，并强调要"加快构建具有江苏特点的乡村产业体系，推动农村一二三产业融合发展走在前列，拓展农民增收致富渠道"。随后又有相关政策相继出台，这些政策为苏州共享农庄发展提供了极大的政策保障和基础设施保障。

其次，苏州共享农庄的发展离不开创新思路支持。苏州在推进共享农庄建设时，坚持以农业为本的基本观念，通过创意农业、农耕体验、科普教育、众筹认养等方式进行产业融合，打造全面一体化共享资源优势。共享农庄整合新型农业经营主体、农村集体经济组织、工商资本等资源要素，与示范基地建设、美丽乡村建设等有机结合；坚持富民增收不松劲，共享农庄强化与农业企业、农民合作社、家庭农场、农村集体经济组织、农户、工商企业等多元市场主体建立利益联结，让农民更多分享产业增值收益。

树立样板，强化典型培育。苏州市委、市政府将发展共享农庄列入2019年全市农业农村重点工作之一，也是全市乡村振兴工作考核任务之一。构建起市委领导亲自抓、主管部门具体抓、其他部门协同抓、上下联动合力抓的工作机制，一张蓝图绘到底。苏州发展共享农庄以打造特色鲜明、可复制推广的典型样板为切入，强化典型示范培育。到目前为止，全市共有十多个共享农庄，其中共享项目多达七十多个，通过对苏州的共享农庄进行宣传推广，树立样板促进共享农庄的发展。

（2）三产融合实践中苏州共享农庄发展存在的问题

苏州共享农庄虽然在发展中具有多种优势但是也存在一些问题，首先是农庄立意重复，内容特色较为缺乏。苏州作为具有悠久历史的古典园林城市，是江南水乡园林的代表，自古就有"上有天堂，下有苏杭"的美誉，由此可见其水上园林风光之美，加上几千年来不少文人墨客诗词盛赞，才子佳人故事比比皆是，形成独具特色的苏州园林人文景观。苏州共享农庄在发展中也是充分利用其自身资源优势，但是由于缺乏足够的共享模式经验，共享农庄存在重复问题，内容缺乏创新，体现在共享模式比较单一，不能满足游客更多旅游需求。共享农庄是现代经济的产物在模式上难免具有浓厚的商业氛围，而苏州的资源更多注重其人文特点，在现代经济模式与传统人文相互融合相互促进过程中需要保持各自的优势，找到发展的平衡，既要保持传统特色又要兼具市场价值。在采摘体验上并不能满足游客需求的同时，需要寻找更具竞争力的发展模式。

其次，是共享农庄共享理念并未得到充分应用。滴滴和共享单车的理念是实现资源共享，达到共赢的目的，苏州共享农庄主要以观光、采摘、餐饮为主，这种共享模式还是偏向于传统消费形式，在共享上面并未达到真正的共享。在农产品经营上同样存在这个问题，在农产品加工、农耕体验上缺乏创新机制，其中共享理念经营模式运用较少，并不能跟当地农民、个体经营者或者企业形成很好的共享效果。苏州具有优质的土地资源，丰富的园林景观和悠久的人文资源，不管是交通、物流、土地还是文化、园林都具有极大的资源优势，在共享物流、共享土地、共享园林上都具有极大的开发价值，共享农庄的真正实施需要将资源进行租赁、使用权等进行共享，以此获得盈利，苏州共享农庄需要与互联网、共享经济等进行深入合作，以更多创新模式来实现真正的共享。

最后，苏州共享农庄存在农村社会参与不足的情况。共享农庄发展的初衷是为了盘活农村土地、房屋、农具等资源，让市民、能人和企业下乡租房租地，实现富民增收，建设美丽乡村。在实施过程中需要保持农户在共享农庄建设、发展中的主体地位。在实际操作中由于农户资金不足，能力不足等情况，并未在共享农庄中起到积极参与的结果，自然盈利也不能满足为农民增收的目的。农民在共享农庄中的参与感缺失，导致共享农庄后续发展不足，也不能真正达到农业旅游的经济带动目的，共享农庄自然也并未能达到预期的效果。

（3）三产融合实践中苏州共享农庄创新发展模式对策建议

苏州共享农庄以三产融合为导向，因地制宜突出地方特色。针对其发展中遇到的问题，需要做创新模式调整，主要从三个方面进行改进。一个是以农业为核心，以农村三产业融合为导向，依托苏州农业农村资源禀赋，整合农村闲置资源，联合开发农村生态观光、文化传承、教育体验等功能，提高农业叠加产出效应。二是以共享农庄建设为基础，构建新的"共享农庄+N"复合型产业链，发挥农业生态、文化、体验等多元价值，打造特色农庄和乡村产业综合体，推动农村新业态多元化发展，逐步实现共享农庄的可持续发展。三是因地制宜，突出苏州乡村特色，打造乡土田园风格，在政府引导规划下保持内容性、创新性发展的农庄经济，进一步开发农庄共享活动，利用价格策略，调整淡旺季游客差。

共享农庄发展需要以科学规划为导向，充分运用创新、共享理念。共享农庄是建立在共享经济基础之上的，根据自身产业模式不同需要做出对应的调整。苏州作为特色园林旅游资源城市，在开展农业体验、采摘活动、众筹认养活动中将第一二三产业进行结合，融入自助共享模式，为共享农庄的实施提供更多渠道，比如家庭厨房、农产品加工服务、果蔬配送等服务，不仅增加游客体验价值还为农民增收，其中公共物流、交通等也参与其中。苏州应当利用其资源优势结合时代主题教育，促进共享农庄可持续发展，比如将园林租赁进行研学教育活动，将农村闲置废弃土地进行合理运用等，在不断创新发展中形成独有产业机制，增加农户与农户、农户与游客、农户与企业之间的互动和交流，形成资源共享，优势互动，最终达到双赢，多方共赢的目的。互联网时代，众筹同样作为新的经济模式被大众认可，共享农庄在开发资源，改造农村闲置土地资源上同样可以进行众筹的模式，通过互联网加大共享农庄的影响力，吸引更多网友加入众筹模式，享受共享农庄的新经济旅游模式。

共享农庄的建设是以农民利益为主体的经济模式，农民应该发挥其主体作用。共享农庄在开发过程中当地政府需要发挥主体作用，确保农民作为利益的受益者，坚持农地农用，明确土地权属和价值，在开发过程中政府需要制定相关政策规范，确保利益主体各方的利益分配问题，这将有助于其可持续发展和健康发展。在确保共享农庄健康发展的同时需要加大与当地农户的合作共享，完善共享农庄的内部治理结构，创新农庄经营模式，如通过土地租赁之外的农机租赁、物流租赁、帮助销售滞销农产品等方式使更多的农民也能参与到共建共享的过程中，实现利益多方的共建共享共赢。

（1）特色小镇

1.江苏主要历史经典产业型特色小镇概况

"历史经典产业"这一概念在2015年提出，浙江境内拥有大量具有悠久历史的经典文化产业，这些产业既是浙江的特色资源也能为浙江旅游业形成助力，丰富其文化内涵，通过开发形成具有特色的历史经典产业，比如浙江的茶叶、丝绸、黄酒、中药等。浙江通过对历史文化的深入挖掘和合理开发，目前已经有较为成熟的文化特色小镇，比如龙泉青瓷小镇、绍兴黄酒小镇、湖州丝绸小镇等。将历史经典文化融入现代经济社会，既带动了当地经济也丰富了旅游类型还可以弘扬优秀传统文化。历史经典文化小镇将我国传统的工艺文化精髓进行传承和发扬，让文化之根在新时代焕发新的活力。

江苏作为旅游大省，省内存在很多历史名城，作为文化之都经过千年发展，形成具有丰富历史文化内涵和独具特色的历史资源优势。江苏蕴含深厚的文化底蕴，将历史文化与旅游进行结合发展，情景交融，互相促进形成具有特色的旅游文化产业。经过多年发展江苏省内已经拥有比较成熟的历史经典产业特色小镇，比如苏州苏绣小镇、南京高法国瓷小镇、无锡丁蜀紫砂小镇等，但是在数量上江苏历史经典文化小镇远不如浙江的发展，江苏省在发展历史文化特色小镇还需要寻找自身突破点，进行更加深入全面的开发和发展，最终形成生态环境优美、人文气息浓厚、产业特色鲜明、服务完善的特色旅游小镇。

与传统小镇相比特色小镇更具有辨识度，更有利于宣传，其旅游文化内涵更加多样，能够满足游客更高的旅游需求。特色小镇是旅游业、产业文化和社区公共服务的有机统一，也是乡村旅游发展的一大开发目标和宣传亮点。历史经典文化特色小镇是以历史经典文化为旅游产业的核心，在此基础上对历史经典文化进行挖掘，围绕经典文化打造优美自然环境和人文环境等多种功能相互叠加形成独具特色的旅游产业。目前江苏省拥有省级和国家级的历史经典产业型特色小镇六个，千年以上的历史传承和文化底蕴是历史经典型特色小镇发展优势（见表4-1）。

表4-1　江苏主要历史经典产业型特色小镇概况

小镇名称	经典产业	特色工艺历史	特色与优势
高法国瓷小镇	陶瓷	1700多年	以创造陶瓷产业技术和创意基地为目标，打造世界级陶瓷研究中心
苏州苏绣小镇	苏绣	2200多年	以苏绣创意、生产、销售和人才的集聚为基础，打造一个生产、生活、生态相融合的集创意创业和历史经典为一体的中国苏绣小镇
东海水晶小镇	水晶	1000多年	以水晶产业链为基础，综合小镇商务服务区，打造仅属于东海水晶小镇的城市名片
黄桥琴韵小镇	提琴	20世纪60年代末以来	以提琴为源、乐器为业、音乐为魂的世界知名、中西合璧、古今辉映的魅力小镇
震泽丝绸小镇	丝绸	1740多年	依托文化影响力提升传统产业影响力，实施"丝绸+旅游"双轮驱动，把握古韵、水韵、丝韵三条主线
丁蜀陶都小镇	陶瓷	6000多年	凭借独特的自然资源和悠久历史的陶瓷文化，融合旅游资源，传承陶瓷文化和塑造当地旅游形象

第四章 乡村振兴战略下江苏乡村旅游创新发展模式

从江苏省现有的六个历史经典产业特色小镇可以看出历史文化产业是特色小镇发展的核心主体，历史经典文化拥有自己的特色，在开发建设上需要充分考虑其特色资源的利用，通过对历史经典文化产业做一个延伸，丰富特色小镇的体验感和文化共识，通过优美的风景来吸引游客，通过深邃的文化特色留住游客。通过对文化产业和旅游体验相互结合，打造品牌特色，既带动了江苏经济发展也传承了文化产业。江苏省旅游资源丰富，可以在特色旅游小镇上加大推广和开发，成就更多更好的文化特色小镇产业。虽然拥有六个较为成熟的特色小镇，但是在发展过程中存在产业发展不够全面、旅游产品单一、文化融入不够彻底等问题，还需要继续加强特色小镇在旅游产品、体验项目上的发展。

2. 江苏历史经典产业型特色小镇旅游产品创新的必要性

江苏省在旅游行业发展上已经拥有较为成熟的旅游经验，目前来看江苏省在历史经典产业型特色小镇上还面临着需要继续改进的方面，需要突出小镇文化特色和丰富文化旅游产品种类。在特色小镇旅游产品上需要做到创新产品，特色小镇的产品需要个性鲜明，拥有自己的品牌标志，同时需要旅游产品与特色小镇主体相互结合，打造舒适、便捷的文化旅游项目。

目前江苏省的历史经典产业型特色小镇主要集中在传统文化产业的打造上，在传统历史文化和旅游业发展需求相结合共同发展和相互促进方面还有所欠缺。互联网时代，信息变得更加迅速和及时，游客的旅游需求也在进一步提升，游客开始追求更加多样的旅游形式和个性化旅游区域。旅游市场竞争也越来越激烈，这对历史经典特色小镇发展有着更加具体和较高的发展方向和期待目标。

历史文化型特色小镇对文化内容有着极高的要求，对于小镇的历史文化资源，需要进行综合梳理，选择最为经典的特色文化进行深入挖掘和相关联产业开发，以文化特色作为小镇灵魂，然后通过专业化服务、满足旅游所需、促进游客消费、丰富项目体验、创新旅游产品等方面进行品牌打造和形象重塑。

历史经典产业型特色小镇是传承历史经典产业的有力推手,通过对经典文化产业的传承和宣传,让更多人了解传统文化艺术,将历史经典文化传承下去需要全面推广和深入打造。历史文化特色小镇建设不仅仅是特色优势产业的简单集聚,而是需要以历史文化为契机寻找新的突破和创新,在打造个性化和文化特色内涵上下功夫,通过将文化融入现代生活,让历史经典文化在新的时代焕发新的生机需要将历史经典文化做产业转型,以适应旅游市场新的需求,满足游客的体验需求。特色小镇将文化与旅游相结合,实现文化传承和经济效益双重目的,这样既提高了小镇居民的收入,也为传统艺人们寻找到新的发展,将我国传统文化产业传承和发展起来。

3. 丁蜀特色小镇旅游业发展概况

(1) 丁蜀镇概况

丁蜀镇具有优越的地理环境和历史悠久的文化资源,这也是丁蜀镇能成为特色小镇的核心优势。丁蜀镇位于江苏省宜兴市,面积205平方公里,东临太湖,西部为天目山余脉,由此造就得天独厚的优美山水风光。在历史文化方面丁蜀陶文化源远流长,陶瓷作为中国国粹之一,具有深厚的文化底蕴和鉴赏价值,而丁蜀镇作为我国紫砂陶精华最为集中的地区,其紫砂陶作为核心文化产业具有极大的历史文化传承和经济价值。丁蜀镇通过对紫砂陶为主的陶文化进行开发和推广,结合丁蜀镇优美的自然风光形成独具特色的旅游文化产业,丁蜀镇如今已成为历史文化特色小镇的代表之一,2016年丁蜀镇成功入选中国首批特色小镇代表,被誉为"紫砂小镇"。"十三五"期间丁蜀镇注重紫砂文化的创意发展,成功打造了"紫砂文化创意产业集聚区"。经过不断发展和完善,如今的丁蜀镇已经成为具有一定规模的陶瓷文化创意产业园区。

(2) 丁蜀镇主要旅游资源

丁蜀镇拥有丰富的资源优势,从地理上看,丁蜀镇集山水一体,形成秀丽的自然风景优势；从布局看丁蜀镇具有江南古镇的自然格局，古朴清新；从文化历史看丁蜀镇具有千年历史，其中有很多文化产业值得挖掘，比如春秋古窑址、青龙山遗址、东汉窑址等历史遗存，紫砂文化同样源远流长，还有东坡书院等具有历史文化气息的遗址同样能够成为文化旅游景点。

（3）丁蜀特色小镇旅游业发展现状

丁蜀镇在特色小镇打造上主要以文化产业紫砂陶作为艺术文化产业，结合其他文化资源优势进行延伸和旅游活动的联系。在此基础上开发丁蜀镇典雅古朴的自然水乡景观，打造具有文化鉴赏、旅游产品和旅游体验的经典文化特色小镇。

2016年丁蜀镇陶瓷产业实现了产值75亿元的成绩，总旅游收入高达7.59亿元，随后丁蜀镇旅游实现年增长比重超4%的好成绩，丁蜀镇村民大部分从事紫砂陶工艺制作，丁蜀镇旅游发展极大改善了村民生活环境，提高了农民收入。目前丁蜀镇已经建成中国宜兴陶瓷博物馆，馆内陈列了从新石器时代距今约7000年的陶瓷精品万余件，成为中国成立最早的专业性陶瓷博物馆。丁蜀镇在陶瓷文化传承上不仅建造博物馆进行陶文化推广还通过休闲观光和文化节举行乡村特色旅游文化活动，充分将文化和旅游相结合，始终将"陶文化"贯穿其中，如今丁蜀镇大力发展以陶文化为主的科技产业园，打造大型文化旅游产业园区，带动地方经济往更大更快方向发展。

4.主题创新：丁蜀紫砂特色小镇旅游产品创新对策

丁蜀特色小镇以文化产业与自然资源相结合的旅游发展，其过程依旧要遵循旅游市场发展规律，在面对如今更加丰富的旅游项目和更加广泛、多元的旅游需求，丁蜀镇在旅游文化产业方面仍然需要做进一步创新发展。丁蜀镇以陶文化为核心，需要加强陶文化与其他资源相互融合，从旅游产业主体方面进行更多功能和类型的挖掘，从创新开发入手，提升产品体验、提升服务质量、丰富旅游产品体系，不断完善特色小镇旅游项目。

（1）围绕紫砂主题创新，打造系列主题文化旅游产品

丁蜀小镇的特色正是紫砂文化及相关历史文化产业，要实现特色小镇的创新发展，需要在文化旅游产业上设置更多主题，将陶文化融入主题活动，丰富旅游体验感和参与感，与此同时将陶文化融入特色主题活动之中，既丰富了活动内容也进一步宣传了历史文化。在充分挖掘陶文化上可以从紫砂壶制作工艺流程出发，进行文化创意产业园的建设，通过对紫砂壶为主的陶瓷产品原料、生产、工艺等方面进行文化体验活动，增加游客活动体验感。也可以将陶瓷文化融入现代生活中，比如将陶瓷制品用于茶艺、咖啡、花艺等人们热爱的休闲生活方式中，既增加文化氛围也促进休闲旅游体验，同时也将紫砂文化产品进行销售，形成运输销售产业形态。

丁蜀镇作为特色小镇，通过自然景观融入紫砂文化展开，开发各类主题旅游产业时需要通过紫砂文化特色进行创意主题设计。在如今越来越追求个性化的时代，将紫砂制作工艺和产品进行创意加工，可以是自己动手参与制作的互动体验DIY，也可以是注重产品独特性的个性化创意设计，也可以打造高端的私人订制产品，充分满足人们对于旅游产品独特性和创意的需求。与此同时，互联网作为人们生活和工作不可或缺的工具之一，在文化旅游推广和创意主题打造时需要通过互联网进行创意设计，可以通过网络征集、网络大赛等方式进行紫砂工艺品收集和展示，或者进行紫砂文化类知识竞答活动，还可以通过开展紫砂赝品交流等活动，充分将紫砂文化融入旅游行业，利用多种途径多种方式进行传播和宣传，增加其市场知名度，扩大品牌效应。

（2）类型创新：推进产业融合和资源整合，构建丰富的旅游产品体系

丁蜀镇在特色小镇打造上需要做好创意连接，通过类型创新满足游客旅游需求。丁蜀镇需要充分利用各类旅游资源，对资源进行整合，丰富旅游产品种类，形成最终的产业资源融合。紫砂壶文化资源通过博物馆陈列

进行陶文化宣传,青龙山公园、蜀山景区等自然风光增加休闲体验、历史遗址和特色产品贯穿其中,形成集休闲旅游、文化体验、产品输出、参观制作等于一体的旅游路线。

紫砂文化只是丁蜀小镇的一大特色文化产业,与此同时丁蜀镇还有很多具有悠久历史的其他文化产业,比如春秋古窑址、青龙山遗址、东坡书院等文化产业,通过将文化产业进行串联梳理,打造文化旅游路线。将紫砂文化与其他文化进行串联,通过文化故事整理、古迹遗址介绍、文化体验等方式打造四季文化整合项目或者养生体验文化旅游项目。

(3)结构创新:延伸产业链,细分旅游市场,优化旅游产品结构

虽然丁蜀镇的旅游资源丰富,但是在旅游产品上还存在严重不足,旅游产品种类不够丰富也未能形成鲜明的特色产品,特别创新类旅游产品更是匮乏。针对这种围绕紫砂文化的旅游产品结构单一问题,需要进行紫砂文化产业链的延伸,在产品打造上更新产品结构,制作出具有创新特色的旅游产品。丁蜀镇紫砂产业拥有从原材料开采到生产、运输、销售、工艺培训一整套完整的流程链,在深挖紫砂生产流程链条时需要加大紫砂原材料开采、生活和工艺培训环境,让游客可以参与紫砂原料开采和制作工艺上来,尤其是对创意产品的开发上,通过延长紫砂产业链或者优化产业链来促进旅游产品更加多元和丰富。

随着旅游市场的发展,游客对旅游有着更高更多需求。丁蜀镇在发展特色小镇旅游中需要满足更多游客需求,针对不同的客源市场,进行创意产品开发,以此来吸引更多游客前来消费体验。对于青年游客着重开发具有个性和体验感的紫砂陶DIY类创意体验项目,青年注重个性和独特性,对产品制作参与度也很高,通过自己动手体验更能满足他们的需求。老年游客更加注重品质和品牌,还要兼具实用性原则,在旅游产品上注重产品的品质和实用价值。对于亲子家庭来说,需要增加体验感和趣味性,在紫砂工艺制作中融入文化知识的学习和品鉴,增加互动和趣味,通过打造生

肖紫砂陶、卡通紫砂陶、紫砂课堂等方式吸引家庭参与体验和消费。

紫砂产品不仅是艺术品也是生活用品，在旅游产品上不仅可以开发精美的纪念品，还可以进行创意加工，完成对生活用品的要求，兼具美观性和实用性为一体的原则，在产品的种类上做进一步调整。紫砂产品不只是紫砂壶、紫砂杯，还有紫砂厨具、紫砂艺术品等多种产品类型。在紫砂产品结构上进行相关产品的同步链接销售，扩大旅游产品范围，比如紫砂茶具作为文化艺术产品，与茶叶、香炉、茶室、茶点、汉服等相关产品都有一定的联系，可以通过营造高雅文化活动将传统礼仪融入其中进行更多旅游产品的开发，丰富旅游产品的种类。

（4）过程创新：应用现代科技，提升服务水平

旅游作为现代经济产物，不仅可以在传统文化上进行挖掘，也需要融入现代科技因素，将其文化与现代科学技术进行融合，打造更加生动有活力的旅游产品。丁蜀镇在文化与科技相结合的创新项目开发上，可以运用现代的虚拟旅游产品设计上，运用现代科技生动形象的 5D 和幻影成像技术创作将古人烹茶煮酒的场景一一还原，可以通过 LED 展示紫砂制作过程和陶文化 7000 年的发展过程，在科普传承上做进一步升级，在丁蜀镇博物馆的展示上同样可以运用科学技术进行更加生动的展示。让年轻人孩子更加了解陶文化的发展过程。在游客体验设定上通过游戏、虚拟参与等科技形式增加游客体验感。也可以运用更多科技制作技术融入陶瓷产品个性化产品制作上，打造个性化服务、个性化体验项目。不管是互联网还是科技的融入都是为了给游客提供更加便利和舒适的旅游体验，丰富旅游产品和项目类型，不仅在技术上需要与时俱进，小镇服务人员也需要提升综合素养和专业服务，从软实力上不断提升服务人员的陶文化修养和个性化服务理念，并能够熟练运用现代化科技服务技术。

（三）田园综合体

随着我国城市经济快速发展，农村经济形成滞后状态，城乡之间的差

距进一步拉大，为了改善城乡之间经济发展不均衡情况，特别推出乡村振兴战略目标，乡村振兴在发展上主要依托乡村旅游项目开展实施，乡村旅游中以田园综合体的旅游形式为主，田园综合体乡村旅游模式在我国多个乡村地区实施完成，并取得了不错的成绩。田园综合体模式的乡村旅游主要体现在综合乡村旅游模式上，早在2017年田园综合体概念在中央一号文件中被提出，随后颁布的《中共中央国务院关于深入推进农业供给侧结构性改革加快培育农业农村发展新动能的若干意见》中提出田园综合体的具体试点办法。田园综合体集休闲旅游、现代农业、田园社区为一体的旅游助农产业。在发展农业上具有可持续发展意义，田园综合体将农业作为第一产业进行开发，主要解决"三农"问题，农产品加工和手工业等作为第二产业进行合理推广，乡村旅游相关产业链像餐饮住宿、文化产业、房地产业等作为第三产业。田园综合体将三种产业进行有机融合，利用乡村旅游发展带动乡村经济发展，在旅游发展的过程中，在优化生态宜居环境、吸引城市人才进入乡镇、有效利用资金土地、提高生产技术等方面起到促进作用。农业自然资源和文化资源得到最大利用，农民通过积极参与和提供旅游产品增加收入。

1. 文献综述

早在2012年田园东方创始人张诚开始提出田园综合体的概念，这个概念的提出并在无锡阳山镇进行实践后就引起国内外众多学者的关注，通过对田园综合体的分析研究，学者们对其提出各种界定和主张，这些研究有助于田园综合体的不断完善和发展。

在田园综合体概念方面张玉成在2018年提出了田园综合体是以现代农业为基础，以旅游为驱动，以农民为主体，以游客为消费群体的新型社区群落。明确了田园综合体的旅游性质和人群界定。而郭涛则认为田园综合体具有农民参与和受益、旅游体验得到强化、农业创意理念加强、乡村资源配置加强等四个特点，这也是田园综合体的优势所在。

2018年陆文婷发表了对田园综合体建设方面的意见，她认为田园综合体在乡村生活环境、农业生产、生态环境方面的"三生同步"，对环境起到优化作用。在产业方面则是对第一、第二、第三产业的有机融合，形成"三产融合"的状态，最后就促进农业、旅游和文化之间形成"三位一体"，如此才是完整且成熟的田园综合体。刘竞文认为田园综合体一方面有助于解决农村生态环境问题，在生态宜居方面有着显著作用；另一方面是从农业生产方面提升了农业产品的价值，积极推动城乡融合发展。

组成体系方面，卢贵在2017提出田园综合体在组成体系方面的概念，他认为田园综合体应该根据各种区域功能进行划分，分为农业产业区、生活居住区、文化景观区、休闲聚集区和综合服务区，通过每个区域不同的功能进行整合，形成综合旅游产业链，各区域之间相互配合，互相弥补，形成优劣互补、互利共生的综合体。应子义在2018年从发展类型方面概括，认为田园综合体的建设模式主要以农业观光休闲为主，发展特色农业体验模式，融合文化资源进行资源的融合发展。刘竞文认为我国田园综合体模式发展优势是特色农业和文化创意带动第一、第二、第三产业的融合发展模式。

祁建欣、李金荣等则认为田园综合体在建设举措与应用方面的界定是需要以特定的空间环境、基础设施为支撑，以特色农业为背景，而且需要有丰富的旅游资源。张春波则认为田园综合体的建设，要深入挖掘乡村特色资源，要深入分析乡村特色资源，倡导低碳以及生态化理念，突出休闲地产的最大化作用。

2. 田园综合体的发展模式类型

田园综合体拥有多种产业结构模式，通过不同的产业融合形成有机的旅游整体，不管是在乡村居住环境、建设还是经济方面都有着重大意义，将田园综合体模式进行归纳总结，主要可以分为以下几种类型：

（1）特色产业带动模式

特色产业强调因地制宜，综合评估当地资源特色，通过对本地优势资源进行深入挖掘，形成具有本地特色的旅游模式。以农产品为主，在农业的基础上融入乡村文化、现代科技、创意产品，增加旅游产品的附加值，以产业带动旅游发展。

（2）特色资源吸引模式

乡村旅游资源主要有自然风景和历史人文资源，田园综合体正是在乡村特色资源的基础上融合更多旅游元素，增加游客观光体验感。对于当地特色资源不管是自然地理资源还是人文资源或者人文自然相结合的产业开发，都需要发掘特色，围绕特色资源进行布局和安排，增加其田园综合体的特色优势。

（3）农业观光体验园区模式

乡村旅游的主体是乡村农业产品和产业，乡村田园综合体以乡村自然田园风光为主，在此基础上增加游客对乡村野趣、农耕文明、农业生产活动、传统民俗的了解度。田园综合体以观光休闲产业为主，打造特色休闲体验项目，内容从单一开始向着更多元方向发展，增加互动体验和研学教育项目，满足更多游客旅游需求。

3. 江苏省田园综合体的发展模式研究

（1）无锡田园东方

田园综合体自提出到实践，如今已经出现了多个较为成熟的田园综合体乡村典型代表，比如无锡的田园东方，正是对田园综合体的一次创新探索实践，同时也是国内起步最早、规模最大、发展最为成熟、运营最成功的田园综合体。无锡田园东方的成功离不开其发展模式的创新和资源的合理利用。

基本情况：

无锡的田园东方园区作为我国目前最大的田园综合体项目占地约有

6446亩，位于无锡市的惠山区阳山镇拾房村。园区主要包含农业产业区、休闲旅游区、田园社区三个方面的产业结构组成。从建成到发展成熟仅用了四年时间，在这四年里田园东方通过建设以水蜜桃为主的现代农业产业园开始，随后建成水蜜桃度假村、田园生活馆、田园讲堂、田野乐园、咖啡手作、书院学校等以水蜜桃为主体的乡村旅游度假区，田园东方将现代化农业、休闲观光、体验互动项目、旅游服务进行有机融合，吸引周边乃至全国的游客前来观光消费，自开业至今已经接待了超10万游客，给当地农民带来巨大经济收益。

发展模式：

田园东方的成功离不开其因地制宜的科学规划，在前期开发上田园东方根据阳山镇盛产水蜜桃的特色资源进行深入挖掘，结合主题设计、项目融合等方式构建了符合自身特色的发展模式。在资源上进行重新整合，优势互补原则，不仅对桃林、千年古刹、百年书院进行合理开发，建成学习、体验、采摘等项目，还将水蜜桃作为第一产业进行推广，形成独具特色的品牌效应。提起中国水蜜桃之乡人们就能想到阳山，而以水蜜桃为主的第一产业通过种植、生产和加工又能形成第二产业，比如桃木梳、桃木摆件等，将第一产业和第二产业相结合，形成生产、销售、运输产业链，带动当地经济发展。在水蜜桃为主要生产项目的基础上发展第三产业，比如水蜜桃采摘园、火山温泉、书院文化等相关产业。

田园东方在发展模式上不仅注重对第一产业的深入挖掘和发挥主题带动作用，在文化方面同样注重其历史价值，小镇遗留下来的历史房屋旧址经过修缮和保护一直保留着最为原始的风貌，能够还原原始的乡村人文风光，在农事体验上也注重其真实性和体验感，以传统农耕体验方式让游客了解农耕文明以及相关的民俗。田园东方充分地利用了当地的自然文化资源，通过现代农业农事和人文历史进行合理规划，形成特色资源综合发展模式，正是这种创意的发展模式为其提供了更多的市场竞争力。

第四章 乡村振兴战略下江苏乡村旅游创新发展模式

（2）南京溪田田园综合体

基本情况：

江苏省在田园综合体打造上拥有更高的发展目标，通过现有的经验和成熟模式指导，江苏南京规划了总面积达10776亩的更大型的田园综合体项目，这个规划项目就是南京溪田田园综合体。溪田田园综合体以江宁乡村生态循环线为主轴，七仙大福村园区和溪田生态农业园为主要核心打造"一轴二园七乡村一社区"的田园综合模式。以农业生产为主，进行山水资源的整合规划，最终建成以田园风光为主的田园新社区、农业发展区、景观核心区、休闲体验区、商业配套区五个功能分区。

发展模式：

溪田田园综合体同样作为农业综合体验区，园区以粮油、蔬菜、瓜果、茶叶、花卉等农业产品为第一生产力，通过引进新的农业生产技术，发展农业生产活动。其目的是打造集农业生产生活、休闲度假、科普学习、养生保健、游玩体验等于一体的旅游活动。而园区的第二产业是农作物加工产品，比如干果、茶叶、精油等经过加工、包装便于保存的产品，以及相关产业链。园区第三产业是对文化资源进行深入挖掘，形成具有特色的文化旅游产品，比如用"天仙配"神话传说发展其七仙文化，设置七仙花园等拥有文化内涵的旅游景点以及文化相关的旅游产品。园区还会开设主题活动，比如黄梅戏、船灯、嘉年华等民俗活动，丰富园区项目，形成综合体验活动。

（3）兴化千垛田园综合体

基本情况：

江苏省在田园综合体项目发展上不仅有以农产品为主的田园东方，还有以田园风景为主的千垛田园综合体。千垛田园综合体项目位于兴化市缸顾乡与李中镇境内，同样是 $2.67km^2$ 多的占地面积，项目活动涵盖周边多个村庄，为当地村民提供了众多工作岗位。千垛田园综合体项目的优势是拥有便利的交通和良好的空间布局，通过自然田园风光优势打造集山水岛屿、水上街市、民俗体验等为一体的独特江南水乡特色民俗体验区，充分满足游客观光旅游、放松身心、消费购物的需求。千垛田园综合体以农业田园风景为主，分别设置了农业观光景区、休闲聚集区、农业生产区、生活居住区等四大功能区，景区内分布水上街市、月亮桥、观音山等人文景观和购物场所，增加游客旅游体验。

发展模式：

千垛田园综合体的形象定位是"千垛花海、梦里水乡"，重点打造了垛田观光、渔村体验、互动游乐和康养度假等旅游产品。园区深入挖掘独具特色的旅游产业，比如世界四大花海之一的油菜花海，油菜花既是观光旅游项目同时也是农作物之一，在观光上打造全国最美油菜花海，为游客提供观光项目，在油菜花开时节每年接待游客超150万人次。而油菜成熟后还能制成菜籽油提供给游客，作为旅游产品之一发展健康饮食产品。千垛田园综合体旅游景区除了花海还有千垛梦岛、千垛森林等旅游景点，这些自然风景具有浓厚的地方特色，能够形成特色鲜明的旅游项目，以此为亮点进行推广，吸引更多游客前来观光欣赏。

优美的景色是千垛田园综合体景区吸引游客的亮点，四季花海各有韵味，春有油菜花，夏有荷花、秋有菊花、冬有芦苇可以欣赏，加上特色农产品螃蟹、小龙虾、香芋等本地农产品的加持，形成观景与美食的双重体验，各种主题旅游活动陆续开展，结合中秋端午推出特色主题产品更加吸引游客。正是这种优势集中的自然景观形成独具特色的田园综合体项目。

（4）江苏省白马镇田园综合体

基本情况：

江苏省泰州市白马镇田园农业综合体位于泰州市海陵区、高港区、姜堰区以及医药高新区的几何中心。白马镇拥有便利通畅的交通优势，能够吸引周围游客前来观光。除了交通优势还有地理优势，景区距离白马镇政府只有500米左右，政府在其发展中占有重要作用。不仅如此白马镇田园综合体景区内资源丰富，景区还距离中国人民解放军诞生地纪念馆和国家AAAA级的天德湖公园、凤城河景区等旅游景区都非常近，能够与其他景区形成旅游观光线，形成稳定的客源基础。

泰州市白马镇田园综合体是以农业为主体发展的旅游综合项目。白马镇以水稻、小麦等农作物作为第一产业，农业生产以人力为主，生产力相对低下，不能形成品牌特色农产品。在第二第三产业上只有机械、毛纺等比较单一的产业，总的来说泰州市白马镇的产业比较单一，很难形成品牌特色产业。白马镇田园综合体要打造特色资源优势需要在田园环境上下功夫，综合其自然优势，白马镇水资源丰富、土地肥沃、质地轻壤，非常利于园内植物生长，通过对其耕地、水资源和建筑共同构建一幅水乡农家风光景区。园区内拥有大量花草树木，一年四季各有美景，丰富的植物种类具有经济生产和环境保护双重价值。

总体规划构想：

白马镇田园综合体在总体规划上依旧以农业为主，在农业基础上发展第二第三产业。白马镇的发展重点是突出其农业特色品牌优势，打造现代农业休闲养生田园景区，景区分为创意农业、生态农业、农事体验三大板块，通过推进农业生产和旅游、教育、文化、养生等产业进行融合发展，形成"三片一线"的养生特色小镇，打造一条生态农业康养田园综合体。通过农业生产、环境治理、养生产业链接等方式探索一条生态宜居、特色鲜明，农民参与度高的田园综合体，具体规划如图4-1和图4-2所示。

总体布局：

白马镇的规划需要结合白马镇的实际情况，在前期需要对白马镇农业产业结构、现有人群架构、农业生产现状、资源情况进行全面调查，基于白马镇人口老龄化、农产品滞销、留守儿童问题需要制定符合其农民利益的计划，对于存在的问题通过田园综合体的打造有一定的缓解和促进作用。

明确其主要矛盾和急需解决的问题有助于田园综合体的有序进行和最终利益分配。在制定发展策略上需要因地制宜和合理规划，打造白马镇品牌特色。

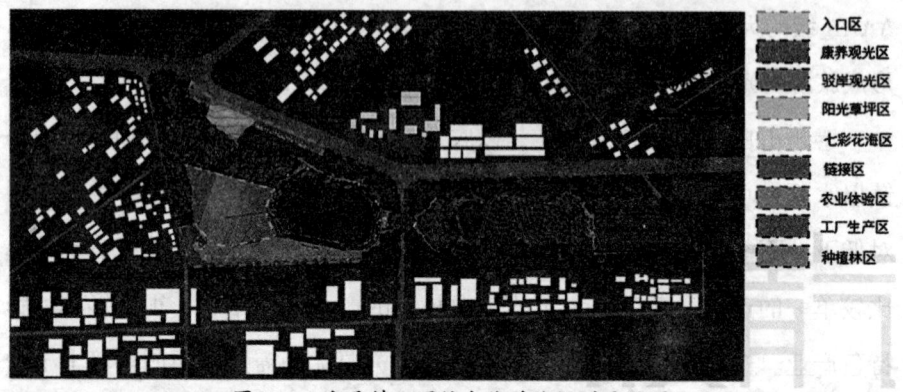

图 4-1　白马镇田园综合体总体规划平面图

图 4-2　白马镇田园综合体总体规划鸟瞰图

白马镇的自然资源是丰富的水系统塑造了独具特色的乡村风光，而红色旅游景区资源同样能够成为综合体的一大模块进行开发和资源利用。白马镇田园综合体通过科学规划将其分为九大板块，每个板块各有特色，主要有入口区、草坪休闲区、七彩花海区、养生疗养区、农业体验区、生产区等种植区域，每个区域都有符合其主题的旅游景观。

白马镇田园综合体在入口区规划大量停车场，为附近游客出行提供便利；草坪休闲区设置露营、烧烤等特色项目以供游客游玩体验；七彩花海区一年四季为游客提供大量花卉植物以供游客观赏体验；养生疗养区为健康需求人群提供专业化服务；农事体验区为游客设置各种体验项目，比如采摘、养殖、捕捉和加工售卖等服务。每个区域都有自己的特色项目，为游客提供更多旅游体验。在各区域中的农产品和服务体验都是由附近村民提供，这将会为附近村民提供大量工作岗位。在生态宜居方面通过对环境的改造，打造大面积种植业园区，一来可以美化环境净化空气，为休闲观光和养生保健提供舒适环境；二来通过为景区提供特色农产品，以满足游客购物需求。种植园不仅有农作物还有乔木、花卉等植物造景资源，同样可以为景区创造经济价值。

发展模式：

白马镇田园综合体的发展模式同样遵循以农业为主的特色小镇建设，在以农产品和农业为第一产业的基础上继续挖掘第二第三产业发展，通过对资源的开发整合带动当地经济发展。通过农业与人文景观的结合，打造现代农业、康养田园、人文景观、休闲农业为一体的经营模式。不同于一般田园综合体的是白马镇在发展农业的基础上融入更多创意农业的设计，着重打造康养田园设计，在越来越重视健康的现代社会，康养田园具有很大的市场优势。不仅如此还有花海、果树、养殖等农业体验活动，满足游客观光体验需求，在农业产品输出上集产品种植、销售、加工为一体的现代农业销售模式。

白马镇以农业为主打造休闲度假、养生保健、创新体验等为一体的乡村旅游新模式。在发展的过程中以田园自然风光为主体，在此基础上发展特色主题品牌，比如具有乡村风情的秧田河主题活动、以海军诞生地为主体的主题公园等都是人文与景观的有效结合。白马镇在规划时因地制宜，以其特色鲜明的田园风光为主体，融合现代农业、创意农业和人文景观为一体的田园综合体。

白马镇在旅游开发项目上注意保持其原汁原味的乡村风景，在自然风光的基础上增加更多农业体验活动，建设更加完善的生态宜居乡村景观和现代化专业服务品牌，通过修建水上栈道、打通园区水系、设置休闲观景台等方式将景区各区域进行连接，形成完整的旅游线路。在发展田园综合体上必须有别于已经存在的乡村休闲观光旅游景点，田园综合体比普通农家乐为主的乡村旅游更具品牌特色和创意体验项目。旅游项目需要结合当前旅游市场的需求进行调整和完善，以满足游客日益增加的旅游需求。田园综合体的发展更有利于自然景观的美化和保护，白马镇田园综合体规划有利于其水系形成生态可持续发展，真正做到生态宜居不仅需要资源开发和保护，也需要后期不断维护，田园综合体的规划和发展正是为了建立可持续发展战略目标，以旅游带动乡村经济发展和环境可持续发展。

白马镇不仅在环境上做到保护和促进，在人文景观上同样如此注重人文民俗的传递作用。白马镇人文民俗有讲经、唱曲、木偶等都可以作为发展主体进行深入挖掘，将人文民俗融入旅游主题发展将具有更大的凝聚力，丰富了景区的活动内容和文化深度。

4.关于田园综合体发展模式探索的建议

（1）因地制宜，避免千篇一律

田园综合体在规划建设初期应该基于当地人文地理环境，打造资源节约型、特色型发展模式并在成功案例的基础上进行改造和创新。因地制宜是对当地资源、发展优势、制约因素做综合考量的结果，需要经过大量调查、研究、分析才能得出准确的结论。通过对其实际情况的调查挖掘其自然、文化资源价值，在满足市场需求的前提下打造独一无二的项目品牌。明确其发展目标才能更加精准地集中精力促发展。比如沈阳因有四万亩连成一片的稻田，以此作为主题打造"稻梦空间"项目，既宣扬了其农业特色也增加的创意和趣味性，更加容易引起游客注意。

（2）以农为本，从农民利益出发

田园综合体的建设理念必须是以农业为主的，乡村旅游的本质是为了解决"三农"问题，农业作为农民收入的主要来源，农民作为乡村旅游的主体人员，需要明确农民利益，实现农民的增收情况。以此为基准点制定的旅游模式更符合当地特色。不管是在政府政策支持还是创意设计上，最终受益者必须是当地广大农民。

（3）紧随市场需求，全面规划产业发展

在对田园综合体做规划的时候，除了需要考虑其资源优势外还需要符合市场发展规律和旅游市场消费需求。田园综合体以乡村自然景观和农业产品为主，通过科学规划和合理开发，保障其农产品的增殖，在农业开发上需要不断创新，增加观光体验、创新文化、健康养生。

（4）可持续发展，注重对生态环境的保护

田园综合体是以农业为基础在自然环境上做科学合理开发，在发展经济的同时注重对环境的保护作用。在开发建设过程中需要提前做好预估，做好环境开发监测和环境治理工作。项目开发需要以保护当地生态环境为主，通过科学合理开发保护乡村景观，实现乡村旅游生态宜居的目的，形成绿色、低碳和可持续发展目标。

田园综合体的概念是乡村旅游发展的一大特点，在推动城乡一体化实现乡村振兴上有着巨大促进作用。田园综合体是解决现代农业与传统农耕之间的优化问题，田园综合体是现代农业发展的一个新的思路，对此国内外学者做了大量研究和深入讨论。通过对理论知识的分析，建设成特色鲜明的旅游新模式，这种模式更加多元和灵活，通过借鉴其他优秀案例，在此基础上进行创新，实现现代农业、自然风光、创意体验等为一体的田园旅游模式。

第五章 乡村振兴战略下江苏乡村旅游发展创新路径——产业融合

第一节 休闲农业与乡村旅游融合发展

随着经济的发展，我国老百姓生活水平明显提高，城市化进程改变了人们的生活方式，大量人口涌入城市造成城市人口拥挤、城市污染严重等问题，在追求效率的大环境下城市居民生活压力进一步扩大，越来越多的城市居民热衷旅游，通过旅游缓解精神压力，在旅游中得到短暂休息。经济发展直接带动旅游业迅猛发展，我国旅游作为第三产业进入新的阶段，乡村旅游作为旅游业的一个分支，具有独特的乡村特性，新的旅游形势是休闲农业与乡村旅游融合发展的新型旅游模式。休闲农业与乡村旅游融合发展模式是指在乡村旅游模式下主要向城市居民提供农村自然资源和农产品资源，既满足游客休闲旅游又能够为游客提供农业旅游产品和农业体验活动。休闲农业与乡村旅游模式是休闲旅游与产品消费为一体的旅游模式，这种新模式有助于推动农业经济发展，缩小城乡差距，但是这种新的模式目前还处于探索阶段，需要拥有更多实践探索才能摸索更具发展前景的路线和方式方法。

第五章　乡村振兴战略下江苏乡村旅游发展创新路径——产业融合

一、发展现状

（一）经济效益显著

乡村旅游经过几十年的发展已经取得了不错的成绩，我国多地区已经拥有成熟的典型乡村模式，休闲农业和乡村旅游的发展在政府的支持和旅游市场推动下有了一定的发展。休闲农业作为解决"三农"问题的途径之一，为农产品和农副产品提供销售渠道，让农产品通过休闲旅游模式走出乡村，走向更加广阔的市场，形成独具特色的品牌产品。乡村旅游依托乡村自然环境，在此基础上开发休闲观光、农事体验等旅游活动，以旅游带动乡村经济，形成旅游产业链条。休闲农业和乡村旅游都是为了帮助农民脱贫攻坚，让农民增收。据统计我国休闲农业和乡村旅游营业收入从2016年的5700亿元增长到2018年的8000亿元，增长率达40.35%，乡村旅游已经成为旅游热点项目，在全国已有一万多家类似"农家乐"，到2019年休闲农业和乡村旅游营业收入已经达到9000亿元，为众多农民实现增收。

（二）市场需求大

经济发展促进旅游业需求急剧增长，乡村旅游自乡村振兴提出以来在全国各地开始实施建设，通过政府的支持和旅游模式越来越成熟，乡村旅游已经成为人们新的休闲娱乐方式。而随着旅游人数的不断增加旅游市场需求不断提升，人们拥有更多可支配资金和更多休闲时间，特别是城市居民，对于自然田园风光和乡村悠闲生活的向往，促进更多人去往乡村旅游。我国休闲农业和乡村旅游接待游客人数从2016年21亿人次增长至2018年30亿人次，增长率达42.86%，其背后蕴藏的广阔市场和发展潜力可谓是不容小觑。

（三）弘扬民族文化

我国是一个历史悠久且多民族融合的国家，几千年的文化传承和发展形成如今的格局和模式，各民族经过不断分化最终形成如今的民族大和谐盛景。民族文化中具有很多优秀的传统化值得弘扬的精神，乡村旅游正是对民族文化的一种传承和弘扬，让民俗文化在此焕发新的活力。我国少数民族大多分布在乡村，其民俗文化得以稳定传承下来，乡村的局限性使经济得不到发展，一些传统手艺和工艺技术渐渐湮没于历史长河。休闲农业和乡村旅游则正是将经济与文化进行有机结合，通过乡村旅游形式，吸引游客前来乡村观光消费，不仅为当地农民增收，还能最大限度保留其传统文化民俗，让更多人了解各民族的生活习惯，传统手艺和工艺制品的独特魅力。将传统与现代商业进行结合，促进发展，比如彝族火把节、傣族泼水节等，能够使游客在消费的同时感受民族文化的魅力，且有利于打造具有鲜明特色的文化品牌，提高乡村旅游的竞争力。

二、存在的问题

（一）缺乏多元化

我国农业旅游发展较晚，就目前情况看明显存在旅游产品单一，旅游发展不完善等一系列问题。在乡村旅游发展上因为资金短缺、缺乏战略规划、不够了解旅游市场、受环境制约等诸多因素的影响，农业旅游普遍缺乏多元化特征，体现在旅游项目和产品种类过于单一，缺乏足够创新。比如我国目前大部分乡村旅游仅仅停留在传统"农家乐"的模式上，存在着缺乏更多体验项目、景点之间缺乏连接、农业产品创意不够等问题。

（二）基础设施不完善

乡村由于经济欠发达、位置偏远等原因造成基础设施不完善问题，比如交通、医疗等不够完善，这些严重制约农业休闲旅游的发展。基础设施作为乡村旅游项目的资源优势之一，首先是基础交通设施，交通便利的乡村更容易吸引附近城市居民；其次是饮用水、住宿、餐饮等卫生情况，这种满足游客基本需求的项目将会直接影响游客对景区满意度评价；最后是乡村医疗、消防条件远远落后城市，乡村医疗急救措施的匮乏和经验不足，很难确保其安全问题，这也是制约农业旅游发展的一个方面。基础设施不完善是制约乡村旅游发展的一个因素。

（三）人才缺口大

我国乡村旅游目前大部分都是以家庭为单位开展的"农家乐"乡村旅游模式，这种旅游形式过于单一，且规模较小，极难形成特色，游客回头率普遍不高。农家乐虽然从最开始的家庭为单位逐渐转向合作经营和集体经营的模式，但是由于管理者和服务者大都为当地村干部和村民，这些人普遍受教育程度不高，服务意识不够，而年轻人普遍外出打工或者上学，这就造成乡村旅游经营模式缺乏专业性，由于对市场了解不够缺乏学习和培训发展也缺乏市场竞争力，不能适应更新的市场需求。

（四）缺乏创新性

休闲农业与乡村特色旅游的融合已经经过实践且取得了一定的成果，但是在对"三农"问题的解决，对乡村经济带动作用仍旧不是很大。究其原因一方面是农业旅游的经营方式过于固化，缺乏与时俱进的宣传和营销手段，不能很好地适应多元化市场需求，无法准确把握游客真实需求。乡村由于经济落后缺乏足够的信息、科学、知识等资源优势，不能很好地利用新媒体进行营销，经营模式也不够有创意，不能满足旅游市场需求。另一方面是同质化。"农家乐"规模小，很难刺激新的消费需求，经营方式过于传统，无法用新的科技和电子商务平台与时俱进地发展。

三、解决措施

（一）科学管理，品牌差异化

要打破"农家乐"的同质化发展，突破单一的旅游管理和经营模式，通过科学管理和品牌差异化打造特色鲜明的休闲农业，满足多元旅游市场需求。要实现科学管理需要因地制宜地开发和建设，以本土特色资源开发为主，完善基础设施建设，对乡村资源进行深入挖掘，找出核心产业。品牌差异化需要在项目开发上形成特色鲜明的品牌特色，通过创新项目类型，充分挖掘特色自然资源和人文资源、农产品资源。利用好品牌优势、区域优势或者文化优势。在营销上加大宣传力度，通过新媒体进行品牌宣传，在旅游产品设计上需要与品牌相呼应，形成特色文化内涵，为其发展注入新的活力。

（二）政府加大扶持力度

乡村休闲农业在资源开发和项目建设上涉及很多公共资源，在环境治理上都需要政府支持和管理，比如自然生态环境的保护、污水处理等问题。在基础设施建设上，比如交通运输、医疗服务等方面都需要政府的政策扶持。乡村休闲农业从前期规划开发、资金筹备、项目建设、后期经营管理、安全卫生监督等都需要政府支持和管理，积极推动其可持续发展。乡村农业休闲旅游的核心是解决乡村经济问题，特别是一些偏远乡村，更是需要政府提供支持，帮助乡村完成科学的规划建设、完善基础设施，健全医疗和消防、培训服务人员、鼓励农民积极参与等，政府在其发展中占有重要甚至是主导作用。高效资源整合和管理监督体系建立需要政府的参与和支持，以此形成良好的发展环境，杜绝市场恶性竞争需要严格的规章制度，乡村旅游在发展一二三产业时需要进行有机融合，政府需要确保制度的执行力度，以确保其管理体制和评估制度健全完善。

（三）培养或引进人才

科学化的管理和专业化的服务是乡村旅游所欠缺的方面，这方面需要更多专业的高素质人才，农村人才的缺乏和农民普遍文化素养不高严重制约其可持续发展。休闲农业以集体为单位进行资源利用，由于缺乏科学规划和对文化资源的深入挖掘和合理整合方案，很容易就造成经营的局限性，不能满足市场化需求,在管理和服务方面存在严重不足,经营过程中会出现各种问题。乡村旅游项目在人才方面需要做两方面的准备,一方面是培养现有的人才,通过政府或者社会组织对当地村民择优录取然后进行统一培训,提升其管理能力和服务水平。加强在卫生、安全方面的意识培养,以及对乡村特色资源的深入了解上,在服务游客时能够生动的将其人文自然资源进行讲解和输出。另一方面是引进人才,通过设计激励制度和设置管理职位吸引人才走进乡村,回归乡村,这类人才包括各大高校管理、旅游专业的高才生,机构培养的人才或者本村走出去的大学生等,通过创造就业机会和发展前景吸引更多人才回到乡村发展。

(四)创新管理方式以及产业结构

经济带动行业快速发展,旅游业同样需要与时俱进,在旅游需求上乡村旅游需要注入更多科学和创意,通过创新管理方式和产业结构优化重塑,创造一个新的旺盛消费需求。创新就需要不断突破,不设限制。乡村旅游不仅仅只局限于乡村这个概念上,还可以融入更多时尚元素和更多创意方案。乡村旅游一直以来被认为是本土化自然资源、农产品、人文资源的有机组合和项目布局,其思维一直局限于固定的单一模式,但是在市场化冲击下,更多新的观念先后涌入,信息化社会将会是一个复杂多变的外部环境,能否适应新的环境关乎乡村旅游的未来发展方向。旅游行业所涉及的范围也不应该太过于局限,很多新的产业模式先后出现,乡村旅游的发展同样可以独具特色或者与其他产业进行融合发展,形成旅游、体验、挑战、学习、分享、交流的一个过程。比如如今人们注重健康养生,乡村旅游在项目建设上可以突出其养生优势,比如天然氧吧、绿色生态产品、舒适居所等乡村优势资源。青年人注重参与感和体验感,可以融入更多科技因素,比如5D乡村探险、户外拓展等方面的内容。如今家庭式旅游成为一种新的趋势,更多房车、特色民宿等成为游客的选择,在乡村旅游创新管理和产业结构上都可以做相应调整和改进。

乡村旅游的发展可以是多角度全方位的创新整合，在农产品和农副产品销售上可以创新包装和产品使用范围，吸收更多产品供给，满足游客多元化需求。在创新产业结构上需要融入更多新的元素，设置更多主题活动，比如诗词大赛、绘画摄影展等，通过主题做宣传和延伸，也可以通过各种短视频平台增加曝光度，新媒体平台具有受众广、信息传播快的特点，非常适合乡村旅游宣传推广。

乡村旅游需要实现生态宜居、经济增长、产业兴旺、文化传承等可持续发展目标，需要不断创新产业结构和经营模式。通过休闲农业和乡村旅游进行融合发展以促进"三农"发展，农业产品与乡村旅游相互配合，协同发展，共同满足游客精神上的休闲观光需求，满足游客购物消费需求，最终都是实现为农民增收，促进城乡一体化的实现。

第二节 文化产业与乡村旅游融合发展

文化产业的概念最早出现在20世纪初期，文化产业指的是按照工业标准生产、再生产、储存、分配的文化产品和文化服务以及相关的一系列活动。文化产品的定义是按照工业化标准生产、流通、消费、分配、再次消费来进行界定的，不同国家对于文化产业的理解有所不同，这主要与其社会形态和人文精神有着很大关系。通常我们认为文化产业是一种精神方面的输出和意识形态，更加强调的是其背后的价值观、思想意识和思考方式。比如书籍就是典型的文化产业，通过文字传播知识、故事、思想、学习、经验等内容。文化产业往往带有群体性，包含一个国家或者一个民族的集体认同感，其文化思想往往是其主流的思想价值。文化产业涉及生活的多个方面，文化产业最主要的特点就是依托文化的平台进行创建的区域文化，具有一定的互通性，很多产业发展的核心都是其文化内容，文化作为企业发展的重要基石,比如一个企业的企业文化,正是这个企业发展的核心和目标。文化产业与乡村旅游相互融合发展形成具有深刻内涵的区域特色旅游文化,在其旅游资源上具有促进作用,依托文化产业的旅游产品更加适应市场推广和宣传,在规划上以文化产业为根基,大力发展乡村旅游特色,需要两者之间深入研究和相互融合,共同形成区域品牌特色文化旅游。

一、文化产业集群对区域乡村旅游发展产生促进作用

(一)文化产业集群的知识聚集性推动区域乡村旅游产品创新

文化产业的发展具有一定的历史性,我国的文化中含有几千年先辈们的智慧结晶和人们的生活经验,由此形成具有代表性的文化客体。文化作为主观思想的产物却深深影响着客观社会规律的发展,文化产生固定的社会秩序,形成一种现存的资源。文化产业作为文化的具体化体现,是漫长历史沉淀下来的精神财富,更是一种集群化的价值体现。文化产业是知识、经验、思想、总结等聚集性的过程,具有交流、流通、互鉴、学习的特性。乡村旅游加入文化产业,形成一种更具凝聚力的区域特色旅游产业,文化产业在其中发挥着传承文化、融合资源的开发、创新产品发展的作用。乡村旅游同样是以历史文化与现存资源为基础进行发展的产业类型,文化产业集群的知识聚集性为乡村旅游产品的创新发展带来了巨大推动力。

(二)文化产业集群的文化增值性促进区域乡村旅游产品价值增加

文化产业集群将文化聚集到一起,形成产业链条,促使文化市场的形成,发挥文化传播作用,使文化在原有的基础上形成增值效应。文化产业往往认为是具有商品的特性,其生产、消费、分配、运输、再次消费等完全符合一般商品的特性,但是文化产业不同于一般商品只满足于生活所需,文化产业更具精神价值。文化产业作为单一商品其经济收益极其有限,文化产业更多是用于进行加工和改造,文化产业往往反映的是社会、自然、

人文历史的载体,具有附加值,而这些附加值往往都是无形的却又极具现实意义文化增值。文化产业集群的文化增值性促进区域乡村旅游产品的价值增加。

(三)文化产业集群的深度融合性促进区域乡村旅游多元发展

文化产业是一种普遍存在却有别于商品的极具附加值的产业。我国文化产业发展一直处于健康平稳发展阶段,文化产业与社会、经济、教育、科技等多个领域都密切相关。人们日常生活和工作都离不开文化产业,文化产业的发展因其精神、思想、经验价值而与各个领域都产生关系。文化产业集群涵盖多个社会领域,在深入合作中,文化产业呈现多元化发展模式。乡村旅游与文化产业的融合是一种新型的产业合作机制,乡村旅游在发展过程中深受文化产业的影响,文化产业集群的深度融合将促进区域乡村旅游多元化发展态势。

(四)文化产业集群的与时俱进性促使区域乡村旅游发展日新月异

文化产业作为一种精神非事物状态的产业化资源,同其他产业资源一样需要同时代发展联系在一起,在其发展过程中需要注重其文化创新,文化产业的创新需要在文化创、作文化内涵和文化传播过程中紧扣时代背景。文化产业集群发展作为一个不断与社会产生联系的产业群体,需要适应社会经济发展过程,乡村旅游作为一种经济市场下的新的旅游模式,同样需要兼顾其发展大环境和市场化竞争体系。文化产业与乡村旅游的融合正是为了适应多变的市场环境,文化产业给乡村旅游注入更多创新思想和理论基础,让乡村旅游更具深度和广度。随着社会产业不断发展,乡村旅游需要注入更多创意产品和创意发展策略,积极进行产品的开发和推广,以更加多元的状态和不断创新的发展应对不断变化的市场环境。

二、文化产业集群与区域乡村旅游融合发展的可行性

(一) 文化产业集群为区域乡村旅游发展提供保障

区域乡村旅游的可持续发展需要很多保障措施,以此确保乡村旅游发展顺利。在区域乡村旅游发展上首先需要保障其基础设施设备,这是发展乡村旅游的基础,比如乡村交通基础设施建设、公共服务体系等,保障游客基本生活服务需求;其次是乡村自然资源的保护和管理,在对自然环境开发上需要保护生态环境,在农产品提供上需要保障其质量,在加工、运输等旅游产品的供给上,保障其休闲观光的环境资源和农业资源;最后是对乡村文化的深入挖掘和保护,以及乡村旅游机制的建立,确保其区域乡村旅游在发展上形成品牌特色,在经营管理上具有创新意识和科学专业的管理能力。文化产业集群的形成将会促进文化产业基础设施和设备形成完善的生活服务体系,文化产业集群造就其丰富的人力资源、资金雄厚、经营技术完善等优势地位。文化产业集群的融入能够促进乡村旅游在经营上管理能力、创意进取等方面的软实力提升,让乡村旅游具备更大的竞争优势。

(二) 文化产业集群为区域乡村旅游发展指明方向

文化产业集群的发展需要与时俱进,明确发展方向、具有清晰的价值定位、开阔的思路、创新意识等先决条件,以确保其发展得顺利。文化产业集群的发展需要与社会产生联系,跟人们的文化思想意识形成统一,符合大众审美和主流文化思潮,拥有更多的参与者和传播者将文化思想、文化智慧、经验教训等以产业的形式继承和发扬下去。文化产业集群同样需要市场竞争力的推动作用,文化产业集群需要对市场有着敏锐的感知力和洞察力,以此确保其发展的顺利,而乡村旅游同样需要开拓创新,以此适应多变的市场需求。区域乡村旅游发展同样需要遵循旅游市场规律,关注

旅游市场变化和旅游需求。文化产业集群为区域旅游发展指明了发展方向，形成能够适应市场的乡村旅游产业。

（三）文化产业集群为区域乡村旅游发展增加创意

文化产业不同于一般商品，其生产和经营也并非传统意义上的流水线生产、销售、经营过程。文化产业是一种融入创新思维和具有明确指向的经营产业类型。文化产业在生产之前需要有明确的目的，明确其指向性和所要达到的一个过程，都将对文化产业起着决定性作用。文化产业在投入生产需要确保财力、物力大量投入，特别是在创新产品发展上需要配备专业的人力资源进行创新开发，通过文化艺术和创新思维来完成文化产业的创新。文化产业的创新为乡村旅游发展提供了理论和实践参考，乡村旅游在产品创新上同样适用于文化创新的流程，既先明确其产品的意义和目标，然后专业人才的创新开发，最终得到与区域资源相符的创意产品。

三、文化产业集群与区域乡村旅游融合发展模式

（一）依托于自然文化产业，开发观光体验式区域乡村旅游产品

区域乡村旅游开发一般都依托于自然文化产业，在此基础上发展田园休闲度假旅游模式。自然文化产业指的就是乡村资源开发所需要使用的自然环境资源和文化遗产，文化产业一开始只是作为一种休闲观光的同类产业，在发展乡村旅游时并没有形成独具特色的品牌优势，而是与自然环境相互促进形成产业单一的旅游消费。由于市场经济竞争力大，旅游产品单一，并不能满足游客休闲需求，人们更加期待更具创意更加多元的旅游产业。

在乡村区域旅游发展中需要拥有自己的品牌特色，吸引更多游客前来观赏，在原有的自然景观基础上，增加乡村旅游体验，让游客能够享受更加多元的旅游项目。在开发创意旅游项目的时候通过体验式旅游产品延长

游客体验时间，让游客再次消费。体验式乡村旅游产品的开发与销售，需要旅游产品开发者深入研究乡村自然资源优势和消费者心理需求，发挥自然与文化优势，将自然文化产业与区域乡村旅游产品开发结合起来，使二者相得益彰、互相促进、共同发展。

（二）立足于民族文化产业，开发展演娱乐性区域乡村旅游产品

民族文化作为一种具有历史和人文特色的思想意识形态，是文化产业集群发展中的重要资源，在区域旅游中民族文化是重要的人文资源，具有丰富的旅游开发价值。民族文化具有浓厚的地方色彩，是一种特色鲜明，富有文化内涵，区别于其他文化特征的地方性文化，我国是一个统一的多民族国家，各民族之间拥有各自独立的文化体系，在语言、习俗、生活方式上都有着很大差异，这种特色鲜明又独具特色的民族文化对于大众来说有着极大的吸引力。以民族文化为特色发展的乡村旅游产业是游客了解民族文化的一个窗口，以民族文化为特色的乡村旅游产业也因承载着特色文化而具有别样的魅力。很多民族文化极具艺术价值，比如刺绣、剪纸等民间艺术产品。民族文化产业将人文资源进行深入挖掘，形成具有娱乐性、趣味性、科普教育等形式的旅游项目，民族文化与自然环境相互结合，形成情景交融、主题鲜明的乡村旅游项目。同时，为了促进民族文化产业持续健康发展，还可以将展演娱乐性乡村旅游产品开发方与旅行社、在线旅游服务商、旅游景区、互联网平台等机构长期进行合作，开展系列主题营销活动，扩大产品的市场知名度与社会影响力，形成规模效应，以人们喜闻乐见的乡村旅游产品形式，自然而然地将民族文化呈现到更多消费者面前，实现民族文化产业与旅游产品销售的双赢。

（三）利用民族技艺产业，生产具有民族特色的区域乡村旅游文化产品

民族文化中保留了很多具有悠久历史的工艺和技术，这些民间艺术和手艺不仅能够为乡村旅游增加丰富多彩的人文景观，丰富旅游项目的功能性，还能形成具有鲜明特色的旅游产品，这些工艺和技术都是乡村旅游的

核心产业。这些流传至今的民族工艺和技术都是经过漫长发展，符合人们生活所需、艺术审美的产品，是人们智慧的结晶，在今天看依旧具有独特的文化魅力。民族工艺技术作为历史的产物，具有超高的艺术价值，但往往传统手工艺人都是以个人和家庭为单位，不能形成产业规模，导致手工艺品和技术的滞后甚至是流失。如果能够与现代工业化有机结合，将传统民族工艺与现代时尚相互结合，形成具有民族文化又能够适应时代发展的产品，将会更具有市场潜力。乡村旅游中旅游产品的开发需要将民俗产品、民族工艺等进行深入挖掘，通过其文化特性制定不同的发展策略，通过分析将民族文化进行分类，像民俗表演类的可以通过打造主题特色人文，通过现代灯光舞台布置形成具有观赏性的舞台表演形式。传统手工制作则可以通过打造手工体验，自主设计和成品售卖等方式形成互动体验消费形式，再比如特色民族文化，比如傣族泼水节等可以科普学习其民俗文化，通过参与感受其民族特点。总之，民族文化是历史留下的瑰宝，需要乡村在发展过程中充分考虑其特性，对其进行深入挖掘，通过与现代市场进行创新结合，形成独具特色的品牌特色资源，丰富乡村旅游项目的内容。

（四）加强文化创新开发，培育区域乡村旅游特色小镇

文化产业集群的发展需要不断结合时代发展，为其注入新的活力，在文化创新方面融合更多时尚设计，使其更符合人们的生活需求。文化创新在发展特色旅游小镇上具有极大的促进作用，通过文化创新的开发为特色旅游小镇注入更加多元化更加丰富的项目组成。同时文化产业还能通过产品与产品的组合形成文化复合产品，满足旅游市场的需求。乡村旅游在特色小镇开发上需要与文化产业集群进行同步发展，实现以小镇为中心的文化旅游集成规模，乡村旅游特色小镇需要打造特色鲜明的旅游产业，需要结合当地特色自然景观，在自然景观的基础上发展独具特色的体验娱乐、观赏表演、竞技比赛、科普教育等项目的设置上，通过不同区域形成丰富的休闲娱乐体验，在对人文资源的开发上同样需要形成统一的品牌特色，

着重建立整体化旅游模式,文化产业在创新开发上,为乡村特色小镇注入新的活力,为特色小镇打造融入更多时代化元素,推出更加符合大众旅游需求的产业和产品。

(五)提升文化产业联动性,促进区域乡村旅游产品升值

文化产业集群是以文化作为创作吸引力,通过创意设计和产业联动带动其他行业的发展,在促进乡村旅游项目上能够带动交通、餐饮、住宿、服务等方面的提升。文化产业涉及各个行业,文化产业集群使文化产业逐渐向周边产业拓展。乡村旅游产品供给上不仅需要产品设计与销售,还有旅游品牌联动效应、品牌特色、产品创意等更高的要求。文化产业联动给乡村旅游产品研发提供更大的空间,文化产业因其涉及行业领域广泛,能够给乡村旅游带来更多组合发展方式,在旅游产品研发上,不仅仅局限于农产品,还能够在娱乐、体育、休闲等各个领域进行乡村旅游产品的包装设计。利用文化产业的纵向发展,研究出具有附加值的旅游产品。

(六)适应现代文化消费观念,发挥区域乡村旅游休闲产品的带动作用

乡村旅游产品的供给能够满足游客休闲消费需求,旅游产品的类型往往以农产品为主,再加入更多休闲产品满足人们旅游消费需求。乡村旅游主要为生活节奏快,需要缓解压力的人群提供一个释放的空间,通过舒适自然的田园风光打造,加上具有体验价值和参与感的项目活动,满足游客放松身心、休闲娱乐的旅游需求。乡村旅游产业产品供给需要符合现代人的消费标准,比如在产品供给上需要满足干净卫生、制作精美、具有特色的产品基本要求,人们在选择产品上更倾向于那些具有创新设计、物美价廉的产品。通过对旅游产品的研究发现,游客对旅游产品不再满足于单一且毫无设计感的旅游产品,而是更倾向于更加高端精美,具有创新设计或者艺术审美的产品。从这一点看乡村旅游在产品供给上还需要增加更多创意,与乡村旅游特色需要进行更加紧密的结合,旅游休闲产品还需要增加数量和质量上的提升,这就能够为农村提供更多工作岗位,在乡村旅游产品供给的推动下，区域发展会进入更加协调发展的阶段，在文化产业方面具有积极的带动作用，通过文化带动发展更加多样的旅游产品。

第三节　乡村旅游可持续发展

一、相关概述

（一）可持续旅游内涵

旅游已经成为人们生活的主要休闲方式，旅游业的发展直接带动其他产业的发展。可持续旅游指的是在旅游发展过程中需要保持旅游环境资源和文化资源的完整性，并能够通过旅游给相关人员提供一份可靠的经济保障。从这一点看可持续旅游需要秉持可持续发展的观念进行旅游开发和经营。在保持可持续旅游发展内涵上需要更加丰富的理论支持和具有战略发展的眼光。乡村旅游在发展上需要足够的远见和思考，以明确其可持续旅游的内涵。可持续旅游要求人们以长远的目光从事旅游项目的开发和经营，在乡村旅游开发上需要注重对环境的保护，既要满足旅游市场需求更要保障乡村生态宜居和生态文明建设，通过科学的布局和规划加上合理的资源利用，鼓励农民作为主体参与乡村旅游产业中来，如此形成具有可持续发展特性的旅游产业。

（二）乡村旅游的当代发展背景

我国乡村旅游的发展相较于国外起步较晚，我国乡村旅游的发展过程符合现阶段社会发展需求，乡村旅游的实施是为了解决乡村经济问题，为乡村经济注入更多活力，乡村旅游的发展是以当前城乡经济发展不均衡造成的结果，乡村旅游发展以时代为背景符合新时代发展需求的战略举措。

自 20 世纪末我国经济因改革开放进入发展快车道，工业化发展极大改变了人们的生活习惯，由于城市经济远超于乡村经济造成乡村经济相对滞后情况，更多年轻人进入城市，在城市发展。这就进一步加大了城乡之间的差距，造成城市人口拥挤、空气污染、噪声污染，而乡村经济滞后，缺乏人才、人口老龄化严重等问题。旅游也随着经济加速而得到进一步发展，城市居民面对日益加重的生活工作压力和环境问题，更加向往乡村田园生活，乡村旅游因此得到全面推进发展。乡村振兴战略的提出就得到了全国各地纷纷响应，在各地政府的支持和主导下，我国乡村开始进入乡村旅游发展时代，越来越多的乡村旅游产业进入大众视野，独具特色的乡村生活和乡村景观成为乡村发展的主体，越来越多的游客开始选择乡村旅游的方式来休闲消费。乡村旅游在发展乡村经济上起着重要推动作用。乡村旅游从一开始的单一"农家乐"模式开始慢慢进入更加多元化的景区化模式阶段，在这种发展趋势下，乡村旅游又融入更多时尚元素和创意思潮，特色小镇、休闲养生等产业模式先后推出，乡村旅游的产业规模也在进一步提升，管理和经营更加专业化，乡村旅游成为当前最具潜力的旅游发展模式。

二、国内乡村旅游可持续发展存在的问题

（一）认知不足

我国乡村旅游的发展由于起步晚，还未能形成一定的规模和足够的经验总结，所以现阶段发展依旧处于摸索阶段，而乡村旅游发展过程中也存在很多问题，首先就是产业形式过于单一，乡村旅游最初是以"农家乐"为主的乡村观光、采摘体验模式，目前我国大部分乡村旅游模式依旧沿用这种项目单一、成本低、规模小的旅游模式，以这种乡村旅游的模式发展过于狭隘，也不能形成产业结构，游客回游率和消费都极其有限，并不能解决乡村经济滞后问题，这是对乡村旅游发展存在认知不足问题，乡村旅游存在多种模式的发展，其产业规模可以与当地区域资源形成特色品牌，

具备更多的输出和经济带动作用。

（二）社区参与不足

我国乡村旅游除了项目单一问题还有就是社区参与度不够，作为一个由政府扶持，以乡村为主体的可持续发展产业资源，其产业发展关乎当地每个人村民的利益，不论是集体资源生态环境的保护，还是旅游管理和服务的岗位提供，以及旅游产品的供给、运输、加工等服务项目都需要居民积极参与进来。居民社区在其中应该扮演着激励者，鼓励农村居民积极参与乡村旅游建设发展中来，通过提供更加专业化服务和更加优质农产品打造具有独特乡村特性的品牌资源产业。乡村旅游在规划建设时需要大量资金和专业科学的规划，在经营过程中需要专业化人才，在后期维护上同样需要更多高素质人才参与其中，旅游产品种类需要更加丰富，旅游市场竞争应该是公正合法的，这些都需要社区参与其中，在乡村旅游发展中起到推动作用。

（三）产业化不足

乡村旅游在发展过程中一定会存在很多制约因素，比如交通不够便利、服务不够专业等问题，乡村旅游正是为了解决这一系列问题而开展的旅游项目。在乡村旅游发展过程中除了社区参与不足、缺乏科学合理的规划和足够远见外，还有产业化不足的问题，产业化不足一方面是缺乏足够的资金进行乡村资源的整合，形成具有一定规模的旅游产业；另一方面是对乡村旅游的人文自然资源挖掘不够，不能形成特色鲜明的资源优势，与其他产业不能进行很好的融合，造就其产业项目单一，不能形成规模，也因此乡村旅游在后续发展中缺乏后续动力，不能形成可持续发展。

三、国内乡村旅游可持续发展策略

（一）提高认知

针对国内乡村旅游产业存在的三大问题，相应地制定三个方面的解决

第五章　乡村振兴战略下江苏乡村旅游发展创新路径——产业融合

措施，以助力我国乡村旅游的可持续发展进程。乡村旅游发展缺乏认知问题需要从三个方面提高认知水平，以确保乡村旅游发展方向和具体实施策略。第一个方面是从提高乡村旅游主要参与者，比如村干部、农民等对当地自然资源和人文资源的深度认识，只有深刻认识到本地资源优势和欠缺方面才能更好地因地制宜，扬长避短制定发展策略。第二个方面是提高乡村旅游经营管理者和服务参与者的信息认知和专业知识素养、服务意识等，通过培训、交流等方式进行旅游认知和市场信息的培训工作，只有充分了解市场具备专业经营管理知识才能够真正科学管理，有序解决经营过程中遇到的问题。第三个方面是从思想意识上提高对旅游服务的认知水平，不管是环境保持还是旅游产品供给上都需要拥有服务意识，保持可持续发展的思想意识，主动去了解和传播文化信息，主动参与旅游服务中来，只有村民提高参与度才能真正形成可持续文化动力。从以上三个方面进行全面提升，有利于资源开发和市场前景预估，有利于形成专业的管理模式和良好的服务水平，保持生态和人文的可持续发展。

（二）提高社区参与度

社区参与是乡村旅游必须解决的一个大的问题，提高社区参与度主要从三个方面进行拓展。第一个是在乡村旅游规划之初就充分考虑区域居民的相关利益和实际情况，从实际情况出发制定居民积极参与的实施方案，比如在产品供给、导游服务、景区交通等方面进行合理分配。第二个是提高社区居民的参与度，从集体资源的开发到具体工作岗位需求、环境保护和相关设施配备都让居民参与其中，积极提出合理意见，在开发规划时将居民作为主体进行考虑。第三个是从经营管理方面进行调整，提高村民积极性和参与度需要一定的激励方式，可以通过权力下放，让社区居民拥有一定的旅游权力，培养社区居民的主人公意识，只有从思想上认识到乡村旅游的长远发展和对自身的利益优势才能积极参与可持续发展中来。

(三) 加强乡村旅游的产业化模式

乡村旅游产业化调整需要融入更多行业模式和更多行业进行合作，从创新方面发展具有品牌特色的旅游模式。产业模式需要符合当地资源特色和旅游市场需求，制定可持续发展模式。加强乡村旅游产业与其他产业进行融合，以此形成丰富多元的产业大融合模式，比如与农业、制造业、养生保健行业的融合，不仅丰富了乡村旅游的内容也推动了其他行业的发展，形成互利共赢的局面，进一步扩大了乡村旅游的影响力。

四、乡村景观设计对乡村旅游可持续发展的促进

(一) 乡村景观设计简述

乡村景观设计在乡村原有景观基础上进行人工造景，乡村旅游中的乡村景观依旧保持乡村特色，相比城市景观设计来说一般规模较小，通过公共艺术品来美化环境，达到与自然景观之间的联系作用，通过在乡村景区步行道或者两个景物之间塑造具有艺术审美的乡村景观，加深观景的层次和意境，这种景观设计一般与乡村旅游品牌特色相互呼应，形成有效的了解或者对突出现存产业特性，提炼主题的效果。乡村景观的设计与城市景观一样具有不同的表达目的，其设计方案需要达到一定的要求，在设计思路上城市景观更强调整体性和背景融入情况，而乡村景观设计更多体现乡村野趣和活力。乡村旅游中的景观设计往往具有醒目、观赏、提示等作用，通过借鉴城市造景经验，表现出乡村特点，具有明显的田园属性，能够帮助乡村旅游营造更加多元的环境特色。

(二) 乡村景观营造手法

乡村景观设计上明显区别于城市造景，通过对乡村自然资源和人文资源的深入了解，以及对乡村主题联系起来进行具有乡村文化特性的艺术审美造景。乡村造景需要考虑乡村环境特色，将景观融入环境，突出主题，

保持文化特色等方面来打造原汁原味的乡村景观。乡村景观在营造手法上主要有以下特点：

1. 保存乡村原有的自然生态基底

乡村景观的营造首先在于对乡村田园景观的保留。城市与乡村最大的区别就是城市是现代化工业产物，其自然景观充满了人工雕琢的痕迹，而乡村则拥有纯天然的宁静生态环境，其景观都是自然状态，拥有自然美感和乡村野趣。所以在乡村造景上依旧需要保持这份独特的自然朴实的状态，充分利用乡村田园、公共资源，通过对乡村自然和人文资源进行有机统一，设计出具有鲜明乡村特色的景观，在景观上依旧保留原有的乡村生态景观特性。

2. 保存乡村特性和地域建筑风格

营造乡村景观的同时要保留村庄肌理与具有代表性的建筑风格。乡村特色是乡村的重要标志，在经过长期历史发展才形成如今的村庄肌理，每个村庄都有属于自己的特色，这些就是其可持续发展的特色资源优势。乡村造景需要保留其村庄的特性，还有具有历史人文故事的建筑风格或者历史遗迹建筑，比如一些村庄的祠堂、寺庙等都是具有当地特色文化内涵的历史建筑，不仅可以作为乡村旅游的景点也都能成为突出特色的造景素材，村庄地域建筑有着明显的乡村标志，是其独一无二的文化特点，值得保留。

3. 以人为本，就地取材

在乡村景观设计中需要对乡村旅游的自然和人文进行实地考察，通过深入调查确定符合乡村特色的景观设计，其景观设计必须符合当地特色，可以通过就地取材的方式保留原有的乡村特色风貌，设计出具有独特乡村特色风格的作品。乡村景观设计的主旨一定是符合大众审美，以人为本的设计方案，对于带有历史遗迹的旧建筑可以通过重新修缮进行利用，让旧的建筑展现新的活力。总之在原有的基础上加以设计，满足以人为主的景观设计风格。

4. 传承乡村文化精髓，留住乡愁

我国是以农耕文明为主的国家，几千年的文化源远流长，先辈们的智慧经过一代代流传至今，农耕文化作为中国主体文化趋势，影响着中国人的思想、为人处世和世界观。我国拥有广袤的土地，各地因为地理环境原因拥有不同的风土人情，流传至今的还有很多民间艺术，比如打腰鼓、抛绣球、赛龙舟等民间习俗，有些经过不断推广宣传已经成为家喻户晓的传统民俗，有些则因为地理位置偏远，传承人数少等原因而知之甚少。乡村旅游正是建立在传统特色农耕文明基础之上的，乡村旅游为传统文化注入新的活力，让很多具有悠久历史的民间艺术、传统民俗、民族特色活动等渐渐走入大众视野，这些传承乡村特色的文化需要通过乡村旅游进行传承和记忆。

乡村景观作为对乡村旅游的一种特色表达，展示的是农耕民族的文化传承和特色资源优势，不同地区拥有不同的乡村资源特色和人文资源优势。经过工业化冲击，曾经蓬勃发展的乡村经济逐渐凋零，形成颓废的乡村景象，空巢老人、留守儿童成为中国乡村的现状，而曾经的生活方式成为人们记忆中的遥远过去，乡村旅游不仅要恢复乡村经济还需要在环境、精神文明方面全面提升乡村整体素养，乡村造景需要站在乡村的角度去思考，传承乡村文化的精髓。

第六章　乡村振兴战略下江苏乡村旅游发展创新案例

第一节　苏州越溪旺山村

自 2017 年党的十九大报告中提出乡村振兴战略开始，全国各地纷纷开展乡村旅游规划方案。2018 年国务院发布中央一号文件，就乡村振兴战略目标提出了具体要求。江苏省作为旅游大省积极响应党的号召，严格按照文件要求进行整体布局和总体规划。江苏省在各市区进行乡村旅游项目规划，从一开始在城市周边进行尝试到逐渐覆盖周边各乡镇，乡村旅游在不断积累经验和克服困难中稳步前进，经过几十年的发展，江苏省乡村旅游从一开始的单一项目模式到如今多元化项目组合和具有整体规划的区域发展计划，江苏乡村旅游已经形成较为成熟的乡村旅游模式，并取得了不错的成绩。江苏省苏州市具有悠久的历史文化沉淀和典型的江南水乡景色，丰富的旅游资源和发达的经济加上政府的大力助推让苏州乡村旅游取得了长足发展，逐渐形成特色鲜明的品牌特色旅游景区。以下就苏州越溪旺山村乡村旅游为例分析苏州乡村旅游的发展特点、发展瓶颈、品牌效力、市场营销力和亟待解决的问题。

一、苏州旺山村乡村旅游发展现状

（一）概况

苏州旺山村位于苏州市城区的西南方，距离城区只有8公里左右的距离，旺山村是一个大村，拥有村户555户，常住人口约2494人。周边山林面积大，山林环保形成秀丽的自然风景，村落田园密布具有原生态农业特色，且村庄内历史古迹保存良好，自然资源与人文资源相得益彰，经过开发和规划形成独具特色的旅游景点，旺山村是国家5A级旅游景区吴中太湖旅游区的重要组成部分，曾被评为"江苏最美的乡村"和"全国文明村"。旺山村在乡村旅游发展中紧紧围绕经济发展和农民持续增收这两个基本点展开任务，通过不断的产业优化、科学规范经营管理和鼓励村民积极参与，实现了为农民增收的任务要求，集体总资产达到2.2亿，2018年实现集体经济收入4800万元，农民人均纯收入约50000元的好成绩。

近年来旺山村在政府大力支持下实现了从早期单一的"农家乐"到如今的产业结构优化调整项目建设工作，经过多年发展，如今的旺山村已经从以往农业生产为主的产业模式发展为以旅游和生产相结合的发展道路，并且向着旅游专业化、品牌化发展，吸引了越来越多的游客前来旅游，成为苏州市民及周边城市居民生态旅游、康养休闲的好去处。为了满足旅游市场多元化需求，在原有基础上旺山村又开发了九龙潭景区、农耕体验区、旺山生态园等更多休闲体验项目，满足游客更多精神需求。

（二）模式

旺山村经过二十多年的发展，从单一的乡村旅游项目逐渐发展成如今多元化多产业复合模式的旅游产业。从目前的发展看其市场竞争力和产业模式都极具特色和优势。旺山村当前的产业模式主要分为个体经营的农庄模式以及政府和组织共同开发的综合旅游项目，通过这两种模式的共同作用形成可持续发展旅游模式。

1. 个体农庄模式

个体农庄是乡村旅游的主要发展模式，这种模式给了当地农户更多经济收益来源和旅游服务岗位。旺山村在旅游开发上充分考虑当地农户现状和利益分配，当地农户可以利用自家房子作为旅行社或者餐厅，以个体经营模式为主为前来观光游客提供住宿、餐饮服务。农户也可以为游客提供农产品或者利用采摘体验项目进行收益，个体经营的模式可以多种多样，根据其乡村旅游的资源特性和个体具备的资源优势进行合理利用。农户作为乡村旅游主体之一，既满足自身生产需求也为乡村旅游提供更优化的服务类型。乡村旅游在旅游旺季可以动员更多个体农户参与进来，经营好的农户也可以带动其他农户一起经营，共同创收，动员更多人参与进来，以达到为当地农民增收的目的。在个体农庄经营时政府需要制定标准市场化竞争方式和服务标准以确保景区服务的专业性和环境的干净卫生情况，这也是保障乡村旅游可持续发展的必备条件。

2. 混合型开发模式

混合型开发模式指的是由多个组织机构共同参与的开发模式，混合模式一般是由政府、旅游公司、村组织、农户四者共同合作开发旅游资源，发展乡村旅游的形式。通过明确分工达到利益均衡分配的原则，政府主要负责乡村旅游中基础建设工作，旅游公司则主要负责乡村旅游项目的开发和宣传工作，村组织需要全面配合旅游公司和联络农户，鼓励农户积极参与进来，同时需要配合做好宣传工作以及对农户餐饮、住宿的指导工作，农户则需要提供符合标准的餐饮、住宿、农产品等服务项目，积极配合乡村旅游的开发和管理经营工作。四者各司其职，在最终利益分配上由旅游公司占较大比重利益分配，村组织和农户则分配较小的利益，村民在经营上还会有额外收益。正是通过这种四方配合的混合开发经营模式，形成具有带动性的乡村旅游新的发展模式。

二、旺山村乡村旅游发展的瓶颈及原因

（一）基础设施有待进一步完善

旺山村属于苏州郊区，整个乡村保留完好的自然生态环境，受到工业污染较少，这也是旺山村的资源优势，清新的空气和原生态自然环境，但是与苏州相比其交通、服务、医疗等基础设施明显处于比较落后状态。旺山村在资源开发的时候交通不够便利为其开发带来了一定的阻碍，在旺山村乡村旅游经营中也存在酒店卫生条件不过关、医疗和消防不到位的情况，在酒店的服务上同样无法做到专业化，这些都是制约乡村旅游可持续发展的因素。旺山村在交通上需要进一步完善基础设施建设，目前旺山村的公路比较窄，遇到旅游旺季容易造成交通堵塞情况，而且在公共交通上不够便利，需要开通旅游专线，为更多游客提供周到的交通服务。在医疗、消防、服务方面需要进一步加强基础设施建设，保障游客生命安全问题，提升游客旅游体验。基础设施的完善将有利于乡村旅游的可持续发展。

（二）旅游内涵建设需进一步提升

旺山村的乡村旅游主要以原始自然田园风景和乡土特色风情民俗为主的旅游方式，旅游主要停留在观光、采摘、吃住、体验、购买农产品等旅游消费类型，虽然满足了游客旅游消费的需求，但是在品质和种类上还需要进一步加强，比如游客体验项目只有农家采摘项目，体验项目单一，不能满足游客更多乡村体验需求，这就造成游客在景区停留时间短，不能很好地吸引游客。旺山村在旅游内涵上需要进一步提升，目前能够满足游客更高需求和给游客留下深刻印象的项目几乎没有，现有的项目内容缺乏足够的市场竞争力，不能形成品牌特色优势，不能留住游客和吸引游客二次旅游消费。提升旺山村旅游内涵需要从项目的娱乐性、趣味性和参与性方面进行深入探索，开发出具有市场竞争力的旅游项目。近几年旺山村又开

发了龙湖泛舟、湖边垂钓、自助烧烤、乡野棋牌等农家休闲项目，但仍然需要进一步提升旅游项目范围。在旅游产品方面也需要进一步开拓，为游客提供更加丰富的旅游产品体验。

(三) 专业化人才不足

乡村旅游需要提升品质，打造具有鲜明特色的旅游产业，在经营管理方面做到科学管理和专业化服务都离不开旅游专业人才。乡村旅游在其发展中急需具备营销策划、旅游管理方面的专业人才，从乡村旅游科学合理规划，因地制宜开发，旅游市场调研、营销推广、专业化服务、科学经营管理等方面都需要专业人才的加持，乡村旅游的发展需要进行合理的规划和科学的开发，需要结合时代发展进行创新项目的创建，以及新媒体的营销推广都需要专业人做专业事，通过相关专业的人才进行管理以达到可持续发展目的。

旺山村在人才方面同样缺失，旺山村的经营、管理、服务人员大都是当地村民，在餐饮和住宿等方面都缺乏科学的经营和专业的服务理念，而且在营销宣传上明显不够重视，这就导致旺山村乡村旅游很难被更多游客知晓，旺山村需要进一步扩大影响力，利用互联网进行推广宣传。旺山村还缺乏特色鲜明的品牌特色，需要专业人才对其资源进行整合，形成具有市场竞争力的品牌资源。

(四) 市场影响力有限

旺山村乡村旅游由于缺乏足够的特色优势和营销推广力度不够，造成市场影响力有限。市场影响力需要通过品牌塑造让人们能够印象深刻，旺山村需要深挖自身特色资源，形成其独有的特色资源优势，然后通过扩大营销推广让更多人认识旺山村，提高其知名度，以此吸引更多游客前来观光消费。在扩大市场营销力方面除了加强营销推广，还有就是与其他产业进行合作，推动产业联动机制，形成多产业联合发展的乡村旅游模式。在与其他相关产业合作上旺山村存在明显不足，需要进一步思考如何提升市场影响力。

三、旺山村乡村旅游提升策略

（一）增加乡村旅游基础设施投入，满足游客需求

基础设施建设是提升游客体验的最直接途径，舒适便利的交通有利于缩短游客在路程上花费的时间，也有利于提升游客对景区的满足度，基础设施包括交通、医疗、消防、公共服务等多个方面的内容，以满足游客基本旅游需求为目的。旺山村需要增加基础设施投入，完善基础设施设备的建设工作，保障游客旅游消费的顺畅、舒适和便利。

（二）开发乡村旅游特色文化，助力内涵提升

乡村旅游是结合当地特色资源进行的旅游开发产业，每个乡村都有自己的独特之处，这些资源可以是独特的自然风景也可以是特色人文景观，或者是自然与人文的结合，总之是需要通过资源整合和重点开发，形成具有当地特色的地域文化。旺山村在旅游内涵上需要进一步深挖，除了乡村特色的自然风景和乡村生活体验外，旺山村还可以从其农耕文化、茶文化等方面进行深入挖掘，在旅游产品上需要进一步提升，结合旺山村的旅游特点进行创新产品设计，提升其旅游产品的种类和特色，在旅游项目内容上结合时代发展，进行亲子旅游、养生田园、农业种植、田园摄影比赛等方面的内容，丰富游客体验参与感，延长游客停留时间。

（三）培养和引进乡村旅游专业人才，突破人才瓶颈

乡村旅游发展不仅需要因地制宜还需要科学规划，需要满足旅游市场需求，形成具有市场竞争力的旅游产业。在人才方面需要进一步吸纳专业人才进入乡村旅游项目。旺山村在面对人才缺失情况，可以从两方面入手吸引人才加入，一方面是通过聘请专家学者对村民进行培训，提升专业性和服务意识，当地政府和社会组织也可以提供专业化咨询和培训工作，通过指导培训帮助规划乡村旅游的发展；另一方面是通过激励、提供发展机会的方式吸引或邀请人才加入进来。此外旺山村在发展上还需要借鉴国内乡村旅游优秀成功案例，进行学习，以此突破现状，实现乡村旅游发展。

（四）加大乡村旅游业的宣传力度，扩大影响力

旺山村在乡村旅游发展上还需要根据自身情况加大宣传力度，成立专业的营销部门，通过新媒体、短视频等多种渠道进行营销宣传，在宣传中突出特点，扩大知名度。在宣传过程中为了提升营销力需要塑造品牌形象，突出旺山村的特色和个性，通过多方位多角度宣传，形成具有鲜明特色的旅游品牌形象，旺山村在发展过程中还需要与其他行业进行产业结合，进一步扩大市场影响力。

综上所述，旺山村在乡村旅游发展中需要实现乡村基础设施建设工作，结合乡村自然资源和人文资源进行合理开发，通过各种途径吸引人才加入乡村旅游项目中来，通过提升品牌特色，加大市场营销推广等方式进行全方位宣传。旺山村在产业发展上需要摆脱单一的发展，通过更加多元化项目设计完成旅游内涵的深入挖掘，与其他产业形成旅游合作机制，扩大市场影响力。政府在其中需要发挥引领作用，积极探索更多有利于乡村旅游发展的模式和路径，帮助旺山村突破瓶颈，实现促进乡村经济发展的目的。

第二节　徐州贾汪区马庄

一、马庄村旅游产业发展现状

（一）马庄村基本概况

马庄村位于江苏省徐州市贾汪区，马庄村位于徐州市东北郊25公里处，现有居住人口2863人。马庄村三面环水，拥有优越自然气候条件，属

于亚热带和温带气候，全年四季分明，气候宜人，日照充足，非常适合农作物生长。马庄村不仅拥有丰富的水资源，还有风景如画的潘安湖国家湿地公园。马庄村不仅周边湖泊众多，村内同样景色宜人，道路整洁干净，拥有江南水乡的小桥流水景观，全村实现了环境的美化，绿色生态种植，道路整洁干净、花团锦簇，被称为"乡村中的都市"。

在交通方面，马庄村东依206国道，西靠京福高速公路，南临310国道和京杭大运河，距离徐州高铁站和徐州观音国际机场都不太远，非常适合游客前来旅游。马庄村不仅自然资源丰富，且周边遍布旅游景点，非常适合区域旅游，比如周边有云龙山、泉山森林公园、凤鸣海、微山湖、台儿庄古城等众多旅游景点都在距离不超过60km范围内，马庄村在乡村旅游发展上地域优势明显。

马庄村的发展并非一朝一夕形成，马庄村在新中国成立之初一直都是一个偏僻的普通小山村，改革开放之后中国经济进入快速发展阶段，马庄村也开始走向新农村的建设发展中，通过几代人的努力，创造了独一无二的"马庄文化"。马庄村的发展从过去脏"脏乱差"逐渐发展成如今的生态绿色、干净整洁的新农村，马庄村所崇尚的正是这种发展奋斗的精神，通过所有村民的努力建设了如今民风淳朴、团结协作、富裕文明的马庄村。马庄村还拥有"中国十佳小康村""中国幸福村""全国民主法治示范村""全国敬老模范村居""全国军民共建社会主义精神文明先进单位""全国五四红旗团支部""江苏最美乡村""江苏省三星级康居示范村""江苏省最具魅力休闲乡村"等国家级奖项40项、省市级奖项100多项、其余奖项400余项。2017年，马庄村入围2017名村影响力排行榜300佳第145位。

（二）马庄村文化产业发展现状

马庄村之所以能够取得如今的成就，离不开其特色品牌的发展。马庄村的一大特色就是马庄农民乐团，在乡村旅游产业发展中马庄村在农民乐团的带领下文化产业得到了飞速的发展，这也是马庄村精神文明建设的重

第六章 乡村振兴战略下江苏乡村旅游发展创新案例

要支柱。

早在1988年的时候，马庄村就成立了苏北第一支农民乐团，马庄农民铜管乐团。随着马庄农民铜管乐团的成立，马庄村开始了文化强村的建设工作，马庄村农民乐团经过三十多年的发展，形成如今全村参与的盛况，走进马庄村人人都有自己的文化活动，跳舞、书法、唱歌、手工等，在农民乐团的带领下村民们拥有丰富的文化生活，由此形成具有高素质文明的乡村文化氛围。而农民乐团在这三十多年的演出过程中也取得了不俗的成绩，随着农民乐团的名声扩大，不仅多次登上我国春晚舞台，甚至走出国门，多次到国外进行演出。2002年马庄村农民乐团重新组建了"百人锣鼓队"和"马庄民俗文化表演团"，乐团规模进一步扩大；在2007年马庄村农民乐团应邀参加意大利国际音乐节的演出，并获得了第二名的好成绩；2014年到日本参加体舞大赛，荣获最高奖项；2016年马庄村农民乐团到台湾进行交流展演，向台湾同胞展示传统音乐；2018年农民乐团在香港展示了中国的"新农村"文化。马庄村农民乐团多年来不断参加汇演，从成立至今已演出8600余场次。马庄村在文化产业不仅有享誉国内外的农民乐团，还有其他传统文化产业投入，比如投入一千多万建成的神农氏雕像、二十四节气柱、文化礼堂、图书馆等公共文化设施，不仅丰富了村民的文化生活，弘扬了优秀传统文化，也为前来旅游的游客提供更多文化方面的输出。

马庄村对国家大力发展的"非遗"产业也同样重视，马庄村将"非遗"文化产品重要香包作为乡村旅游的特色旅游产品，通过民俗文化的宣传和推广工作，加大重要香包的产业发展。马庄村在中国香包的特色品牌发展上，不仅打造全国香包产业基地，还将具有传统手工艺的手工绣鞋、公子香帽等传统手工艺制品进行在此加工和设计，形成款式新颖、制作精美的特色商品。马庄村注重对非物质文化遗产的推广和宣传，也重视对非物质文化遗产传承人的保护，通过开发香包主题客栈、香包雕塑、民俗手工坊等系列文化产品进行文化产业的联合推动机制，形成文化特色产业项目，进一步加深对非物质文化遗产的推广和保护工作。

2017年习近平总书记在马庄村视察时曾详细询问"非遗"传承人王秀英老人香包的制作情况，并自掏腰包购买了一个香包，给老人的香包合作社"捧捧场"。马庄村的负责人则抓住这个难得的宣传机会，成功注册"马庄香包""真棒""真旺"等7个商标。由此可见马庄村在宣传推广和旅游市场的绝佳敏锐性和洞察力。马庄村通过对重要以香包为主的文化旅游产品进行制作、销售和培训，为全村300多名村民提供了就业机会，为其从业人员增加了高达4万元的年收入，在2018年仅香包一项产品的产值就超1000万元。

2018年底，包含"香包博物馆"在内的"马庄文化创意综合体"建成，马庄村进一步明确香包的产业主导地位，并计划通过开设香包文化大讲堂，升级香包广场，举办香包文化节等形式提升香包的文化产业影响力。此外，马庄村正在以马庄香包产业为依托，摸索建立徐州市香包产业研发中心、徐州市香包协会、徐州市贾汪区马庄香包专业合作社；以市场调研为基础，优化香包产品外观设计，严格把控香包质量，开发令消费者满意的新产品；开拓电商市场，完善阿里巴巴、淘宝、京东等网上销售平台，打造微商队伍，鼓励村民以创业的方式推销马庄中药香包，着力让香包走进大区域、占领大市场，把"小香包"做成"大产业"。

马庄村不仅有国家级非遗香包，还有省级非遗面灯。连续20余年每年元宵节马庄村民们都会蒸制面灯，拿到元宵灯会中进行展示和评比。近年来，马庄村进一步发掘这一文化资源与市场接轨，连续多年送面灯文化进城，先后在徐州市云龙公园、彭园、户部山等地展出，传扬中华民族这一传统民俗文化，马庄面灯在徐州地区形成了较大影响。"逛马庄元宵灯会，赏马庄面灯"，已成为徐州市民欢度元宵佳节的新选择。

除此之外，马庄村还有众多充满趣味性、劳动性、娱乐性的民俗文化活动。每逢重大节庆，马庄村会组织汉文化展示、神农祭祀大典等活动，表演舞龙舞狮、旱船跑驴、秧歌唢呐等民俗文化节目，不仅充实了马庄人的精神生活，弘扬了中华优秀传统文化和特色乡土文化，而且吸引来大量游客，产生了良好的经济效益。还有农民运动会、啤酒狂欢节、元旦春节联欢会、马庄庙会、汉式婚俗文化体验秀、送文化下乡演出、中外交流会等文化体育活动进一步丰富了马庄村文化的类型，为马庄村文化产业的开发奠定了良好的基础。

（三）马庄村旅游产业现状

在大力发展文化产业的同时，马庄村积极发展乡村旅游产业。马庄村以"绿水青山就是金山银山"的绿色发展理念为指引，坚定走好资源枯竭型地区"生态优先、绿色发展"的乡村旅游富民之路。

以优美的生态环境为抓手，与徐州市境内的中国矿业大学、江苏师范大学、徐州医科大学、徐州工程学院和解放军空军指挥学院、工程兵指挥学院等高等院校以及徐州市小记者团等社会团体建立实践基地，开展参观游览、主题交流、文学创作、艺术写生等与旅游相关的活动。

依托恒大潘安湖景区旅游产业的蓬勃发展，马庄村积极调整产业结构，主动融入贾汪区全域旅游的浪潮，深入挖掘乡村民俗文化资源和旅游生态资源，推出休闲田园观光游、生态养生游、民俗体验游、非遗文化游等旅游新产品。

2009年，在整合了马庄农民乐团、马庄民俗文化表演团、非遗中药香包产业基地的基础上，成立江苏马庄文化旅游发展有限公司，着力打造特色乡村旅游，推出马庄庙会、元宵灯会、啤酒狂欢节、农民运动会等特色民俗文化旅游产品。

马庄村在开发上因地制宜，以农业为主体发展乡村民俗生活体验项目，先后建造了50多栋农家仿古建筑以满足游客田园观景体验、户外烧烤、乡村垂钓、瓜果采摘等乡村体验活动，形成全面乡村生活体验项目模式。不仅如此还通过打造中国传统婚礼的方式设置中国传统乡村婚礼体验项目。

目前，马庄村正在邀请来自浙江大学的"安地"设计院，研究规划马庄旅游线路，打造能够体现马庄特色的，以农家乐、民宿民俗一条街为主要内容的全新产业链条。

二、马庄村文旅融合发展对策

（一）创新投融资机制，多渠道筹措发展资金

发展资金不足是制约马庄村文旅融合发展的最大因素。马庄村当前的发展资金来源主要有三个：政府的项目启动资金、村集体的投入资金、项目招商所得的租金，但这远远满足不了马庄村文旅产业发展的需求。为解决发展资金的问题，一方面马庄村需向国家、江苏省、徐州市和所在的贾汪区争取更多的财税支持和投入，在旅游基础设施、乡村公共服务设施、重点旅游项目、专项扶持资金等方面加大投入；另一方面通过壮大集体经济来增加对文旅产业的投入。文旅产业已成为马庄村经济发展的命脉，随着马庄村文旅产业的发展，集体经济也随之壮大，将发展所得的收入持续投入到该产业当中，将部分解决发展中资金面临的临时困难；再一方面创新投融资机制，以市场化运作，扩大招商引资，建设起以多元投资为主体的经营机制。

首先，以优惠投资政策为引导，以公平利益分配政策为原则，协调社会资源，多方配合促进文化旅游产业融合与发展。同时，鼓励引导多种形式和来源的资本注入文化旅游产业，加快文旅融合的发展。

其次，构建文化旅游产业融资发展平台，解决产业融资难题。相关政府部门可以通过政策倾斜，引导有实力的企业通过兼并重组等方式组建文旅投资公司，吸引企业、财团注入资金，带动文旅行业市场发展。

最后，打破文化旅游行业壁垒，鼓励扶持中小型企业，使其进军文化

旅游市场，努力构建文化旅游示范区。这方面的具体做法，马庄村可以借鉴浙江省安吉县鲁家村的经验，通过合理的股权比例和利润分配机制把企业牢牢地与自己绑在一起，在解决资金问题的同时，实现经济效益的双赢。

（二）深化区域合作，实现借力发展

贾汪区是首批国家全域旅游示范区，经过三年的深耕细作，取得了辉煌的成绩。贾汪区拥有4A级景区4个和3A级景区1个，四星级乡村旅游示范点9家，三星级乡村旅游示范点25家，还创新设立苏北首家淮海乡村旅游学校、徐州旅游专业学校，开办旅游专业合作社28家和香包合作社10家。2017年全年来贾游客达892.2万人次，实现旅游综合收入26.77亿元。加强与贾汪区旅游景区和旅游企业的合作，除了可以相互学习，取长补短之外，还可以强强联合，形成产业集群优势，推出贾汪精品旅游线路，实现共同发展。

（三）突破人才瓶颈，满足发展所需

马庄村文旅融合发展需要五类人才：文化产业发展人才、旅游产业发展人才、产品开发人才、市场营销人才、综合管理人才，而目前马庄村所拥有的大多是文化产业方面的人才，旅游、市场、产品和管理方面的人才严重不足。为满足发展所需，马庄村必须突破人才瓶颈，采取多种手段培养和吸纳优秀人才。

1. 深入改革选人用人机制

改革薪酬制度、激励制度，加大高水平人才的引进力度，尤其是创意策划类、经营管理类和市场营销类的人才，同时要加强人才培养，建立科学的人才晋升制度，针对专业人才和特殊管理人才可以放开政策，允许其参与收益分配，提升工作积极性，建立起有助于高水平人才发展的人才培养机制，减少人才流失，更有利于文化旅游产业的跨越式发展。

2. 建立联合培养机制

通过联和培养、合作办学等形式利用当地高校教育资源优势，建立起政、企、学、研四位一体的培养模式，不断为行业输送新鲜血液，为文旅融合发展提供充分的人才储备和智力支撑。

3. 加快建设"大师工作室"

挑选一批行业专家和大师，通过设立"大师工作室"把他们请进来，给予全方位的优厚待遇，只要求其以带学徒的方式，加快为马庄村培养出一支高水平的文化旅游产业人才队伍。

（四）以产品创新为核心，不断制造消费新热点

马庄村的文旅融合发展应始终将产品创新作为核心内容，不断向市场推出新产品，制造新的消费热点。

1. 加快构建马庄村文化旅游产品体系

依据马庄村文化旅游资源禀赋，构建以龙头产品为主导，核心产品为依托，新型产品为补充的文化旅游产品体系，满足游客游购娱方面多元化、多层次的文化需求。龙头产品：中药香包是马庄村唯一的国家级非物质文化遗产，产业基础雄厚，且带动性强，是得天独厚的龙头产品。作为旅游纪念品，是马庄村的当家花旦和明星产品。核心产品：从游客体验调查问卷可知，马庄庙会、农民运动会等节庆旅游产品和乐团、百人锣鼓等演艺产品因其观赏性、参与性、趣味性十足，得到游客的广泛认可，具有巨大的市场开发价值，可以作为核心产品。新型产品：以面灯作为旅游纪念品、以汉代婚姻礼仪和汉服展示为内容的汉式婚俗体验游、以高效观光农业为内容的七彩田园游和多彩农趣体验游等可作为新型产品加以培育。

2. 加快推进产品迭代，引领消费潮流

一方面通过借鉴故宫文创的成功经验，以创新产品功能设计、包装设计、造型设计、面料设计等不断赋予香包、面灯等旅游纪念品新的文化内涵，扩大产品系列。以香包为例，除了传统纹样外，可以尝试推出联名款、定制款等专属设计产品，或从功能角度除挂饰外推出项链、耳环、戒指等佩戴饰品，或从功效角度根据不同时节、不同人群推出不同的养生产品，

或从造型角度推出系列卡通主题产品、电影主题产品等。另一方面以节庆、演艺旅游产品为抓手，以市场需求为导向，经过精心设计，打造如印象系列、千古情系列或刘老根大舞台那样体现自身特色的常态化的旅游演艺产品，比如《香包情》《马庄大舞台》等。

（五）多措并举，推进品牌战略

推进品牌建设，实施品牌战略，对马庄村文旅融合发展而言至关重要。

1. 树立品牌意识

品牌是实力的象征，也代表着它的信誉和受欢迎的程度。树立品牌意识有助于马庄村的文旅融合从粗放型向规模型、集约型转变，容易形成品牌优势。

2. 做好市场定位

根据对马庄村旅游客源市场的分析，可以看出徐州市区居民可以构成马庄村一级客源市场，马庄村周边村村民和徐州市其他市县居民构成了马庄村的二级客源市场，江苏省其他市县游客构成了马庄村的三级客源市场。针对各客源市场，进行精准的广告投放，才能做到有的放矢。

3. 运用多种营销等手段

目前，常用的营销手段包括合作营销、事件营销和品牌营销三种。合作营销通常意义上是指多家企业为实现资源优势互补、提高资源利用效率的同时，开辟新市场、提升市场占有率而合作，联合引发市场变化、应对变化的行为。合作营销也可以称为联合营销、协同营销。就马庄村而言，文化产业与旅游产业的融合发展正处于起步阶段，文旅产业体量较小，通过与周边其他景区进行合作营销，可以使得各自资源形成优势互补，从而促进彼此文旅产业的发展。

例如，贾汪精品一日游旅游产品中的一条路线就是把墨上集特色集镇和马庄村文明村镇捆绑在一起，将两个规模都不大的小景点搞得红红火火。又如，马庄村东临潘安湖4A级国家湿地公园，依托与潘安湖景区和恒大集团的项目合作，更容易在全国范围内扩大品牌知名度。

事件营销是企业通过利用焦点事件或人物，吸引社会媒体和消费者等的兴趣，引发社会关注，进而树立良好的企业和品牌形象，最终达成产品和服务的销售。

例如，马庄村可以策划香包文化节、婚俗文化秀、千人拍马庄摄影展等有影响力的节事活动提高马庄村在全国的知名度。

品牌营销的含义是通过经营活动使消费者对本企业的品牌和产品形成更加深入的认知，期望消费者形成忠诚，不断更新升级的品牌形象是企业保持竞争优势的动力源泉之一。品牌营销要求品牌具有核心价值，建立在有形的产品和无形的服务基础上。马庄村走品牌营销的发展思路，要以香包为形象代言，通过新颖的包装设计、独特的功能体现、富有吸引力的名称、形象的商标以及优质周到的服务让游客获得美好的体验。

4. 建立质量管理体系

这里的质量包含产品质量和服务质量，是马庄村文旅产业的核心竞争力。建立完整的质量管理体系，将会对文旅产品从生产到流通和服务的每一个环节实行有效的监控，在这一过程中有助于促进资源配置的进一步优化，从而推动文化产业和旅游产业向更深层次融合发展。

5. 抓住每一次活动的契机

马庄村因其知名度和文化禀赋，经常受邀参加国际艺术节、国际比赛、省市级旅游推介会、央视及省市电视台文艺演出、送文化下乡等重大活动，抓住每一次活动的契机，交流与宣传马庄村文旅融合的发展成果，将对树立马庄村文化旅游品牌形象，扩大品牌影响力产生积极的作用。

第三节 淮安市洪泽区龟山村

龟山村位于江苏省淮安市洪泽区老子山镇，村子因为像一只巨龟浮于水面而得名，村域面积约 2.27km²，其中水域占 90% 以上，自然环境优美，龟山村拥有很多名胜古迹，是淮河、洪泽湖地区佛教文化最早发祥地，因现存古迹众多，2020 年 4 月，龟山村上榜第一批江苏省传统村落名录。龟山村不仅自然环境优美，传统古迹遍布，周边还有很多著名景区，其中就有洪泽湖古堰景区、西顺河二十六烈士陵园、洪泽湖大堤等景区。

一、龟山村历史发展

龟山村具有悠久的历史，自秦朝开始，龟山就因为其险要的淮水天险而成为兵家屯兵之地。据史料记载秦末汉初西楚霸王项羽和汉高祖刘邦都曾在龟山屯兵建城，三座城池相连成为龟山的一大历史特色，后来这些城池被称为项王城和汉王城。龟山在宋朝年间曾在此设郡，称为临淮郡。宋文帝时期曾在这里建造了龟山城，在此屯兵把守抵挡北魏太武帝拓跋焘南下的步伐。隋代时期龟山则因淮河的水上交通开始发展贸易，人口开始逐渐增多，随着经济贸易的往来，城镇就此兴起，佛教文化开始在淮河一带兴盛起来，龟山开始出现了寺院，随着寺院的增多，加上景色秀丽的水乡风景，越来越多的文人墨客驻留此地，文人墨客在游览的途中登高望远，咏怀仙古，留下了大量诗词文章，其中就有宋朝著名诗人苏轼、苏澈、秦观等名人大家前来游览。佛教盛行造就龟山寺院林立，信众者多的景象，其中比较著名的就是龟山寺、先福寺、无梁殿等寺庙建筑，据传南宋皇帝赵构曾到龟山寺烧香，由此可见龟山寺香火之旺盛有名。

南宋迁都之后，漕运停止，龟山因运河阻塞贸易停滞逐渐从兴盛走向衰落，而此时的龟山被划分为清河县属地，随后就是战火纷飞的年月，直到明清时期国家区域稳定，龟山经济开始复苏，龟山寺庙经过多次重建，现在留下的大都是明清时期修建的寺庙和石碑。乾隆下江南就曾到过龟山，并与八叉和尚谈论佛理，此时的龟山寺庙依旧众多。然而在经过多次水患之后，古寺逐渐湮没于历史。清末国家纷乱，战火不断，龟山的发展再次陷入困局，很多寺庙被毁，僧人逃散，曾经的运河重镇，佛教盛行之地逐渐随着国破家亡走向衰落，此时的龟山村面积进一步缩小，只成了老子山镇的一个临河村庄。这个村庄在中国众多村庄中成为极不显眼的一个。新中国成立之后，龟山村与其他村庄一样以农耕为主，曾经的香火鼎盛，名寺古刹只留在了历史之中。直到如今乡村旅游的发展，龟山村这座历史悠久，历经风雨的乡村才开始焕发新的活力，通过修复的寺庙窥见当初的盛景。

二、龟山村特色文化

（一）自古兵家之地

龟山三面环水的地理优势造就了南北相遇、江河交汇的水上天险，龟山这座水上小岛自古就是兵家屯兵之地，在军事上具有重要作用。也正是这样的地方在朝代更替、战火纷飞之中不可避免遭受战火的侵袭，这是其地理优势，也是其兵连祸结的根本原因。从秦汉时期到清末，龟山多次作为屯兵之地，南宋时期岳飞、梁红玉、李全等历史名将都曾在龟山驻守过，龟山成为阻止金人的一道关隘，也因此在金人占领龟山时这里遭受了战火的伤害，古刹被毁，百姓流离失所。这是龟山的历史，因其军事地域优势而历经磨难的龟山。

（二）佛教兴盛之地

南北朝时期佛教开始在淮河流域及洪泽湖地区兴起，随着佛教的发展，唐朝时期佛教达到顶峰，全国各地寺庙众多，龟山同样遍地佛教寺庙，信奉佛教的信徒也很多，这时候的龟山寺庙香火最是旺盛。到了宋末寺庙大多毁于战火之中，随后龟山古寺庙经过数次维修，然而再也不见当初的盛景了，修复后又经历被损毁，龟山的寺庙在战火中几经兴废。新中国成立之后又经历了一次浩劫，龟山寺庙几乎被全部被损毁，如今的龟山寺庙大都是后期修建，早已不复当初的踪迹，只是通过寺庙依稀能看到当时的盛况。

（三）淮水巧治之地

洪泽地区因为水资源丰富，造就独特自然景观的同时也将面临水患的灾害，洪泽地区在历史上有过多次水患和治水经历，可谓是积累了丰富的历史经验，从大禹治水到曹魏时期，洪泽地区先后多次成功治理水患。龟山地处淮河入洪泽湖口位置，在洪湖治水修建湖堤的过程中龟山也包含其中，通过筑长围、造浮桥、绝水路的方式来治理水患。北宋时期为了治理和预防水患，治水官员试图修建运河来分流水量以预防水患发生，龟山作为运河中的一段开凿成功。在明清时期龟山作为分水墩，试图在淮河右岸形成一条新的运河，以避船只逆行淮河180里之险。在洪泽地区龟山一直都是治理水患的重点区域，在湖水治理过程中发挥着重要作用。

（四）胜游惜景之地

龟山村因三面环水造就清新自然的山水风光，加上浓厚的文化氛围，是文人墨客驻足之地，文人墨客的诗词丰富了龟山的人文资源，从文人诗词中可以看到当时龟山的盛况，以及得天独厚当的自然风光，这些诗词就是龟山的人文资源也是龟山历史的见证。这些诗词大都以龟山寺、龟山塔、龟山风景为主题进行创作的，从诗词中可以感受到龟山的景物之美。

四、龟山村旅游资源的开发评价

龟山村的旅游开发同样需要遵循因地制宜的原则，再对龟山村实际资源情况和居住人口、经济发展做一个深入的调查，通过查阅古迹，寻访人文和非物质文化方面进行深入挖掘，通过情景相互结合的方式进行合理规划。

（一）历史文化遗存

龟山村的历史文化遗存主要以历史保存下来的遗址为主体资源，古寺庙大都被损毁，而宋明清时期的石碑还有很多存在，这些富含历史信息的人文资源正是龟山独一无二的历史文化遗存。龟山遗址作为省级文物保护单位，文物保护范围北至村民宋德福家后竹林，东至村民马德民家前村民路，西、南至石工墙。其中既有宋朝时期的龟山寺和地宫，也有元朝时期的遗迹，还有部分坍塌的明代石工墙，依旧还有两百多米保存完好，这些石碑石墙都可以作为龟山的特色进行开发，通过对其历史的复原和信息补充，给游客提供鉴赏观光的区域。

（二）非物质文化资源

我国作为历史悠久的人口大国，各地区都拥有很多非物质文化遗产。龟山作为兵家屯兵驻守之地，经过漫长的历史变迁和朝代更替，自然留下不少非物质文化遗产，其中以民间故事传说为主，比如龟山与小龙女、龟山足下百牛潭、乾隆皇帝找父亲、水漫泗州城、巫支祁传说等龟山特有的传说故事，其中三项传说被列为省级非物质文化资源遗产名录，它们分别是：洪泽湖渔鼓舞、水漫泗州城传说、巫支祁传说。这些传说故事都与龟山的历史文化和人文思想息息相关。

（三）自然景观

龟山村水资源丰富，风景秀美，湖上小岛中包含河水、湖水、绿色岛屿、山川树木相互呼应，形成独具特色的自然景观，其中包含很多著名的景观，比如七仙瑶池、古银杏、龟山、湖上小岛等。

四、龟山村旅游资源的开发和规划

龟山村拥有独特的地理位置，湖岛环绕，绿植遍布的优美自然环境以及历史悠久的人文资源，在乡村旅游发展中需要充分挖掘其资源的优势，将自然环境和人文资源进行整合形成特色鲜明的旅游项目。在龟山村乡村旅游资源开发上需要做科学的规划，充分了解当地特色和人口分布情况，将其历史遗迹充分利用起来，对于一些古建筑可以进行修复，以还原当时的盛景，对龟山的演变史进行整理，对其非物质文化传说进行串联，形成情景交融的人文特色主题宣传。

龟山村旅游资源开发需要突出重点资源优势，对于同质性较高的资源进行整理，形成区域项目内容，被列入省级文物保护单位的遗址进行重点开发，从资源分布上需要做好资源的保护工作，在文化资源方面进行重点开发，形成自然资源与人文资源结合的发展模式。

第四节 南京江宁区

从2017年党的十九大提出乡村振兴战略开始，新的五年计划将中国乡村列为现代化建设新的重点区域，乡村振兴成为解决城乡发展不均衡的重要战略举措。2018年中央一号文件明确提出新时代乡村振兴战略下的田园乡村发展目标。

新时代的乡村振兴需要完成"产业兴旺，生态宜居、乡风文明、治理有效、生活富裕"的总体目标。乡村振兴"五位一体"总体目标布局是新时代共同富裕的基本要求，也是乡村在新时代的发展方向。围绕这五个方面的深度延伸，涵盖物质和精神各个层面的小康目标。

乡村振兴需要解决"三农"问题，实现乡村经济增长态势，作为拥有约6亿农民的人口大国，乡村建设是一个与时俱进的话题。随着城乡一体化进程的推进，我国农业发展进入产业转型的历史阶段，乡村振兴战略的提出符合我国新时代的发展目标和总体要求。乡村旅游作为乡村振兴的重要抓手，在全国各地开始推进，经过几十年的发展我国很多乡村地区已经取得不错的成绩。在乡村振兴战略背景下对乡村发展进行研究分析，是时代背景下农业农村发展进阶的必然要求。

一、乡村振兴战略的地方实施

乡村振兴在全国各地展开，各地政府积极参与乡村旅游发展战略规划，通过因地制宜的方式将农业融入乡村旅游产业中，通过乡村旅游带动乡村经济发展。江苏省作为旅游大省，政府积极规划乡村旅游发展目标，由此提出建设"生态优、村庄美、产业特、农民富、集体强、乡风好"的规划目标。

江苏省乡村根据其发展现状，开展因地制宜，合理开发，科学管理的乡村旅游发展计划，开展特色田园乡村建设的决策部署，在实际发展过程中不仅要明确目标方向，还应该认识到乡村的发展现状以及存在的一些问题，比如乡村普遍存在基础设施不够完善问题、生态退化问题、人才缺失等问题，这些问题都在一定程度上制约着乡村旅游的发展。特色田园乡村建设的规划是为了切实解决现如今乡村旅游问题，为江苏省未来发展提供良好政策方向，明确了发展特色田园乡村建设的必要性。

（2）江苏高度的城镇化。江苏作为长三角经济发展重点区域，因丰富的自然物产资源，便利的交通运输通道以及整体经济较快发展，到2019年江苏城镇化率已达到70.8%，在推进城乡一体化发展方面有着重要借鉴意义。城镇化发展将有利于积极探索乡村发展的新模式，有利于在未来实现城乡一体化做出示范，对于稳定乡村经济也有着促进作用。

第二，江苏的经济实力。江苏作为东南沿海的经济大省，2020年江苏省生产总值为10.27万亿，首次突破了10万亿，其发展迈向了新台阶，经济体依旧保持在全国第二大经济体省份。全省13个地级市全部进入全国GDP百强城市，这种成绩在全国是绝无仅有的，由此也可以看出江苏经济的综合实力比较强。

第三，长期发展美丽乡村建设的深厚功底。江苏省大部分地区具有典型水乡自然环境，加上便利的交通和宜人的气候、丰富的物产资源，这些都是乡村旅游建设中的优势资源。而江苏乡村旅游的发展也为其他地区提供了很好的参考和示范，2011年江苏就确立了第一批乡村示范点。2016年江苏拥有不少成熟乡村旅游示范村，这些成功的乡村旅游产业进一步推进城乡一体化，为江苏经济带来新的机遇和挑战。

江苏省乡村振兴正是在这些资源优势和经济优势的基础上形成良好的创新发展思路，形成独具特色的旅游品牌。与以往的乡村建设不同，乡村旅游为乡村经济注入新的活力，通过旅游发挥其整体联动性，与其他产业形成有效产业联合，共同助力乡村旅游系统，形成可持续发展动力。

二、新战略下发展体系的形成

在新的战略发展体系下，国家省市在建设发展方面有了新的要求，新形势下的乡村振兴需要根据时代发展和市场需求做出新的高度提炼的发展体系。乡村振兴新的发展战略需要注入更多因素来助力发展，以进一步实现城乡一体化，通过城市居民、农民、农业和政府的共同参与寻求发展的动力、营销的动力和扶持力度，共同构建适合乡村发展的动力系统，完成乡村可持续发展战略目标，全面提升农村环境、经济、医疗、文化等方面的要求，满足乡村村民物质和精神双重需求。

1. 牵引——产业布局的调整

乡村振兴以生产发展为主体，对全国广大乡村经济起着引领作用，通过以乡村旅游为抓手的产业方式推动农村经济发展，形成强有力的产业联合机制，加速城乡一体化进程，解决乡村实际问题。在实现基本生产发展之后就是对产业兴旺方面的要求，乡村需要进一步调整产业布局，通过变革与科技结合调整农业生产，提高生产量，解决传统农村生产方式低下问题，农村需要实现一二三产业融合发展，以达到为农民增收的目的，让农民从产业链中获得更多利益。早在2015年对于推进农村一二三产业融合发展就有了具体要求。

江苏省在发展产业兴旺过程中通过调整产业布局达到一二三产业全面发展目的，通过打造特色田园乡村产业突出其特色优势，经过多年实践发展，完成传统农业与乡村旅游协调发展，促进农业生产，充分利用农业资源，与市场进行连接，融合更多产业发展共享发展模式，进一步提高农民的参与度和归属感。

2. 唤醒——生态环境的关怀

经过产业调整之后农业开始成为乡村的主体产业，并在乡村旅游中形成特色资源，与其他产业形成共享发展模式，农产业的发展不仅提高了农民的收入也为农村生态环境的保护起到促进作用。生态宜居作为乡村振兴战略的关键，需要乡村在生态环境方面通过适度的植被种植，水系管理、环境布局设计等方式形成更健康的生活环境，在环境布局规划、环境综合治理等方面统筹管理，提升田园乡村的景观品质和美感，形成具有辨识度的乡村自然环境。

3. 助力——人文环境的复兴

乡村振兴不仅仅是经济上的复苏还有乡风文明建设工作，乡村的特殊性在于很多农耕文明留下的人文风情和原生态的自然环境，有着丰富的精神文明基础。城市工业化进程的脚步让很多历史文明被商业化所取代，特别是那些传统民俗和民间工艺，逐渐成为国家重点保护非物质文化遗产，有些甚至已经消失在人们的生活之中。乡村旅游的实施不仅仅是对生态环境的保护还是对传统文化的另一种保护和复兴，在乡村田园里这些人文资源将焕发新的活力。

4. 固本——治理机制的形成

乡村旅游发展不仅需要科学合理规划，在可持续发展中需要有效管理，通过管理实现长足发展的目的。在乡村治理方面同样需要根据新的发展要求做出合理调整，主要体现在从过去主张的管理民主，到现在的规范化管理，形成有效治理目的。有效治理不仅是在科学专业化管理方式上，也代表着乡村管理思维的转变。江苏省通过特色田园完成多方参与，共同治理的过程，最终形成符合发展要求的管理模式。

5. 根本——生活水平的提升

生活富裕是乡村发展的最基本要求，最直接的体现就是通过乡村振兴提高农民生活水平，满足农民物质需求，这也是乡村振兴的根本目的，加速乡村经济发展，缩小与城市之间的差距。

江苏省在实施新的产业结构调整时提出了特色田园乡村的实施计划，省内乡村旅游开始从原本的运作模式适应新的市场化需求。江苏省自2017年开始聘请省内外33个知名设计团队进行科学规划方案设计，通过对乡村环境、人口分布、资源优势等进行分析，结合实际发展与市场需求进行方案的编制工作，特色田园正是根据更新的市场发展需求做出的积极调整，通过多种产业模式集群，开拓农民增收的模式和路径。

三、案例分析——钱家渡特色田园乡村规划设计

特色田园乡村建设自设计之后开始在全省进行首批试点，钱家渡正是作为特色田园乡村建设的45个首批试点村镇之一。钱家渡位于南京市江宁

区湖熟街道和平社区，是典型的城郊结合社区，钱家渡因为距离城区很近，既有便利的交通和信息发达的城市特征也有乡村建设方面所欠缺的问题，比如乡村经济滞后，乡风文明建设问题。通过江宁区一直坚持的城镇化推进和乡村建设的推动下，加上钱家渡自身典型的江南水乡环境和良好的乡村文化底蕴为田园特色乡村旅游规划打好了坚实的基础。

（一）钱家渡村现状发展基本情况

1. 空间定位

钱家渡村和附近的几个村同属于江宁美丽乡村建设的水上交通航线上，加上距离江宁区比较近，在地理位置上钱家渡具有交通便利的优势地位，且在水路上同样有着较为快速的运输巷道。通过以水上主题的项目打造形成区域旅游线路设计，如以水利文化为主的和平船闸，以休闲农业为特色的湖熟菊花园，依水而兴的美丽乡村陡门口等。

从空间位置看钱家渡村处于水上巷道的中心点，从地理结构看，这些聚集区是以水系相连通，形成自然风景优美，资源聚集的水上主题乡村发展，附近区域巨大的经济吸力将为其发展提供内在的功能补充，而钱家渡村需要在休闲服务和人性化管理上面做提升，通过核心区域向外扩散的方式，加强区域之间的联系，形成有效经济互助模式。

2. 发展概况

钱家渡村虽然距离城区比较近，但是村庄还是保留着传统农业经济状态，村民以种植水稻等农作物为主，同时经营养殖等农副产品和蔬菜的种植方式，其经济主要依靠农作物，整个乡村没有工业化的生产，全部以人力为主要生产方式。乡村旅游发展刚刚起步，在资源开发上同样具备独特的资源优势，那就是钱家渡村依旧沿袭着传统的耕种方式，在生态和文化产业方面具有极大的发展空间。在进行资源整合的时候需要考虑其传统农耕特色和未经雕琢的自然环境，通过积极探索找到一条适合于发展的特色田园乡村建设。

第六章 乡村振兴战略下江苏乡村旅游发展创新案例

（二）新发展体系下的实践路径

1. 产业强化留住"人"

新的发展体系需要对乡村进行产业结构整合发展，通过第一产业带动第二、第三产业发展。农业产业发展需要从扩宽农民增收渠道入手，通过更多产业结合找到更多机会为农民增收，将传统农业作为基础，通过科学的管理实现农产业增值目的。新的产业结构通过发展农业，为农民提供更多机会，吸引人才进入乡村旅游发展，留住人才回乡进行创业发展。村庄在发展过程中需要做不同区域功能的划分，比如成立种植区，通过对水稻为主的农作物作为主要产品，农业种植根据季节轮作，解决了产品、功能、景观的连续性问题。第二个内容是大米、谷类的加工、生产、销售、运输和营销的过程，通过产业延伸，产品准确定位、形成品牌等提升产品知名度，通过旅游产品吸引游客消费，形成第二、第三产业，如图（见图6-1）。

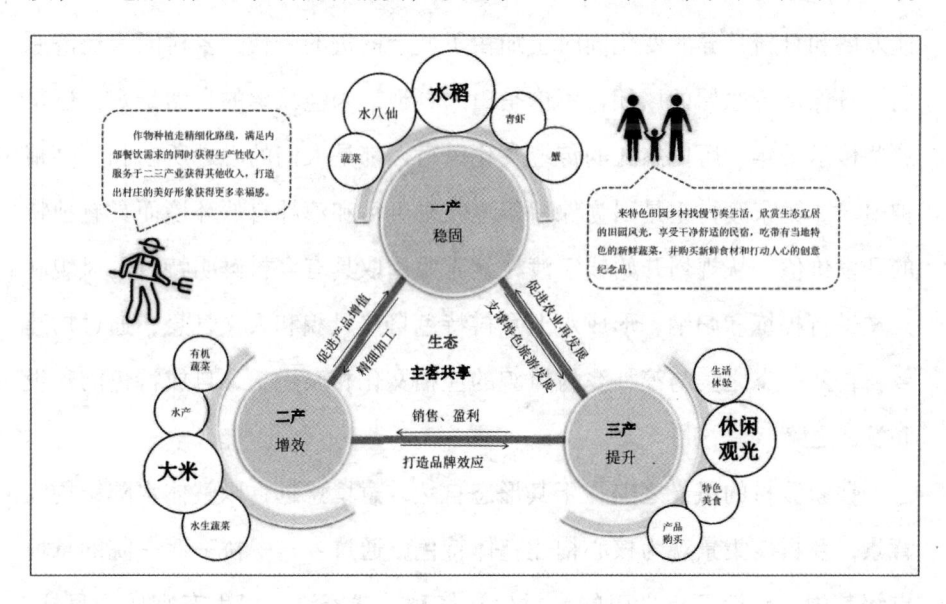

图6-1 "接二连三"的产业结构

随着经济的发展，越来越多的城市居民开始加入乡村旅游行列，旅游市场需求也在进一步扩大，人们对于生态、休闲、文化、体验等乡村旅游的要求也在进一步提高。田园特色旅游正是通过打造特色鲜明的品牌，融合多种产业机制，形成影响范围广的旅游产业集合，给游客提供更高需求的旅游产品。钱家渡村距离主城区不到39公里，是城市居民乡村休闲度假的首选之地，通过协调乡村原始农耕生活，打造特色田园景观和具有乡村特色的建筑、水上风光游览路线等项目来吸引游客前来观光消费。根据乡村建设整体布局形成相应的旅游产品，农业作为第一产业在旅游产品销售上占有主导地位，在科学规划的前提下还需要加强基础设施建设，通过完善设施设备提升乡村整体公共服务水平。特色田园乡村的打造不仅在于塑造独一无二的乡村风景，还能形成主客共享的旅游服务体系，改善居民生活环境的同时提高经济收入，留住思乡的游客。

2. 家园美化留住"形"

淳朴乡村田园生活一直都是人们内在的精神向往，工业化带来经济快速发展和日新月异的变化同时也加快了城市前进的步伐，乡村因为经济原因一直保留着原始的风貌，不论是田园野趣，未经雕琢的自然景观，还是那些传承千年，历史悠久的传统文化民宿，都是人们的心之所向和更高精神追求。钱家渡村正是因为保留传统农耕生活和淳朴自然环境而具有独特的开发价值。从规划开始钱家渡村就需要选取具有乡村鲜明特色的风貌和人文进行提炼和归纳，形成水上乡村特色自然风貌和人文气息，通过构建乡村自然生态之美与淳朴乡村风貌的渔稻文化相互融合，自成特色的建设和发展之路。

钱家渡村的风光之美在于其形态自然，意境悠远，以整体水陆结构为背景，乡村聚集景观为核心构建整体特色，通过乡村—桥—渡—院的意境点缀其中，融汇百亩良田的乡村生活气息。钱家渡村以生态宜居为目标，村庄结合农田和水系，营造人工和天然两类特色田园湿地，营造水乡野趣景观的同时形成一张拦截村庄生活污水和面源污染的"网"。

通过土地调整将原本散落的稻田、蟹塘、荒地等进行重新规划布局，形成具有观赏性的审美构图,与此同时将各种生态景观和农业生产进行有机结合,根据田地特色进行种植物的布局和设计,从长远发展目标出发构建科学生产和旅游产品供给需求的考量,田园农业风貌既可以作为景观进行观赏,也可以作为农产品进行销售、采摘等体验,作为第一产业需要进行合理布局和旅游规划。同时因为地处水资源丰富,在水生植物种植、花卉、鱼类等方面加强水生动植物区的构建,通过构建丰富的水生态环境吸引水鸟栖息。

通过科学规划后,钱家渡村在土地面积使用上,既可以满足乡村休闲观光需求,也可以用于体验服务和旅游产品供给上。通过丰富的生态环境和多种多样的农产品为游客提供更加多元的旅游体验。钱家渡村的水生环境资源同样可以作为其产业特点进行发掘,将历史悠久的农耕文明所蕴含的物质文明和精神文明进行深入挖掘,形成具有诗意的"远方"。

3. 政策优化守住"魂"

特色田园乡村建设的推进是一项复杂的综合性内容,通过把握乡村总体发展目标,结合当前市场环境和地域特色做创新工作举措,其中既有产业化的融合,有村民的积极参与,也需要当地政府的强有力支持。钱家渡在田园乡村建设的过程中,通过对自身自然资源和人文资源优势做产业规划和旅游策划,将现有资源进行调整,形成发展适宜的新乡村模式。在资金和制度的保障之下进行实践操作,政府需要为其规划提供有力支持,在经过企业研发机构进行深入了解和创造力挖掘之后,建立了政府、农村、研究机构三方协作的长效管理机制。

这种发展模式首先需要研究机构对钱家渡村进行实地调查,了解钱家渡的地理环境、自然资源、人文资源和历史传统,以及发展现状。在深入了解其发展状况的同时向当地村民介绍规划内容,促进村民参与建设,在规划中充分尊重村民建议,将村民作为主体进行发展规划,及时调整管理方案。当地政府则需要提供政策支持,帮助科学规划和有效实施,完善基础设施建设和市场管理工作。政府优化工作一方面是为了保护当地生态环境，建设生态宜居乡村，保障经济的同时促进乡村文明建设的发展。特色田园发展模式同样是为了解决乡村存在的问题，改善生活环境，塑造新农村业态。

第五节　江苏常州市

一、"旅游+互联网"时代常州乡村旅游全域发展中存在的问题

江苏省在乡村旅游方面经过几十年发展，做出了不错的成绩，其中很多乡村已经逐步发展成熟，开始从初始的旅游形式向着更符合时代发展、市场需求新的模式发展。常州市乡村旅游就是其中的一个，经过多年发展，常州市通过乡村旅游景点2017年共接待游客共计1400万人次，为4万多人解决了就业问题，营业收入高达7.6亿元，随着常州市乡村旅游发展不断推进，这个数据还在持续更新和创造更高的数据。乡村旅游带来的不仅仅是经济的直观收益，还有建立起了50个省星级乡村旅游区，大大提高了乡村居住环境和村民的乡村文明建设工作。如今随着时代的进步，乡村旅游也开始与时代发展接轨，在"旅游+互联网"的时代背景下，常州市乡村旅游将面临一些急需解决的问题，主要内容有以下几个方面。

（一）乡村旅游资源开发利用率低

不管是哪种模式的乡村旅游都需要考虑乡村资源的开发问题，每个乡村都有独特的资源优势，但是对资源的利用却有很多乡村存在利用不充分问题。常州市乡村旅游目前还有很大一部分属于项目比较单一的"农家乐"形式旅游项目，除了提供住宿吃饭采摘之外没有能够留住游客的特色项目。乡村旅游创新意识和全域化发展理念并未全面贯彻，特别是在如今"旅游+

互联网"的时代背景下，乡村旅游需要借助互联网进行宣传推广，提高知名度和影响力。在互联网的助推下实现产业兴旺的目的，互联网既是优势也是制约因素，因为互联网讲究的是实效和创新，乡村旅游需要形成特色鲜明的品牌项目才能更好地吸引游客目光，通过项目升级优化和资源充分利用来打造品牌优势。互联网下的乡村旅游需要融入更多精心设计的旅游产品，比如剧本杀、文化寻宝、医疗养生、健身竞技等项目。

（二）乡村旅游配套基础设施滞后

乡村旅游的发生地一般是当地乡村，乡村既有乡村特色资源也有其限制因素，比如交通、医疗远不如城市等。乡村旅游在发展过程中需要考虑与之相配套的基础设施建设，以此提高旅游服务质量，为游客提供更加便利的旅游服务。乡村旅游不仅仅是休闲旅游的单一娱乐体验活动，而是旅游相关产业的有机结合，通过旅游的目的形成集交通、体验、消费、餐饮、住宿等一系列的消费服务过程。基础设施作为其中的一环，有着非常重要的作用。目前来说，常州市乡村旅游基础设施还需要进一步完善。

（三）乡村旅游活动内容不够丰富

乡村旅游是发生在乡村的旅游活动，其可持续发展需要长远的规划和全域化的概念。常州市乡村旅游项目建设缺乏较为完善的发展思路和总体规划。常州市乡村旅游大都是自发性个体发展，每个旅游项目都是独立的，主要以个体经营为主，并没有进行整体规划发展和全域旅游项目设计工作，这就造成乡村旅游项目规模小，项目很多重叠，不能形成区域旅游链接和产业化融合发展，更不用说资源共享，共同发展了。

二、"旅游+互联网"时代常州乡村旅游全域发展的创新路径

常州市具有丰富的文化内涵和优越的环境资源，经过多年发展高科技产业兴盛，地理位置优越，高科技的农业生产方式都为乡村旅游发展打造

了良好的基础，为其发展提供了有利条件，在如今"旅游+互联网"的发展前提下，常州市的乡村旅游必将迈上新的台阶。

(一) 结合"旅游+互联网"，做好乡村旅游开发规划

乡村旅游在发展中，不可避免要摸着石头过河，从单一项目向着更具市场化需求的多元项目体验是一个不断探索不断完善的过程。政府在加大乡村旅游资源开发方面从过去单独的旅游产业要向着全域旅游产业方向发展。通过做好全域旅游规划，打造精品旅游路线，通过"旅游+互联网"的形式进一步提升乡村旅游中所涉及的信息更新和营销宣传能力。乡村旅游的发展是在多产业结合前提下的综合发展，通过更广泛的旅游链接形成丰富的旅游体验，在"旅游+互联网"的时代背景下需要更多创意体验项目，满足游客更高层次需求，比如可以从养生疗养、娱乐体验、学习拓展、游戏竞技等方面进行多角度旅游项目设计，丰富乡村旅游的项目内容，提升乡村旅游的服务水平从而实现乡村旅游的可持续发展。

(二) 提升市场运作能力，提高乡村旅游的品牌知名度

常州市乡村旅游需要充分了解当前发展现状，通过从旅游市场需求出发结合"旅游+互联网"的产业模式进行市场化运作能力的提升工作。互联网时代需要充分运用互联网作为传播推广媒介，在大众熟知的美团、途牛、携程等旅游团购网站进行旅游景点的市场营销，通过制作短视频在手机上进行宣传活动，通过打造特色品牌将乡村旅游推出去，让更多人知晓，吸引有需求的人群前来观光消费。互联网给各大商家以及个人产业提供了众多便利，但同时众多信息的叠加也容易造成人们的审美疲劳，所以个性鲜明的特色品牌无疑是很好的宣传卖点，通过挖掘乡村旅游本土特色，创新旅游项目、联合其他行业进行联动机制等方式扩大影响力，打造独一无二的旅游产业。乡村旅游中有很多世界文化遗产、非物质文化遗产等资源能够进行进一步推广和创新设计，让传统文化在新时代焕发出新的活力，助力乡村旅游走向可持续发展之路。

（三）加强配套设施建设，做好乡村旅游的服务工作

常州市乡村旅游进一步发展需要做好更精细化的建设和服务工作。常州市的乡村旅游大都还在基础发展阶段，主要满足游客基本观光、餐饮、住宿需求，在完善基础设施方面、项目创新、服务升级方面都需要做到更加"精细"。一方面要在品质上升级，打造更多元化的旅游项目，完善基础设施配备工作，提高服务人员专业化，以此提升乡村旅游整体水平。另一方面是要在产业优化上面做准备，通过提高旅游产品种类，在第一产业基础上发展第二产业第三产业，在传统文化上做深入挖掘工作，为游客提供更加精致实用的旅游产品。互联网时代背景下的旅游形式更加多样，个性化和创意将成为未来乡村旅游的重点工作，打造更多符合旅游市场需求的产品提升服务品质成为乡村旅游发展亟待解决的工作。

（四）开发旅游产品，增加旅游线路开发

随着全域发展理念的提出，乡村旅游需要在个性化和创意设计方面做出更多符合旅游市场的旅游项目，在"旅游+互联网"的时代发展下，乡村旅游需要满足游客更加多元的消费需求，需要提供更多旅游相关产品提升游客消费需求。常州市乡村旅游目前旅游产品过于单一，并不能满足游客更高旅游精神需求，在未来发展中需要涉及更多旅游项目的内容，可以从养生健身、体验游戏、竞技比赛、学习拓展等方面进行更多元化的设计，增加更多体验互动内容，针对不同旅游人群需求也可以设计不同主题的内容，比如亲子体验、个性设计等方面的项目。乡村旅游在资源开发上需要形成特色品牌。特色品牌的打造有利于宣传营销推广的进行，在旅游相关联产品上同样需要做到与品牌呼应。通过与文化相结合设计更多创意产品，满足更多游客需求。

参考文献

[1] 江苏发力"乡村+",休闲旅游农业再升级[J].江苏农村经济,2020（06）:16-17.

[2] 邓小海,云建辉.我国乡村旅游产业"去内卷化"动力机制研究[J].商业经济研究,2020（19）:178-181.

[3] 郭世奇,王崑,孙雅然.乡村振兴背景下乡村旅游代际活动项目开发策略研究[J].北方园艺,2020（19）:160-168.

[4] 郭锈,顾智炜,林金禄.乡村振兴战略背景下莆田市休闲农业发展思考[J].安徽农学通报,2020,26（18）:154-156.

[5] 郭洋洋,高军.国内旅游者行为研究进展[J].资源开发与市场,2020,36（09）:1028-1033.

[6] 贾新平,唐玲,梅雪莹,等.江苏省休闲农业发展现状研究[J].中国农学通报,2020,36（28）:151-157.

[7] 姜瑾华,刘俊逸.江苏奏响乡村休闲旅游农业最强音[J].江苏农村经济,2020（06）:23-26.

[8] 李谠,杜志娟,杜毅.信息时代乡村振兴战略下"体育+旅游"创新发展模式的研究[J].科技风,2020（27）:156-157.

[9] 李涛,朱鹤,王钊,等.苏南乡村旅游空间集聚特征与结构研究[J].

地理研究，2020，39（10）:2281-2294.

[10] 李阳.江苏省智慧乡村旅游发展路径探析[J].电脑知识与技术，2020，16（06）:178-179.

[11] 李颖.休闲农业与乡村旅游创新发展路径分析[J].农家参谋，2020（21）:80+82.

[12] 李圆，费旭明.文旅融合背景下无锡乡村旅游产品的提质升级研究[J].中外企业家，2020（17）:80-81.

[13] 李悦，王新驰，张姣姣，等.美食旅游引导乡村振兴实施路径及启示：以陕西袁家村为例[J].美食研究，2020，37（03）:24-29+36.

[14] 梁传波，焦世奇.扬州市乡村旅游游客动机与行为分析[J].北京财贸职业学院学报，2019，35（06）:38-41.

[15] 梁传波，孙道勇.扬州市乡村旅游资源开发现状[J].市场周刊，2020（06）:52-53.

[16] 刘建琴，侯峰，陈增慧.基于乡村振兴战略的南通乡村生态旅游发展探析[J].农村经济与科技，2020，31（04）:37-38.

[17] 鹿磊，李蒲玲.江苏乡村旅游发展现状及对策探讨[J].现代经济信息，2019（22）:8.

[18] 吕游.乡村振兴战略背景下南京溧水和凤镇乡村旅游景观发展路径研究[J].农家参谋，2020（21）:35-36.

[19] 马晓楠，刘珺.江苏乡村文化旅游高质量发展探析[J].市场周刊，2020，33（09）:59-62.

[20] 钱惠新.江苏乡村旅游产业空间相关性及影响因素研究[J].中国农业资源与区划，2020，41（04）:209-215.

[21] 乔维德.乡村旅游与现代农业融合发展路径[J].南京广播电视大学学报，2020（01）:56-60.

[22] 全千红，沈苏彦.基于扎根理论的乡村旅游可持续生计分析：以南

京高淳大山村为例[J].世界农业,2020(06):110-119.

[23]任莉莉,姚宏,许项发.乡村振兴战略背景下乡村旅游研究进展与趋势:基于CiteSpace的可视化分析[J/OL].湖北农业科学:1-6[2020-10-21]. https://doi.org/10.14088/j.cnki.issn0439-8114.2020.18.033.

[24]沈璐.全域旅游背景下乡村旅游品牌建设研究:以南京溧水区为例[J].旅游纵览(下半月),2020(03):28-29.

[25]唐诗,丁坤明,柳青,等.乡村振兴战略背景下对发展乡村产业的思考[J].现代农业科技,2020(20):213-215.

[26]王翠英.乡村振兴战略背景下大学生返乡创业问题研究[J].农业经济,2020(10):116-117.

[27]王浩.让乡村新职业激发新动能[J].农村·农业·农民(A版),2020(10):27.

[28]王菁,黄思齐,王颖异.苏北地区乡村旅游发展现状及发展前景分析[J].南方农业,2020,14(24):116-117.

[29]王晓燕.乡村振兴战略视域下河南地区乡村文化扶贫研究[J].图书馆研究与工作,2020(10):23-26.

[30]魏鸿雁,陶卓民,潘坤友,等.乡村旅游与新型城镇化耦合发展研究:以江苏省为例[J].南京师大学报(自然科学版),2020,43(01):83-90.

[31]许沁乔,刘娜.苏南地区乡村文化旅游资源开发现状研究[J].农村经济与科技,2020,31(11):107-109.

[32]许沁乔.苏南地区乡村旅游产品开发现状研究[J].中国商论,2020(17):145-146+149.

[33]叶菲菲.乡村振兴背景下城乡融合发展的困境与出路[J].农业经济,2020(10):94-95.

[34]叶婧,詹昊天,王颖异.苏北乡村"互联网+旅游"融合发展实例分析[J].南方农业,2020,14(24):97-98.

[35] 张德平. 基于全域旅游视野的乡村旅游公共服务体系构建路径探析[J]. 佳木斯职业学院学报，2020，36（10）:79-80+83.

[36] 张的良. 乡村振兴和文旅融合背景下农林院校旅游管理人才培养初探[J]. 教育教学论坛，2020（44）:332-333.

[37] 张建芹，蒋凤娟. 全域旅游视阈下苏州乡村旅游特色发展对策研究[J]. 企业科技与发展，2019（12）:278-280.

[38] 张梅燕，崔传宇. 苏州市乡村旅游产品提质增效的发展路径[J]. 农村经济与科技，2020，31（16）:60-61.

[39] 张晓蕾，王冬青. 我国乡村振兴金融支持对策研究[J]. 山东农业大学学报（社会科学版），2020，22（03）:60-64.

[40] 张泽润. 乡村振兴背景下的乡村旅游发展研究策略：以万宝泉乡村旅游为例[J]. 农村.农业.农民（B版），2020（10）:6-7.